무엇이 깨달음인가

Wake Up and Roar

Volume 2

Edited by Eli Jaxon Bear

무엇이 깨달음인가

슈리 푼자 지음 | 엘리 잭슨 베어 엮음 | 김병채 옮김

마음은 늘 순간적인 쾌락을 뒤쫓고 있다. 하나를 충족시키면 다음 것을 찾아 끊임없이 건너뛴다. 이 행위를 단호히 끝내고 싶다면, 마음이 자기의 근원을 향하게 하라. 그대의 마음은 그 속에 잠겨 영원히 용해될 것이다. 그대는 영원한 평화를 찾아야 한다. 이를 위해 힘든 수행을 많이 할 필요는 없다. 평화는 바로 이 순간 이미 여기에서 그대를 기다리고 있다.

슈리 크리슈나다스 아쉬람

일러두기

1. 이 책은 인도 럭나우와 하리드와르에서 1990년 1월부터 1991년 4월 사이에 열린 슈리 푼자와의 삿상에서 오간 대화를 엘리 잭슨 베어가 엮은 것이다. 누구에게나 개방된 이 삿상은 완전하게 참나를 깨달은 참 스승인 슈리 H. W. L. 푼자의 집에서 열렸다. 여러 참석자들의 질문이 여기에서는 한 목소리로 제시되어 있다.

2. 이 책의 초판은 1998년 하남출판사에서 나왔다. 이번의 판에서는 번역상의 오류나 모호한 점을 바로잡았으며, '옮긴이의 말'도 새롭게 다듬어 선보이고 있다. 이러한 것들이 이 책에 신선함을 불어넣을 것이다.

목차 🌀

· 슈리 푼자에 대한

　가톨릭 신부 아비식타난다의 회상　　　_ 8

1. 무엇이 깨달음인가　　　　　　　_ 35

2. 샷상에 참석하기 위한 조건　　　　_ 49

3. 스승과의 관계　　　　　　　　　_ 59

4. '나'　　　　　　　　　　　　　_ 79

5. 명상　　　　　　　　　　　　_ 103

6. 마음의 본질과 바사나들　　　　_ 137

7. 감각들의 함정　　　　　　　　_ 175

8. 탐구와 헌신　　　　　　　　　_ 207

9. 완전한 죽음의 선택　　　　　　_ 245

10. 이 세상에 존재하는 방법　　　　_ 265

11. 사랑의 로맨스 : 숨겨진 비밀　　_ 291

· 옮긴이의 말　　　　　　　　　_ 302

· 용어 풀이　　　　　　　　　　_ 338

바가반 슈리 라마나 마하리쉬

Bhagavan Sri Ramana Maharshi

이 칼리 유가의 시대에

슈리 라마나는

사트바의 땅에

침묵과 참나 탐구의 기초를 다졌다.

이 때문에 그는 마하리쉬라 불린다.

슈리 푼자는 이 침묵의 불꽃을

시장에 던졌다.

그는 활동의 땅에다

오묘한 불씨를 당겼다.

그 불씨로 온 세상이 불타고 있다.

이 때문에 그는 모든 이들로부터

사랑하는 아버지

파파지라 불린다.

─그를 따르는 한 아들이

슈리 푼자에 대한
가톨릭 신부 아비식타난다의 회상

오랫동안 인도에서 생활했던 가톨릭 신부 아비식타난다는 1953년에 『아루나찰라의 비밀』이라는 책을 썼다. 그 책에는 슈리 푼자에 대한 이야기와 그의 가르침이 기록되어 있다. 다음의 내용은 그 책에서 발췌한 것이다. 여기에서 그는 슈리 푼자를 하리랄(Hariral)이라고 부른다.

내가 아룹탈 티르탐 동굴에서 푼자를 처음 만난 때는 1953년 3월 13일 금요일이었다.

그날 오후 4시경이었다. 나는 동굴 바깥에 있는 바위 위에 앉아 있었다. 그때 두 남자가 락슈미 데비를 모신 작은 사원과 내 동굴 사이로 난 좁은 오솔길을 따라 올라오는 모습이 보였다. 그들은 자신을 소개하고는 내 옆에 앉았다. 한 사람은 타밀 주민으로, 그저 푼자를 따라왔다는 점이 곧 분명해졌다. 아마 내가 은둔하는 곳을 찾도록 도와주려고 왔을 것이다. 나머지 한 사람은 펀잡 지방 출신의 브라민이었다. 그는 지금은 남부에 살고 있다고 했는데, 첸나이인지 마이소르인지는 정확히 기억나지 않는다. 그의 가족들은 갠지스 평야에 있는 우타르 프라데시주의 어느 곳에 살고 있다고 한다. 그는 마하리쉬에 대하여 아주 잘 알고 있었으며, 오랫동안 그의 곁에서 지냈다고 한다. 그는 이틀 전에 티루반나말라이에 도착했고, 아쉬람 가까이 있는 셰드 박사의 방갈로 별채에 머물고 있었다. 그곳은 내 은둔처에서 2마일쯤 떨어져 있는데, 이곳으로 오려면 꽤 힘들었을 것이다. 그래서 나는 물었다.

"여기까지 오시느라 고생 많으셨습니다. 누가 나에 관해 말하던가요? 누가 내 동굴에 가 보라고 하던가요?"

그는 내 눈을 똑바로 바라보면서, "당신이 불렀습니다. 그래서 내가 여기에 있습니다."라고 대답했다.

나는 다소 의심스럽다는 듯 미소를 지었지만 그는 진지했다.

"다시 말씀드리지만, 나를 부른 사람은 당신입니다. 참나가 참나를 끌어당깁니다. 그밖에 무엇을 기대합니까?"

우리는 마하리쉬에 대하여 이야기했다. 그는 마하리쉬의 가르침이나 제자들에 관해서 환히 알고 있었다.

내 옆에 몇 권의 책이 있었다. 『바가바드 기타』와 『우파니샤드』도 있었다. 나는 방문객들에게 그 책의 내용을 즐겨 인용해주었다. 지난해에 탄조르 출신 브라민과의 경험 탓이었다. 내가 대표적인 우파니샤드들의 제목을 단숨에 암송해 버리자 그의 기고만장한 위세가 꺾였었다. 나는 아직 티르타말라이의 아바두타의 강력한 교훈을 배우지 못한 상태였다.

우리의 대화 주제가 마하리쉬를 거쳐 경전에 이르자, 나는 어느 구절을 인용하기 위해 책을 집어 들었다. 인도인들은 기억력이 뛰어나 모든 것을 가슴으로 배울 수 있지만, 내게는 그런 기억력이 없었기 때문이다. 나는 경전들을 더 잘 이해하기 위해 산스크리트도 배우기 시작했다고 말했다.

"그런 것들이 다 무슨 소용입니까?"라고 하리랄은 퉁명스럽게 대답했다. "당신의 모든 책들, 다른 언어를 배우느라 들이는 모든 시간들! 당신은 아트만과 어떤 언어로 대화합니까?"

내가 나의 관점을 설명하려 하자 그는 말을 잘랐다. "그런 것들은 잊어버립시다! 사실 아트만 이외에 무엇이 있습니까? 당신이 구사하는 영어, 산스크리트와 그 밖의 언어들, 그것들이 당신에게 어떤 유익을 줍니까? 아트만, 참나, 그리고 '당신 자신'과 대화하는 데 그것들이 필요합니까? 그것들은 아무런 쓸모가 없습니다. 아트만은 책, 언어, 경전, 그 밖의 무엇과도 상관이 없습니다. 그것은 그저 존재합니다. 그것이 전부입니다!"

그가 계속 말을 이었다. "나도 한때는 독서에 미친 적이 있었습니다. 그러나 그것들로부터 아무것도 배울 수 없었습니다. 이제 나는 아무 책도 읽지 않습니다. 그래도 아무런 차이가 없습니다. 『바가바드 기타』뿐 아니라 고대의 말들이 내 가슴속에서 음악처럼 내내 울려 퍼지고 있습니다. 나는 더 이상 명상하지

10

않습니다. 아트만은 명상과 관련이 없기 때문입니다. 신 이름을 암송하는 자파나 만트라, 연도(連禱), 찬송, 간절한 기도, 시도 마찬가지입니다. 한때는 나도 당연하게 여겨 그런 것들을 했었습니다. 엄청난 정열로 말입니다! 물론 내 아이들과 함께 했었고, 지금도 가끔 합니다. 그러나 지금은 아이들을 위해서만 합니다. 그 애들 나이 때에는 그런 것들이 필요하기 때문입니다. 그건 내가 애들의 놀이에 참가하는 것과 같습니다. 결국은 이 모두가 아트만, 참나의 릴라 곧 유희에 불과한 것 아니겠습니까?"

나는 이렇게 진지하고 확실한 아드바이틴을 만나 본 적이 없었다. 인도에는 아드바이타에 관한 학식이 풍부한 사람들이 많은데, 특히 남인도와 아쉬람에 많다. 그러나 그들은 보통 증권 투자의 성공과 승진을 바라는 푸자를 올리기 위해 사원에 발 빠르게 달려가는 사람들이며, 베단타를 가르치는 지적 직업인들이 너무도 자주 빠지는 지독한 자아 중심성에 대해서는 언급하지 않는다. 그렇다 해도 하리랄은 너무 지나친 게 아닐까? 개인의 약점을 참작하면 안 된다. 아직 참나를 깨닫지 못한 사람이 깨달은 듯이 행동한다면 그것은 부당한 일이다. 나는 이 문제에 관해 첸나이의 유명한 철학 교수와 상의한 적이 있었다. 그는 마하리쉬의 충실한 제자였고, 아드바이타의 진리를 이성적 수준에서 완벽하게 이해하고 있는 사람이었다. 게다가 영적인 체험들도 한 사람이었다. 그럼에도 불구하고 그는 예배 의식을 완벽하고도 충실하게 하고 있었다. 사원도 자주 방문했으며, 정기적으로 푸자를 드리고 있었다. 그의 관점으로는, (자신과 참나가 다르다고 하는)이원성이라는 관념이 사라질 때까지는 외적 의식(儀式)을 행해야 한다는 것이다. 나는 이 말에 의아해 하면서 그에게 슈리 라마나의 가르침을 상기시켰다. 그러나 그는 '건너감'의 시기가 다가올 때, 예배 의식과 기도가 점점 인위적이고 부자연스러워질 때, 그럴 때는 물론 스승의 승인을 받아서 그런 행위들을 그만두어야 한다고 대답했다. 그래서 나는 하리랄의 말에 다소 공격적으로 반박했다.

그러자 그는 말했다. "누가 참나를 깨닫거나 깨달았다는 말입니까? 그 모두가 말장난에 불과합니다. 누구도 아트만에 이를 수 없습니다. 참나 말고 또 무엇이 있습니까? 참나 말고 또 누가 참나에 이른다는 말입니까? '깨닫지 않았다'는 말은 실재로부터 도망치기 위해, 깨끗한 양심으로 기도와 헌신, 고행이라는 발육부전의 삶을 계속 살기 위해 사람들이 내놓는 변명에 불과합니다. 이 모든 것은 분명 작은 자아에게는 큰 만족을 주겠지만 실은 아무런 쓸모가 없는 것들입니다. 내가 덧문을 닫았다고 해서, 태양이 정말로 진 것입니까? 자신이 아직 깨닫지 않았다는 관념이야말로 깨달음을 가로막는 근본적인 장애물입니다."

"물론," 그는 말을 이었다. "독서가 아예 필요 없다는 것은 아닙니다. 독서는 백일몽이나 잡담보다 낫습니다. 명상은 독서보다 낫습니다. 그러나 아트만은 절대 침묵 속에서만 드러납니다. 하지만 다시 한 번 우리는 이 침묵이 아트만을 생각하는 것, 또는 생각하지 않는 것과 상관이 있는지를 면밀히 살펴보아야 합니다. 왜냐하면 아트만은 말로 표현하거나 생각하거나 가르칠 수 없는 어떤 것이며, 생각의 부정이나 부재로 한정될 수 없기 때문입니다."

그때 내가 말했다. "우리나라의 거리와 공공장소에서 떠도는 수많은 아드바이타 추종자들, 또 아드바이타 서적들로 넘쳐 나는 도서관은 어떻습니까? 그들은 서양의 종교를 전파하는 사람들에게 큰 소리로 이의를 제기합니다. 그들의 마음은 편협합니다. 그들은 자기들이 진실을 소유하고 있다고 생각하며, 이른바 모든 것을 담고 있다고 하는 베단타적 관점을 받아들이지 않는 사람들을 바보나 광신도로 봅니다."

"전적으로 당신이 옳습니다." 하리랄이 대답했다. "아드바이타를 하나의 종교로 믿는 순간, 그것은 더 이상 아드바이타가 아닙니다. 진리에게는 '교회'가 없습니다. 진리는 진리이며, 그것은 누군가가 다른 사람에게 전할 수 있는 것이 아닙니다. 진리는 진리를 전하는 데 누구의 도움도 필요로 하지 않습니다. 진리는 스스로의 빛으로 빛날 뿐입니다. 진리를 소유했다고 주장하거나, 진리를 받았다거나 진리를 전해 줄 수 있다고 말하는 사람은 어리석은 자이거나 허풍선이입니다."

이어 그는 나 자신과 내 삶의 방식에 대해서 물었다. 영적 삶을 어떻게 이해하는지에 대해서도 물었다.

"우리나라 사람들 가운데서도," 그는 마지막으로 말했다.

"나는 당신과 같은 사람을 거의 만나 보지 못했습니다."

그리고 나서 그는 동행한 사람에게 말했다. "우리가 이야기를 나눌 수 있도록 잠시 자리를 좀 비켜 주십시오. 이분과 특별히

할 얘기가 있습니다."

타밀 사람이 떠난 뒤 그는 계속해서 말했다.

"당신에게 필요한 것은 하나뿐입니다. 그것은 당신을 구속하고 있는 마지막 족쇄를 끊어 버리는 것입니다. 당신은 그렇게 할 준비가 충분히 되어 있습니다. 당신의 기도, 당신의 숭배, 당신의 이것 또는 저것에 관한 묵상을 그만두십시오. 당신의 참존재를 깨달으십시오. 탓 트밤 아시 — 당신은 그것입니다!"

"당신은 자신을 기독교인이라고 합니다. 그러나 당신이 도달한 수준에서 본다면 그것은 무의미합니다. 보십시오. 기독교인도 되고 힌두교인도 되는 것은 이 '나'라는 것입니다. 실재를 본 사람들에게는 기독교도, 힌두교도, 불교도 혹은 이슬람교도라는 것이 없습니다. 오직 아트만만이 있을 뿐입니다. 아트만을 한정짓거나 묶거나 제한할 수 있는 것은 아무것도 없습니다."

"이제 당신의 영적 경험을 얘기해 보십시오."

나는 감정을 숨기기 위해 다시 한 번 미소를 지으며 물었다. "내게서 무슨 얘기를 듣고 싶은 겁니까?"

그러나 그는 미소 짓지 않았다. "무슨 일이 있어도 나는 꼭 알아야겠습니다. 당신이 좋든 싫든, 말을 이용하든 않든 어쨌든 하셔야 합니다. 반드시 말입니다." 우리는 다리를 꼬고 바위 위에 앉아서 서로 마주 보고 있었다. 나는 아무런 대답도 하지 않았다. 침묵이 길어지자 나는 그를 따라 눈을 감았다. 우리는 그런 채로 오랫동안 앉아 있었다. 그러다가 내가 눈을 뜨자 그도 눈을 떴고, 우리는 잠시 서로 눈을 응시했다. 우리는 다시 눈을 감았고, 마침내 내가 다시 눈을 뜨고 바라보았을 때 그의 눈은 마치 허공을 쳐다보는 듯 초점 없이 넓게 열려 있었다.

"당신은 침묵을 사랑하는군요." 그가 말했다.

"당신의 질문에 침묵으로 대답하도록 제안한 사람은 바로 당신입니다. 그래서 그렇게 했습니다."

"아주 잘 말했습니다. 이제 모든 것을 이해했습니다. 당신은 이미 준비가 되어 있습니다. 무엇을 더 기다립니까?"

"무엇을 위한 준비가 되어 있다는 말입니까? 오! 세상에, 나는 신 앞에서 내가 어떠해야 하는지를 생각할 때마다 나 자신이 너무나 나약하게 느껴집니다."

"말도 안 되는 소리 이제 그만하십시오! 차이점에 관한 이야기는 그만둡시다. 어디에도 차이점이란 없습니다. 오직 아트만이 있을 뿐입니다. 신은 아트만이며, 존재하는 모든 것의 참나입니다. 내가 아트만입니다. 당신이 아트만입니다. 오직 참나만이 본래, 모든 것 속에 존재합니다."

"하지만 당신은 내가 준비되었는지 어떻게 압니까?"

"여자들은 출산 시기에 이르게 되면 그때를 알아차립니다. 어머니가 되어 본 모든 여성은 아무런 의심 없이 그 징후를 압니다. 깨어날 때가 가까운 사람, 혹은 자신의 '나'가 본질이며 유일무이한 참나의 빛 속으로 사라져야 할 지점에 있는 사람의 경우도 이와 마찬가지입니다. 오늘 아침 시장에서 우리가 지나칠 때, 당신은 몰랐지만 나는 당신의 눈 속에서 그것을 보았습니다. 그때 당신이 나를 불렀습니다."

"이 소식을 전하기 위해 여기에 보내진 것처럼 말씀하시는군요."

"내가 보내졌건 아니건, 나는 당신에게 이 말을 해야 했습니다. 이제 그렇게 했습니다. 당신이 나를 믿지 않는다면 그것은 당신의 문제입니다. 그러나 당신은 그것을 벗어날 수 없을 것입니다. 필요하다면 우리는 마지막 결단을 위해 다시 만날 수도 있을 것입니다. 혹은 누군가가 끼어들 수 있는데, 아마도 당신은 그에게 저항할 수 없을 것입니다."

"당신이 말한 대로 내가 깨어남에 그렇게 가까이 있다면, 왜 당신이 나를 깨어나게 하지 않습니까?"

"누구를 깨어나게 할 수는 없습니다. 누가 실제로 잠자는 자입니까? 자지도 않고 잠든 적도 없는 사람을 대체 어떻게 깨어나게 할 수 있겠습니까? 꿈 없는 깊은 잠, 꿈, 깨어 있음과 같은 상태들은 신체와 신체에 있는 감각의 결과로 일어나는 일입니다. 물론 사고, 욕망, 의지도 그러합니다. 당신은 이 몸입니까? 당신은 이 신체의 한계 내에 존재함으로써 생기는 생각입니까? 깊이 잠들어 있을 때도 자신이 존재한다는 생각이나 인식이 당신에게 있습니까? 그러나 그때도 여전히 당신은 존재하고 있습니다. 당신은 잠자기도 하고 깨어 있기도 하는 이 몸이 아니며, 때로는 또렷하고 때로는 혼란스러워지고 방황하고 모든 것으로부터 끊임없이 인상을 수집하는 이 생각하는 마음도 아닙니다. 당신의 개별적인 인식조차도 아닙니다. 이 모든 생각 너머에 있는, 깊은 잠 속에서나 혼수상태 또는 육체가 죽을 때 사라지는

16

그 인식 또한 당신이 아닙니다.

보이고 들리고 생각이나 의지가 일어나는 것은 당신을 통해서입니다. 더 이상 보이거나 들리지 않고 생각이나 의지가 없을 때도 존재하는 것이 당신입니다. 그것이 아트만입니다. 그것이 참나입니다. 그것이 실제 당신입니다. 변하거나 흘러가는, 겉으로 드러난 그 모든 것들 너머에 있는 것이 당신의 참모습입니다. 탓 트밤 아시―당신은 그것입니다! 이것을 깨닫는 데 무엇이 방해합니까?

당신은 태어난 때를 기억할 수 있습니까? 당신은 존재의 첫 순간이 언제였는가를 기억 속에서 찾을 수 있습니까? 존재하기 시작한다는 인식을 가진 적이 있습니까? 당신이 존재했다는 것을 기억할 수 있기 훨씬 전에도 당신은 이미 존재하지 않았습니까? 만일 당신의 존재가 당신의 존재에 대한 기억에 묶인다면, 당신이 아무런 회상도 할 수 없는 그때는 어떻게 됩니까? 의식이 잠에 들어가는 순간에 당신에게 무슨 일이 일어납니까?

다시 말하자면, 당신에게 부족한 것은 오직 하나뿐입니다. 가슴의 동굴 즉 '구하'로 들어가십시오. 그곳에서 '당신 자신'을 깨달으십시오!"

"내 가슴의 동굴!" 나는 외쳤다. "나는 그곳에 머물기 위해 최대한 노력합니다. 이 산 위의 동굴에 사는 것도 그러는 데 큰 도움이 되기 때문입니다. 나는 지금 살고 있는 이 동굴에서 ― 내가 명상을 위해 들어가는 더 깊은 동굴에는 빛도 전혀 없는데, 그곳에서는 더더욱 ― 말할 수 없는 평화와 즐거움을 느끼고 있습니다."

"당신의 바위 동굴은 죽은 것입니다. 어떻게 그 바위가 당신에게 평화와 행복을 줄 수 있습니까? 바위는 당신이 그 속으로 들어갈 때 느낀다고 하는 그 즐거움과 아무런 상관이 없습니다. 바로 당신이, 당신의 깊은 곳에 있는 당신 자신이 지고의 평화와 희열의 존재입니다. 당신의 동굴을 당신 자신의 본질인 평화와 기쁨으로 채우는 것은 바로 당신입니다. 당신이 경험하는 것은 희열, 아난다의 반향입니다. 당신은 정말로 이 바위가 충만한 희열을 준다고 생각할 만큼 단순한 사람입니까? 어떻게 당신은 그러한 꿈에 빠져서 똑바로 보기를 거부할 수 있습니까? 사실 당신은 어떤 것도 주거나 받지 않으며, 이 평화와 희열을 주고받는 것은 더더구나 아닙니다. 당신 자신이 희열이며, 순수한 희열입니다. 그리고 이 희열은 더 이상 희열로도 불릴 수 없습니다. 왜냐하면 이것은 보일 수도 없고, 이해될 수도 없고, 이름 붙일 수도 없기 때문입니다. 그것은 그저 존재할 뿐입니다."

산을 내려가는 길로 하리랄을 안내하면서, 나는 그에게 우리 앞에 펼쳐진 장엄한 풍경을 가리켰다. 저 밑에는 티루반나말라이 마을과 사원이 있었고, 멀리 교외에는 들판 위로 불룩 솟은 바위산이 황무지까지 뻗어 있었다. 바로 그때 해가 지고 있었다. 나는 동굴을 바로 비추며 아침마다 떠오르는 일출의 장려함에 대해 그에게 이야기했다. "그것은 분명 찬란한 광경일 테지요." 그는 대답했다. "그러나 참나의 여명, 참존재의 떠오름과 비교될 수 있을까요?"

18

ॐ

다음 해에 우리는 다시 만났다. 하리랄과 내가 사랑하는 티루
반나말라이에서 말이다. 이때 나는 아쉬람 근처의 어떤 집에 친
구와 함께 머물고 있었다. 어느 날 저녁, 하리랄과 함께 달빛을
받으며 옥상에 앉아 있었는데, 그는 내게 자신의 이야기를 해
주었다.

그는 펀잡 서부에서 태어났다. 그곳은 1947년에 인도에서 분
리되었는데, 그 과정에 수없는 학살과 만행이 자행되었다. 그의
어머니는 금세기 초에 라마 티르타로 잘 알려진 현자의 동생이
었다. 그 현자는 말년을 히말라야에서 보냈다. 어느 날 그는 지
상에서 떠나야 할 시간이 되었음을 느끼고, 비록 서른 살밖에
되지 않았음에도, 테흐리에서 멀지 않은 갠지스 강물 속으로 들
어가 사라졌다.

푼자는 장교로 군에 입대했다. 그러나 이 직업에 곧 싫증을
느꼈다. 군대는 그가 어렸을 때부터 행해 온 경건한 수행을 할
수 있는 시간도, 영혼의 자유도 주지 않았기 때문이다. 어린 시
절부터 신에 대한 생각은 다른 무엇보다도 더 그의 영혼을 차지
했다. 한 사두를 만나기 위해 밀림 속에 있는 아쉬람으로 20킬
로미터나 걸어 들어갔을 때도 그의 나이 겨우 예닐곱 살 때였
다. 그의 부모는 간신히 그를 찾아냈다. 그는 그 구출이 진리의
보살핌이라는 사실을 알지 못한 채, "나를 신과 함께 있도록 내
버려두지 않고, 왜 나를 찾으러 왔어요?"라고 부모에게 항의했

다. 크리슈나에 대한 그의 헌신은 나이가 들어감에 따라 더욱 강렬해져 거의 광적인 상태가 되어 갔다. 그는 여자의 모습으로 분장하기도 했다. 이렇게 하면 크리슈나가 여자의 모습을 한 자신을 그의 연인 라다로 알고는 앞에 나타날 것이라고 생각했기 때문이다. 그는 어디를 가든 신의 이름을 끊임없이 불렀다. 길거리에서 그가 숭배하는 이름을 우연히 듣게 되면, 그는 군중 속에서 황홀경에 빠져 쓰러지지 않기 위해 혼신의 힘을 다해야 했다. 군인으로 있으면서 기도와 명상과 푸자의 삶을 살기란 불가능하다는 사실을 그는 확실히 알았다. 게다가 그 당시는 전시였다. 그래서 당연히 훈련이 엄격했다.

그는 자신의 임무로부터 해방시켜 달라고 간청했다. 그의 상관들은 보고를 훌륭히 하고 승진이 확실하고 눈부신 미래가 보장된 사람이 그러한 요구를 하는 것을 보고 미쳤다고 말했다. 사실 그 당시 젊은 장교였던 그의 동료들은 1947년 이후에 모두 인도 군대에서 고위직을 차지했다. 그러나 그는 뜻을 굽히지 않았고, 그만두어야 하는 이유를 직속상관에게 설명했다. 마침내 직속상관은 그의 입장을 이해하고 요구를 들어주었다.

집으로 돌아오자 아버지는 그를 차갑게 맞았다. 그는 이미 결혼한 가장이었고 어린 자녀가 둘이나 있었다. 만일 그가 직장을 그만두면 그 애들은 어떻게 양육할 것인가? 사실 그는 한 번도 결혼을 원한 적이 없었다. 그러나 결혼은 전통이었고, 아버지가 원했으며, 또 어쨌든 그는 크리슈나에 대한 열정 말고는 모든 것에 대해 무관심했기에 자신의 뜻과 무관하게 혼례가 진행되어도 개의치 않았다.

오직 어머니만 그를 이해했다. 그에게 어머니의 그러한 사랑은 어려운 시기를 견디는 데 큰 힘이 되었다. 그는 크리슈나를 만나기 위해 어느 때보다 진지하게 수행을 했다. 그는 인근 마을에 성자가 방문한다는 소식을 들을 때마다 당장 달려가 그의 발 앞에 엎드리고는 "신을 만날 수 있게 해 주십시오."라고 탄원했다. 탁발을 위해 집에 찾아온 많은 사두들에게도 같은 부탁을 했지만 안타깝게도 늘 허사였다.

어느 날 아침, 그가 베란다에 앉아 있을 때 남인도 사람의 용모와 옷차림을 한 사두가 찾아왔다. 푼자는 그에게 과일을 대접하면서, 어머니가 음식을 준비하는 동안이라도 잠시 앉으라고 청했다.

"스와미지, 저는 신을 뵙고 싶습니다." 푼자가 말했다.

"결국 저는 군대를 떠났고 그 때문에 아버지의 분노를 샀습니다. 저는 만트라를 암송하고 바잔을 부르고 푸자를 드리는 데 모든 시간을 바칩니다. 저는 온 마음을 다해 성자를 기다립니다. 저는 수많은 마하트마들에게 찾아가서, 크리슈나를 만날 수 있는 방법을 알려 달라고 부탁했지만 항상 허사였습니다. 아무도 저를 도울 수 없었습니다. 크리슈나는 저의 괴로움 따위에는 관심이 없는 것 같고 저에게 아무런 자비도 베풀지 않습니다. 혹시 저로 하여금 신을 만날 수 있게 해 줄 분을 아십니까?"

"물론이지요." 사두는 조금도 주저하지 않고 대답했다. "라마나를 찾아가세요. 그러면 당신의 모든 바람이 충족될 것입니다."

"그분은 어디에 계십니까?" 하리랄은 자리에서 벌떡 일어서며 물었다. "당장 달려가서 그분을 만나겠습니다."

"그는 남인도의 티루반나말라이에 살고 있는데, 그곳은 첸나이에서 기차로 하룻밤만 가면 됩니다. 당장 가 보세요. 당신의 바람이 이루어질 것입니다."

하리랄은 즉시 이름과 주소, 가는 방법을 받아 적었다. 그리고 가족에게 남인도의 타밀나두 주로 떠나겠다고 말했다.

그의 아버지는 이 말을 듣고 몹시 상심했다. "네 아내와 아이들은 어떻게 하고? 도대체 너는 네 의무가 무엇인지 알고나 있느냐? 군대를 그만둔 것으로도 부족해서, 이제는 영적 모험이라는 미친 탐구에 빠져서 인도의 끝까지 달려가겠다고?"

그러나 신은 신에게 희망을 두고 있는 사람에게 친절한 법이다. 바로 다음 날 한 친구가 신문을 보여 주었다. 뜻밖에도 거기에는 첸나이에 있는 회사에서 직원을 구한다는 광고가 실려 있었는데, 자신의 처지에 너무나 안성맞춤으로 보였다. 그는 300루피를 빌려서 남인도로 떠났다.

며칠 후 그는 티루반나말라이 역에 도착하여 기차에서 내렸다. 모든 성지 순례가 그렇듯, 그는 역에서 달구지를 빌려 타고 3~4킬로미터쯤 떨어져 있는 아쉬람으로 갔다.

그는 금박으로 장식된 작고 수수한 홀 안에서 마하리쉬가 소파에 앉아 있는 것을 보았다. 그 당시 마하리쉬는 그 홀에서 제자들과 함께 기거하고 있었다. 하리랄은 그에게 절한 후 앉았다. 얼마 후 그는 거부감이 치밀어 올라 밖으로 나와 버렸다. 그는 누구와도 말하려 하지 않았다. 그저 첸나이로 가는 다음 기차 시각만 묻고는 그를 역으로 데려다 줄 달구지를 부탁했다.

누군가가 그를 말렸을 때, 그는 이미 달구지에 타고 있었다. "아니, 벌써 떠나시려고요? 이제 막 도착하지 않았습니까?"

"나는 소위 사두 같은 사람들에겐 관심이 없습니다. 그들은 사람들을 우롱할 뿐입니다." 그는 날카롭게 쏘아붙였다.

그에게 질문했던 이는 당황하여 그를 쳐다보았다.

하리랄은 계속 말을 이었다. "나는 당신의 바가반을 편잡의 페샤와르 근처에 있는 우리 집에서 2주일 전쯤 만났습니다. 나는 그에게 빅샤를 대접했습니다. 그리고 내 눈을 열어 신을 보게 해 줄 수 있는 사람을 아는지 물었습니다. 그는 내게 이곳으로 가라고 권했습니다. 우리 집에서 삼천 킬로미터나 떨어진 이곳으로 말입니다. 만일 그가 정말로 크리슈나를 만나게 해 줄 수 있다면 왜 우리 집에서, 아니면 최소한 가까이 있는 숲에서라도 자기의 놀라운 힘을 사용하지 않았습니까? 그러나 그것은 됐습니다. 어쨌든 나는 이곳까지 왔지만, 그는 내게 한 마디 말도 하지 않았고 아는 척도 하지 않았습니다. 그래도 그가 진짜 '성자'라면 그것까지는 봐 줄 수 있습니다. 그러나 그의 목이나 손 어디에도 염주를 찬 흔적조차 없습니다. 그의 앞에 앉아 있는 동안, 그가 툴라시 염주를 돌리며 기도하는 모습을 한 번도 보지 못했고, 크리슈나나 라다의 이름을 중얼거리는 소리조차 들은 적이 없습니다. 그는 완벽한 사기꾼입니다. 내가 여기에 더 머물 필요가 어디에 있겠습니까?"

"뭐라고요?" 다른 이가 대답했다. "당신은 꿈을 꾼 것이 분명합니다. 라마나는 사십여 년 전 마두라이에서 티루반나말라이로 온 이래 한 번도 이곳을 떠난 적이 없다는 사실은 모든 사람이 다 압니다."

"하지만 나는 그를 내 눈으로 똑똑히 보았습니다. 이달 초 펀잡의 우리 집에서 말입니다."

"바가반은 2주 전에 여기 있었습니다. 아쉬람에 있는 사람 중에 아무에게나 물어보십시오. 내 말을 들어보시고 진정하십시오. 이곳까지 먼 길을 왔는데 반나절도 안 되어 가 버린다는 건 말도 안 됩니다. 서두를 필요가 없습니다. 여기 머무르며 이삼 일 쉬십시오. 그러면 알게 될 것입니다. 나와 함께 갑시다. 내가 이 아쉬람의 사르바디카리인 스와미 니란자난다 씨를 소개하리다."

하리랄은 종잡을 수가 없었다. 자신이 그때 꿈을 꾸고 있었단 말인가? 지금도 꿈을 꾸고 있는 것일까? 하지만 그는 그 사람의 말을 따라 보기로 했고, 달구지꾼에게 삯을 치르고 아쉬람에 머물렀다.

그는 그곳에서 며칠 머물다 일을 시작하기 위해 첸나이로 되돌아갔다. 첸나이에서는 최대한 많은 시간을 할애하여 헌신 의식을 행하는 데에 몰두했다. 또 한편 매주, 적어도 2주마다 한 번씩은 티루반나말라이를 방문했다. 그것은 마하리쉬가 그에게 점점 더 강한 인상을 심어 주고 있었기 때문이다.

어느 날 그는 자신의 푸자실에서, 사랑하는 크리슈나의 사진을 앞에 두고 노래와 기도를 하고 있었다. 그런데 갑자기 라마나가 옆에 서 있는 것을 발견했다.

"만일 그대가 크리슈나를 만나고 싶다면 이 만트라를 늘 사용하게." 그리고 만트라 하나를 그의 귀에 속삭여 주었다. 그는 그 만트라를 되풀이한 뒤 습관적으로 암송하기 시작했지만, 여전히 미심쩍은 점이 있어 다음 일요일에 티루반나말라이로 갔다.

"바가반께서 제게 이 만트라를 주신 게 맞습니까?" 마하리쉬의 대답은 분명치 않은 흠흠 소리가 고작이었다.

"바가반, 제가 그 만트라를 계속 사용할까요?"

"만일 그대의 가슴이 그렇게 하라고 한다면······."

하리랄이 내게 들려준 이야기에 따르면, 그 뒤 그는 그 유명한 만트라를 온 힘을 다해 쉬지 않고 반복하기 시작했으며, 누군가가 자신에게 말을 걸기 위해 다가오는 모습만 보아도 도망치다시피 피해 버리곤 했다고 한다. 그의 모든 희망이 걸려 있는 그 만트라의 암송이 한순간이라도 멈출까 봐 두려웠다는 것이다.

드디어 어느 날 기적이 일어났다. 이 일을 말할 때마다 하리랄의 눈동자는 그 경이로운 체험이 주는 기쁨으로 늘 환히 빛난다. 크리슈나가 그의 앞에 나타난 것이다. "지금 내 앞에 있는 당신만큼이나 분명했습니다. 열다섯 살쯤 되어 보이는 소년의 모습이었는데, 그의 몸, 그의 미소는 우리의 어떠한 언어로도 묘사할 수 없을 것입니다. 나는 영혼 깊은 곳에서 기쁨을 느꼈습니다." 그는 덧붙였다. "전에는 그런 기쁨을 느껴 본 적이 없었지요."

그의 평생의 소망이 이제 실현되었다. 오랜 세월이 흐른 뒤,

마침내 크리슈나가 그에게 다시 나타났던 것이다.

다음에 티루반나말라이를 방문한 푼자는 깊이 감사하며 마하리쉬 앞에 엎드렸다.

"바가반이시여, 당신의 은총으로 제가 크리슈나를 만났습니다."

"오! 그래, 크리슈나가 왔었나?"

"예, 그분이 오셔서 자비롭게도 모습을 보여 주셨습니다. 아, 얼마나 행복하던지요!"

"그리고 나서 사라졌나?"

"예, 물론입니다." 하리랄은 대답하며 다소 놀라워했다.

"아, 아!" 라마나의 말은 이것이 전부였다. 미소만 지을 뿐이었다.

하리랄은 만트라를 계속했다. 그리고 전보다 더 열정적으로 크리슈나에게 전통적인 예배를 드렸다. 누가 알겠는가? 혹시 크리슈나가 갑자기 다시 찾아올지!

그런데 정말로 어느 날 다시 같은 장소에서, 크리슈나에게 꽃과 향을 올리고 있던 하리랄은 앞에 누군가가 서 있는 것을 보았다. 그런데 이게 어찌된 일인가? 그는 플루트를 들고 있는 크리슈나도 아니고, 심지어 크리슈나의 연인 라다도 아니었다. 그의 앞에는 손에 활을 쥔 라마가 락슈마나와 함께 있었다.

하리랄은 어리둥절했다. 그는 첸나이에서 학식이 가장 높은 스와미들에게 물어보았지만, 크리슈나가 나타나기만을 늘 애원하고 간청하던 그에게 왜 라마가 찾아왔는지를 아무도 설명하지 못했다. 그는 라마에 관해서는 아무것도 원하지 않았다. 그의 마음을 사로잡은 것은 크리슈나뿐이었다. 그런데 왜 크리슈나가 이런 식으로 그를 놀렸을까?

그는 서둘러 티루반나말라이로 갔다.

"바가반, 제게 일어난 일을 설명해 주시겠습니까?"

그는 자신에게 일어난 일들을 모두 이야기했다.

라마나는 미소를 지으며 부드럽게 말했다.

"크리슈나는 그대에게 찾아온 뒤 곧 떠났네. 라마도 마찬가지였네. 그런데 왜 그대는 오고가는 신들에게 관심을 두는가?"

"자파, 만트라, 푸자, 기도, 예배 의식은 어느 지점까지는 모두 훌륭하네. 그러나 그 모든 것을 옆으로 접어 두어야 할 시간이 온다네. 저 너머로 한 걸음 더 도약해야 하네. 실재는 그 너머에 있네. 오직 모든 것을 내버려 둘 때, 모든 것과 데바까지도 버릴 때, 시작도 끝도 없는 참존재, 참나를 만날 수 있다네."

하리랄이 일어섰을 때, 그는 더 이상 크리슈나의 헌신자가 아니었다. 이제 그의 가슴 깊은 곳에서는 '영원히 오지도 가지도 않는' 무엇이 빛나고 있었다. 그는 신을 만나기 원했다. 마침내 신은 너무나 가까운 곳에서 자신을 보여 주었고, 그래서 이후로는 그분을 '그분'이라고 부를 수도 없었다. 왜냐하면 그 유일한 빛은 이제 그 자신의 가장 깊은 곳에서 빛나고 있었기 때문이다.

ॐ

　이후로도 나는 하리랄과 자주 만났다. 우리는 서로를 너무나 잘 이해했고 깊이 동화되어 있었다. 진리에 관한 대화가 가능한 극소수의 사람이 바로 우리임을 알고는 이야기를 나눌 수 있는 모든 기회를 다 이용했다.

　그럼에도 하리랄은 내가 왜 계속 기독교 신앙의 의식과 의무에 묶여 있다고 느끼는지를 잘 이해하지 못했다. 그는 자주 "아트만, 참나는 아무것에도 묶이지 않습니다."라고 말했다.

　그러나 그것은 그가 풀어야 할 과제이기도 했다. 자유로 가는 마지막 단계를 미루는 것은 게으름도 불성실도 아니라는 점을 그도 잘 알고 있었기 때문이다. 그는 내가 '완전히 준비되었음'을 믿었다.

　나중에 그는 마이소르 근처의 밀림에서 일하고 있었는데, 나는 특히 그곳에서 그를 만나는 것이 즐거웠다. 그래서 그 지역을 지나갈 때면, 예컨대 푸나나 뭄바이로 가는 길에 그곳을 지나치게 되면 적어도 이삼 일씩 여행을 중단하고 그곳으로 그를 찾아가곤 했다.

　이미 그가 나에게 말했듯이, 그는 '깨달음' 이후에도 스승 가까이 있기 위해 남인도에 머물고 있었다. 그의 아내와 아이들은 북쪽에 살고 있었다. 가족들은 1947년에 일어난 대학살을 피해 펀잡을 탈출하여 북인도에 있는 럭나우에 정착했다. 그의 입장에서 본다면, 그가 일을 하는 유일한 목적은 가족에게 생필품을 공급하고 아이들의 교육비를 부담하기 위해서였다. 그는 아들이 결혼하여 정착하면 기쁘게 이 일을 그만둘 것이라고 자주 이야기하곤 했다. 그 동안 그의 아이들은 매년 휴가 때면 티루반나말라이로 왔고, 슈리 라마나는 그 아이들과 함께 지내는 것을 큰 기쁨으로 여겼다. 그들은 그 시간을 결코 잊지 못할 것이다.

그는 밀림 깊숙한 곳에서 철과 망간을 채굴하는 광산 관리자로 일했다. 그곳은 마을에서 멀리 떨어져 있었고, 험한 길을 통해서만 갈 수 있었다. 그는 짚으로 이은 초막에 살았고, 동료 일꾼들은 근처에 묵고 있었다. 인간 사회 없이도 살 수 있는 사람에게는 그곳이 훌륭한 은둔처였다. 그러나 그의 동료들은 그곳을 좀처럼 좋아하지 않았다. 왜냐하면 그들은 존재의 깊은 곳에 있는 삶의 비밀을 몰랐기 때문이다. 때때로 그는 '만일 크리슈나에 대한 열정 때문에 군대를 떠나지 않았다면, 그래서 모든 부와 명예를 누릴 수도 있었을 기회를 버리지 않았다면 지금쯤 어떻게 살고 있을까' 하는 식으로 현재의 삶과 유쾌하게 비교하곤 했다.

라마나로부터 그 간단한 몇 마디 말을 들은 뒤 그의 삶이 완전히 변했다. 그는 모든 욕망이 사라져 버렸음을 알게 되었다. 그럼에도 불구하고 그는 최선을 다해 효율적으로 일했고, 광산의 생산성을 높이고 새롭고 더 나은 광맥을 발견하는 데 수고를 아끼지 않았다. 긴 장화를 신고 탄광을 둘러보기 위해 성큼성큼 걸어가는 모습 혹은 지프나 트럭을 운전하고 있는 그의 모습을 보는 사람이라면 누구라도 그의 깊은 내면적 삶의 비밀을 알아내기는 무척 힘들었을 것이다. 그는 소문을 듣고 그를 찾아온 독일 청년에 관한 이야기를 즐겨 들려주었는데, 그 젊은이는 동굴이나 밀림 속에서 벌거벗고 있거나 누더기를 걸치고서 꿈쩍도 하지 않고 앉아 있는 사두를 만나리라 기대했다가 하리랄을 보고 놀랐다고 한다.

그럼에도 불구하고 그를 '알아보는' 사람들이 몇몇 있었다. 비록 그의 비밀까지는 꿰뚫어 보지 못했어도 말이다. 북부 칸나다에 브라민 계급의 의사가 살고 있었다. 어느 날 하리랄은 갑작스런 폭풍우를 만나 그 집 별채로 피신했는데, 검은 가죽 재킷을 입고 장화를 신고 있던 그는 진흙투성이가 되어 있었다. 그날 우연히 그들은 잠시 여행을 떠난 스승에게 경의를 표하는 모임을 열고 있었다. 그들은 하리랄을 식사에 초대했으며 ─ 그의 옷차림이 적당치 않고, 그의 신분이 무엇인지도 모르고, 또 그가 거절했음에도 불구하고 ─ 그를 스승의 자리에 모신 뒤 스승으로 대접했다. 나중에 그 가족은 하리랄이 가끔 들러서 달샨을 베풀어 주기를 바라며 마을에 그를 위한 집을 지었다.

또 다양한 사람들의 삶의 여정 속에서 사소한 일의 결과로 빚어진 예기치 못한 만남도 있었다. 그런데 그런 만남은 그의 영적 도움이 꼭 필요할 때에 일어났다. 의심 많은 서구인들은 "우연일 뿐이야!"라고 말할 것이다. 그러나 인도인들은 개별 자아가 사라진 사람들 가운데서 완전히 자유롭게 작용하는 참나의 릴라에 대해 이치에 맞게 설명한다. 그의 직관력을 잘 보여 주는 이야기가 있다. 리쉬케시에서 머물고 있던 어느 날 아침, 그는 럭나우와 곤다에서 온 친구들과 함께 바드리나트 행 버스에 앉아 있었다. 그런데 갑자기 그는 버스에서 내리더니, 동행한 친구들에게도 내리라고 말하면서 자신의 짐을 내렸다. 다른 승객들은 그의 이러한 모습을 보고 제정신이 아니라고 했는데, 특히 그와 가까이 앉아 있던 한 사두가 그랬다. 열 시간 후, 그 버스는 이백 미터 깊이의 협곡 아래로 굴러 떨어졌다.

마하리쉬가 이 세상을 떠난 뒤 그는, 비록 자주는 아니지만, 때때로 티루반나말라이로 돌아오곤 했다. 이것은 우리가 서로를 '발견하는 것', 즉 '자기가 자기를 부르는' 그러한 경우 중 하나였다.

그는 거의 매년 자신의 귀향을 기다리는 많은 친구들과 가족을 만나기 위해 럭나우로 갔다. 한번은 나도 럭나우에 갈 일이 있어 그의 집에 들렀는데, 그의 아들 수렌드라는 그의 작은 방이 늘 붐빈다고 말했다.

그는 결코 방문객들의 비위를 맞추려 하지 않았으며, 환상이나 황홀경 등 '신비한' 현상에 집착하는 사람들에게 냉정했다. 무엇보다도 그는 자신의 관점에서 볼 때 사람들을 잘못 인도하는 이들, 특히 그들로 하여금 외적 종교 행위에 머물게 하는 이들에게 가장 엄혹했다. 설령 이러한 것들이 이른바 구루에게 이익이 되고 제자들에게 위안을 준다고 해도 말이다.

어느 날 저녁, 꽤 유명한 의사가 그의 집 앞 좁은 골목에 차를 세웠다.

"사람들은 선생님에게 신비한 능력이 있다고 합니다. 정말입니까? 나는 신을 보고 싶습니다. 내가 신을 볼 수 있도록 도와줄 수 있습니까?"

"왜 안 되겠습니까?" 하리랄은 조용히 대답했다.

"그러면……?"

"만일 당신이 정직하게 마음을 먹는다면 고려해 볼 수 있습니다. 하지만 먼저 아주 진지하게 그 문제를 생각해야 합니다. 이것은 가벼이 다룰 일이 아닙니다. 당신이 예상하는 것보다 훨씬 더 많은 변화가 있을 수도 있기 때문입니다."

"그런 건 문제가 안 됩니다. 걱정하지 마십시오."

그러고서 다 알고 있다는 듯 미소를 지으며 덧붙였다. "충분히 사례할 수 있습니다."

"그래요?" 하리랄은 말했다. "그러면 탁 터놓고 솔직히 얘기해 봅시다."

방문객은 "얼마를 원하십니까?" 하고 물으며 주머니에서 수표장을 꺼내 테이블 위에 올려놓았다.

"얼마나 지불할 수 있습니까?" 하리랄은 냉담하게 대답했다.

"1라크(10만 루피) 정도면 즉석에서 써 드릴 수 있습니다."

"당신은 이 일로 정말 1라크를 지불할 수 있습니까? 이 계약 때문에 곤란을 겪지는 않겠습니까? 결정을 내리기 전에 좀 더 깊이 생각해 봅시다. 가진 재산이 대략 얼마나 됩니까?"

그 신사는 대충 계산을 해 보기 시작했다. 동산, 집, 유가 증권, 은행 잔고 등을 모두 합해 보니 65에서 70라크 정도 되었다.

"그렇군요." 하리랄은 말했다. "지금 나를 놀리는 겁니까? 당신은 신을 보고 싶다고 했고, 그것이 최고의 소망이라고 말했습니다. 그런데도 이 목표를 위해 재산 중에서 65분의 1만 포기한다고요? 신께 장난을 치면 안 됩니다! 당신은 당신의 시간뿐 아니라 내 시간도 허비했습니다. 여기에 한순간도 더 머물 이유가 없습니다. 안녕히 가십시오!"

제1장

무엇이 깨달음인가

무엇이 깨달음인가

그대가 그대의 참나로 되돌아올 때

이것이 깨어남이요, 해방이요, 자유다.

참나를 알면 모든 것을 알게 된다.

이 깨어남 안에서,

그대는 온 우주가 그대 안에 있음을 깨닫게 된다.

온 우주들은 그대 안에 있다.

그대가 우주다.

파파지, 무엇이 깨달음입니까?

마음의 고요가 깨달음이다.

　그대가 그대의 참나로 되돌아올 때 이것이 깨어남이요, 해방
이요, 자유다. 참나를 알면 모든 것을 알게 된다.
　이 깨어남 안에서, 그대는 온 우주가 그대 안에 있음을 깨닫
게 된다. 온 우주들은 그대 안에 있다. 그대가 우주다.
　이것이 궁극의 이해다. 이것을 알면 그대는 모든 것을 안다.
이것을 모르면, 비록 아무리 많은 정보를 수집하더라도, 그대는

아무것도 모른다.

　이 지식이 없으면 그대는 무지하다. 절대적 존재를 알면 그대
는 모든 것이다. 시작도 중간도 끝도 없으며, 탄생이나 죽음도
없다. 여기에서 모든 두려움이 끝난다.

　깨달음은 시간의 바깥에 있다. 깨달음은 깨어 있음도, 꿈도,
수면도 아니다. 오직 "나는 자유롭고 싶다."라는 이 욕망을 탐
구하라. 이것은 어느 상태에서 나오는가? 이것은 어떤 곳이 아
닌 곳에서 오는 초월 상태다.

　파파지, 어떻게 하면 마음을 고요하게 할 수 있습니까?

　전통적으로 두 가지 방법이 있다. 하나는 탐구다. 이것은 극
소수의 사람들에게만 적합한 방법이다. 다른 하나는 요가다. 요
가는 집중과 명상, 그리고 수행이다.
　탐구를 하려면, 우선 그대는 실재와 실재 아닌 것을 식별할
수 있어야 한다. 이것은 대단히 합리적인 생각이다. 실재인 것
을 찾아내어 그것을 붙잡아라. 혹은 실재 아닌 것, 거짓된 것을
거부하라.

공부를 하거나 순례하는 것, 성스러운 물에 몸을 담그는 것은 그대에게 도움이 되지 않을 것이다. 앵무새처럼 수트라들이나 성스러운 지식을 알아도 아무런 도움이 되지 않는다. 타고난 재능이나 고행, 자선 행위도 도움이 되지 않을 것이다.

가장 중요한 조건은 자유를 얻겠다는 불타는 욕망이다. 이 욕망만으로 충분하다. 자유를 얻겠다는 불타는 욕망이 그대에게 있다면, 삿상(satsang)이 찾아올 것이다.

무엇이 삿상인가? 고요히 머무는 것이다. 마음이 어디로 가든지 그것을 그것의 근원으로 데리고 오라. 만일 그대 스스로 그렇게 할 수 없다면, 깨달음을 얻은 완전한 스승을 찾아라.

스승을 선택할 때는 실수하지 말아야 한다. 이것은 그대의 삶과 깨달음 간의 계약이다. 계약을 이행할 수 없는 사람과 관계하느라 그대의 삶을 낭비하지 말라.

자유를 얻기로 결심했다면, 또 이번 생애에, 올해에, 이 달에, 아니 오늘, 지금 당장 자유를 얻어야겠다면, 그대는 선택을 해야만 한다. 가장 좋은 선택은 탐구다. 탐구를 하면 마음이 즉시 고요해진다.

명상은 계속 지속되어야 한다. 몇 시간으로 그쳐서는 안 된다. 그대는 진정한 참나라는 실재에 집중해야 한다. 참나만이 진실이다. 그 밖의 것은 거짓이다.

그대는 모든 것을 버려야 한다! 결국은 책을 공부하는 것까지 버려야 한다. 그대 자신의 책을 펼치고 늘 고요하라.

ॐ

이 세상에 살고 있는 60억 인구 가운데, 간절히 자유를 원하는 사람들은 얼마나 되는가? 얼마나 희귀한가? 한 나라에서 한 명의 깨달은 사람도 배출하지 못할 수 있다. 깨달은 사람을 보기 위하여 2,535년 전을 뒤돌아보자. 우리가 발견하는 이 왕자는 마침내 깨달았으며, 오늘날까지도 우리는 그의 이름을 매일 반복하여 부르고 있다.

그가 잠에서 깨어났을 때, 곁에는 아내인 왕세자비와 아들이 잠자고 있었다. 그에게는 궁전과 코끼리들, 말들, 보물들, 군대와 무희들이 있었다. 이 젊은이는 궁전 안에서 아무런 고통도 보지 못했다. "나는 자유롭고 싶다."라는 그의 욕망은 어디에서 일어났는가?

한밤중에 그는 깨어났다. 한쪽에는 더없이 아름다운 그의 아내가, 다른 쪽에는 결혼 생활의 선물인 아들이 눈에 들어왔다. 이 사람은 이 가운데에서 깨어났다.

이 말을 들을 때, 그대 자신을 예외로 두지 말라! 그대가 바로 붓다다. 그는 인간이었다. 그대는 인간이다. 붓다는 그대보다 더 많은 책임을 지고 있었을 것이다. 그는 대단히 많은 일을 하고 있었으며, 그대보다 훨씬 더 많은 일을 하고 있었다. 그래서 그는 자유를 향한 이 욕망을 위해 시간을 내야 했다.

이 사람은 시간을 내었고, 지금 우리에게 빛을 보여 주고 있다. 그는 죽지 않았다. 우리는 날마다 그를 기억한다. 그는 모든 이의 가슴속에 살고 있다. 누가 붓다를 모르는가? 그의 이름은 모든 나라에서 빛을 발하고 있다. 그대가 바로 붓다다! 그대 자신을 과소평가하지 말라. 붓다에게 있던 것과 같은 빛, 같은 지혜, 같은 의식이 그대에게도 있다.

만일 그대가 미루고 싶다면, 그대는 다음 생애로 넘길 수 있다. 만일 그대가 품고 있는 욕망들이 충족되지 않는다면, 그대는 다음 자궁으로 다시 태어나야 한다. 그것을 멈추고 싶다면, 그대의 모든 욕망을 한순간에 충족시켜라. 아무런 욕망도 남아 있지 않다면, 그대가 어떻게 다시 태어날 수 있겠는가?

이 윤회의 사슬을 끊는 유일한 방법은 그대의 모든 욕망을 일순간에 충족시키는 것이다. 그대는 다른 방법으로 노력해 왔다. 하나의 욕망을 충족시키면, 다른 욕망이 온다. 그대는 그 욕망을 충족시키지만, 곧 다른 욕망이 온다. 세상의 왕들이나 통치자들에게 물어보라. 그들에게도 욕망과 두려움이 있음을 알게 될 것이다. 사업가에게 물어보라. 그에게도 역시 욕망과 두려움이 있다. 그는 더 많은 돈을 원한다. 노동자, 성직자, 군인……모두들 충족되지 못한 욕망들을 품고 있다. 그대의 욕망들을 충족시키는 간단한 방법은 불을 갖는 것이다. 그대는 기억이라는 가방 안에 모아 놓은 이런 욕망들의 곳간을 태워 버릴 불이 필요하다. 깨닫고 싶다는 하나의 욕망이 그것들을 즉시 불태워 버릴 것이다!

깨달음 속에서, 모든 욕망은 재로 변한다. 그대는 이제 어느 자궁으로도 돌아갈 필요가 없다. 그렇지 않으면 그대는 이곳에

서 저곳으로, 이 자궁에서 저 자궁으로 갈아타며 옮겨 다녀야
한다.

그것은 시간이 들지 않는다. 오직 이 하나의 욕망을 품어라.
이 욕망은 어떤 대상 위에도 내릴 수 없기에 효과가 있을 수밖
에 없다. 대상들을 향한 욕망들, 그대에게 없는 것을 바라는 욕
망은 얼마간 시간이 들 수 있다. 그러나 그대의 진정한 참나를
알고자 하는 이 욕망은 충족되기 위하여 그대를 멀리 데려갈 수
없다.

이 욕망은 즉시 충족될 것이다. 왜냐하면 욕망의 대상이 주체
이기 때문이다! 주체가 주체에게로 되돌아가고자 한다. 의식 안
에서 나온 의식이 의식에게로 되돌아가고자 한다. 집에 앉아 있
으면서 집으로 되돌아오는 데 얼마나 많은 시간이 필요한가?

제가 이해한 바로는, 우리는 모두 깨달아 있으며, 우리가 깨닫지 못했
다는 개념을 버려야만 합니다. 제 말이 옳습니까?

그대는 일부분을 이해했다. "나는 깨닫지 않았다."라는 것은 하
나의 개념이다. "나는 깨달아 있다."라는 것도 하나의 개념이다.
이해하겠는가? 이 두 개념을 다 버려라. 이제 무엇이 보이는가?

(질문자는 잠시 동안 말이 없다)

아하. 그대의 얼굴에 비치는 이 미소는 깨달아 있는 것도, 속박되어 있는 것도 아니다. 계속 미소를 짓고 침묵을 지켜라. 미소를 지을 때, 그대의 마음속에 무슨 생각이 있는가? 그대는 누구인가? 누가 미소를 짓고 있는가? 속박과 자유를 버리면 미소가 있다. 이제부터 속박이나 깨달음 같은 말은 잊어버리고 앞으로 나아가라.

파파지, 저는 여기에 앉아 있은 지 며칠이 되었고 이런저런 질문들을 합니다. 그런데 스승님께서 저를 바라보실 때마다 무슨 일이 일어나고 있는지 모르겠습니다. 스승님께서 무슨 말씀을 하시는지 한마디도 알아듣지 못하겠습니다. 마치 알아듣지 못하는 외국어를 듣는 것 같습니다. 알아듣기 위해 노력해야 합니까?

원한다면 그대는 노력할 수 있다. 누가 그대를 막겠는가? 노력하겠다는 이 생각조차 틀림없이 진정한 근원에서 나온다. 그러나 그대가 이 노력을 하기 전에 먼저 한 가지 물어보자. 그대는 사람이 되기 위하여 노력해야 하는가?

아닙니다. 저는 사람입니다.

이와 같다. 그런데 왜 당나귀가 되려고 애쓰는가? (웃음)

하지만 스승님께서 무슨 말씀을 하시는지 알아듣지 못하겠습니다. 지금처럼 스승님께서 저를 바라보실 때는 어떤 일이 일어나지만, 저는 그것이 무엇인지 이해하지 못합니다.

이해할 필요가 없다. 나는 그대의 이해가 충족될 때까지 계속 얘기할 것이다. 이해하려는 노력이 끝나면 나의 얘기도 끝날 것이다. 그러므로 이해를 포기하라. 그러면 나 또한 말하기를 그만둘 것이다. 이해는 도움이 되지 않을 것이다. 그것은 귀에서 기억으로 곧장 갈 것이다. 무엇을 배우는 데는 이해가 좋을 수 있지만, 자유를 위해서는 그렇지 않다. 자유를 위해서는 한마디의 말도 필요치 않다. 자유는 순결하다.

스승님을 찾아와서 궁극의 자유를 깨달은 사람은 지난 60여 년 동안 소수에 불과하다고 스승님께서는 말씀하십니다. 저희가 이 말씀을 어떻게 받아들여야 합니까?

그대를 나의 목록에서 빠트리지 않았다. (웃음)

이것이 꿈이라면, 왜 그렇게도 많은 사람들이 이것을 실재라고 믿습니까?

어느 누구도 세상의 실재를 의심하지 않는다. 그들은 나무들과 산들을 눈으로 보며 그 모든 것이 존재한다고 확신한다. 이 확신이 도전을 받을 때에야 이 꿈을 의심하게 된다. 깨어나라. 그리하여 이것이 꿈임을 알아라.

어떻게 깨어나는가? 삿상으로 깨어난다. 삿상은 자유를 얘기하는 대화다. 삿상을 통해서 그대는 몸과 이 모든 관계들로 이루어진 모든 꿈을 포기할 수 있음을 깨닫는다. 진정으로 깨어나기를 선택하는 사람은 대단히 드물다.

붓다는 깨어났다. 그는 젊고 아름다운 아내와 잠자고 있었다. 그러나 그는 깨어났다. 한쪽에는 아름다운 아내가, 다른 쪽에는 아들이, 왕궁과 코끼리들이 있었다. 그러나 그는 다른 무엇을 선택했다.

또 다른 왕도 깨어났다. 그날 밤 그는 왕궁의 옥상에 누워 있었고 양 옆에는 두 왕비가 자고 있었다. 하늘에는 보름달이 떠 있었고, 그는 달의 아름다움을 감상하고 있었다. 그때 흰 새 두 마리가 날아갔다. 그는 문득 정신을 차리고 상황을 살펴보았다. 그는 왕으로서 궁궐에 살고 있었고 양 옆에는 두 왕비가 있었다. 그는 세상이 줄 수 있는 최상의 것을 누리고 있었다. 얼마나 운이 좋은 사람인가! 그는 조용히 일어나 왕궁을 떠났고, 자유로운 삶을 위하여 숲으로 들어갔다.

그대는 여기저기에서 깨어남에 관한 여러 이야기들을 발견할 수 있을 것이다. 깨어날 때 그대는 이 삶이 꿈꾸는 상태에 지나지 않음을 알게 될 것이다. 그대가 꿈꾸고 있을 때는 이 모든 것이 실재처럼 보이고, 그대는 자신이 꿈꾸고 있다는 것을 알지 못한다. 마침내, "나는 어디로부터 왔는가? 나는 누구인가?"라는 질문으로부터 식별이 온다. 이 식별과 더불어 그대는 이 꿈의 본질을 깨달을 것이다.

무엇이 깨달음입니까?

나는 이 말을 쓰지 않는다.

실현하는 것입니까?

무(無)다. 어떤 무엇이 되지 말라. 깨달음조차도 어떤 무엇이 되는 것이다. 그대인 채로 존재하라. 그대 자신에게 이름을 붙이지 말라. 어떤 낙인도 갖지 말라. 낙인은 가축에게 찍는 것이다. 이름도 없고 형상도 없는 참나에게 어떤 꼬리표를 붙일 수 있겠는가? 깨달음이라는 이 단어의 근원은 무엇인가? 그것은 단어다. 그렇지 않은가? 그것이 단어가 되기 전, 그 단어의 근원은 무엇이었는가?

생각입니다.

그렇다. 생각이 있기 전, 그것은 침묵이었다. 그러므로 침묵이 처음이고, 생각은 다음이고, 말은 그 다음이다. 깨달음이나 속박은 말이다. 모든 말들은 마음의 영역 안에 있으며, 그대는 마음 너머에 있는 것에 열리고 있다.

생각이 되기 전, 그것은 어딘가에 있었다. 이 어딘가가 그대 자신의 참나다.

참나는 항상 참나다. 그것에 꼬리표를 붙이지 말라. 참나는 참나다. 참나가 자기를 깨닫는 데는 그대의 노력이나 방법이나 도움이 필요치 않다. 그것은 늘 깨달아 있다. 도리어 그대가 참나를 위장하여 가리고 있다. 이 위장을 반드시 버려야 한다.

무엇이 위장인가? 위장이란 "나는 이러이러한 사람이다."라는 생각이다. 이 생각을 버려야 한다. 이 생각이 없어지면, 참나는 스스로 빛난다. 참나는 그 자신의 빛으로 자기를 비춘다. 위장을 없애는 데는 어떤 수행도 필요가 없다. 그저 잠시 고요하라. 그러면 모든 것이 끝난다. 그대는 집에 있게 된다.

스승님의 현존에서 말씀을 듣고 있으면 어떤 일이 일어납니다.

그렇다. 그런 일이 일어난다. 침묵, 고요, 평화 때문이다. 절대적인 고요. 마음이 고요할 때를 현존이라 하며, 이 현존은 전염성이 매우 강하다. 그 궤도 안으로 들어오는 사람은 누구나 영향을 받는다. 가장 중요한 것은 생각이나 말이 아니라, 마음의 고요다. 가르치는 데는 말이 필요 없다. 그저 고요를 지켜라.

이 가르침에는 어떤 말도 필요치 않다. 오직 고요한 마음만이. 아무도 고요하지 않기에 가르침이 효과를 발휘하지 못한다. 셀 수 없이 많은 책들이 있지만 효과가 없는 까닭은 책을 쓰는 마음이 고요하지 않기 때문이다. 어떤 수트라들이 큰 감동을 주는 까닭은 고요한 마음으로 쓰였기 때문이다.

말은 고요에서 일어나 비로소 말이 된다. 그러므로 고요 속에서 말하고, 고요 속에서 들어라. 자유를 위해서는 말이 필요치 않다. 자유는 고요 속에서 전수된다.

제2장

삿상에 참석하기 위한 조건

삿상에 참석하기 위한 조건

삿상은 우둔하거나 사악한 사람을 위한 것이 아니다.
그것은 아주 예리하고, 아주 성실하고,
아주 순수하고, 아주 성스러운 사람을 위한 것이다.
진리는 성스러운 사람을 높인다.
이것이 진리다.

자유를 얻기 위하여 스승에게로 가기 전에 충족되어야 할 몇 가지 조건들이 있다.

첫째 조건은 식별력이다. 이것은 실재인 것과 실재 아닌 것을 분별하는 것이다. 이 구별 능력은 필수적이다. 그대는 실재인 것을 갈망해야 하고, 실재 아닌 것을 버려야 한다. 실재인 것만이 진리일 수 있다. 실재는 그대 자신의 참나다. 이 너머에는 아무것도 없다. 그 밖의 모든 것은 거짓이다.

둘째 조건은 감각의 쾌락에 대한 욕망을 버리는 것이다.

셋째 조건은 몸과 마음의 카르마를 버리는 것이다.

넷째 조건은 자유를 간절히 갈망하는 것이다.

깨어난 사람들을 자세히 살펴보면, 그들이 이러한 조건과 요구들을 충족시켰음을 알게 될 것이다.

이러한 조건들이 갖추어지면 그대는 이제 스승과 함께 앉을 준비가 되었다. 완전한 스승이란 자기 자신을 깨달은 사람을 말한다. 완전한 스승과 함께 있어야만 진정한 도움을 받을 수 있다.

환전상이 금화의 순도를 시험하듯이, 그대 역시 스승을 시험해 볼 모든 권리가 있다. 그릇되게 판단하지 말라. 슈퍼마켓에 가면 사야 할 물건을 고른다. 하물며 스승을 선택할 때는 훨씬 더 신중해야 하지 않겠는가?

지금은 칼리 유가의 시대 즉 암흑의 시기다. 모든 곳에 거짓이 도사리고 있다. 대부분의 스승들은 거짓 스승이며, 대부분의 구도자들은 거짓 구도자다.

많은 사람들이 "나는 자유를 원한다."라고 말한다. 그러나 삿상을 받으려면 먼저 위의 조건들이 충족되어야 한다.

그대는 여기에 있으니, 나는 그대가 식별력을 갖추고 있다고 가정하겠다. 욕망들을 버려야 한다는 둘째 조건에 관하여는, 나는 그대에게 쾌락들을 포기했는지 여부를 묻지도 않겠다. 어떤 사람들은 온갖 종류의 감각적 쾌락들과 관계하기를 좋아한다. 나는 그들이 성공할 것이라고 생각하지 않는다. 깨달음을 얻은 사람들 중 감각적 쾌락에 관계한 사람이 있다면 나에게 말해 보라.

카르마를 버리라는 조건에 관하여 이야기 하나를 들려주겠다. 그러면 그대는 이 세상 속에 사는 것과 카르마에 관하여 혼란을 일으키지 않을 것이다. 자유롭기를 갈망하던 한 10대 공주가 있었다. 그녀는 마을 변두리의 초가 오두막에 살고 있는 성자를 만나러 가기로 결심하였다. 아무도 그녀가 하고자 하는 바를 알지 못했다. 모든 사람이 잠든 밤에, 그녀는 일어나서 그 성자와 한 시간을 보내기 위하여 빠져나갔다.

그녀 오빠의 친구들 중 한 사람이 이 장면을 보았다. "밤중에 너의 누이를 보았다. 그녀는 어디로 가는가?"

그녀의 오빠는 대답했다. "내 동생은 아무 데도 가지 않는다. 여기에서 잠자고 있다."

그러나 오빠는 이 말이 사실인지 확인하기 위해 다음 날 밤에 잠을 자지 않고 지켜보았다. 친구의 말대로 그의 동생이 한밤중에 몰래 빠져 나와 마을 밖으로 향하는 것을 목격하였다. 그는 총을 갖고 뒤따랐다. 동생이 누군가를 만나면 한 발에 둘 다 죽여야겠다고 생각했다.

그녀가 오두막 안으로 들어가자 성자는 등불을 밝히고 말했다. "이리 와서 내 앞에 앉아라. 오늘이 마지막 날이다. 오늘 그대에게 자유를 전수할 것이다."

그 동안 밖에 있던 오빠는 자신의 동생이 낯선 남자와 함께 오두막 안에 있는 것을 목격하였다. 자신의 목적에 충실하게 그는 총을 겨누었다. 그 오빠는 구도자가 아니었다. 그는 자신의 동생과는 다른 목적으로 그곳에 갔다. 그는 한 발에 둘 다 죽이려고 총을 겨누었다.

구루는 극비리에 스승으로부터 제자에게 전수되는 비밀의 말을 중얼거렸다. 그 비밀이 제자의 신경을 타고 들어가면 모든 것이 끝난다. 스승이 그 말을 중얼거리자 바깥에 있던 어떤 사람이 춤을 추기 시작하였다! 성자는 왜 다른 사람을 데리고 왔느냐며 소녀를 호되게 꾸짖었다. 그녀는 아무도 데려오지 않았다며 자신의 결백을 주장하였다.

"그러면 나가서 누가 무아경에 떨어져 춤추고 있는지 보라." 그녀가 밖으로 나가 보니 그 사람은 다름 아닌 자신의 오빠였다. 그들은 포옹했다. 오빠는 감사하며 그녀의 발아래 엎드려 절했다.

단지 스승과 좋은 관계를 맺고 스승의 말에 귀를 기울임으로써 기적이 일어났다. 전통적인 관점으로 보면, 이 남자에게는 자격이 없었다. 총을 겨누고 있을 때, 그는 그 둘을 쏘겠다는 생각 이외에는 다른 욕망이 전혀 없었다. 그는 깨달음을 향해 완전히 집중하여 겨누었고, 그 결과는 무아경과 감사하는 마음이었다.

그대의 교제들은 외적인 순수를 반영하지 않을 수 없다. 외적인 순수는 절대적으로 필요하다. 외적 순수는 내적 순수와 함께한다. 내적 순수란 자유를 향한 강렬한 욕망이다.

존중은 필수다. 그대에게 다이아몬드가 있다면, 그것을 비닐봉지에 보관하지 말라. 그대는 물건의 가치에 맞게 포장해야 한다. 이것이 존중이다. 그대는 모든 존재들에게 겸손해야 한다. 그렇지 않으면 그대는 거만하다.

누구나 처음에는 거만하다. 겸손한 사람은 아무도 없다. 그것은 그대의 잘못이 아니다. 자아는 거만하다. 이 뱀이 세상의 모든 존재들을 물었다. 모든 존재가 거만하다. 신들조차도 그러하다.

만일 자신이 거만하다고 느낀다면, 삿상은 그것을 없앨 수 있는 자리다. 그렇게 하기는 아주 쉽다.

거만의 토대는 "나는 몸이다."라는 생각이다. "이것은 나의 것이다." "나는 저것을 원한다." "나는 여기에 속한다." "이것은 나에게 속한다." 이 모든 생각들은 거만함을 드러낸다.

대부분의 인간들은 이런 거만에 물들어 있다. 삿상이 그들에게 효과가 없는 까닭은 이 때문이다. 거만할 때 그대는 아름다움과 희열, 자유인 그대 자신의 참나의 본성을 감춘다. 거만을 물리칠 준비가 정말로 되어 있다면, 대단히 겸손한 마음으로 삿상에 가서 스승에게 물어라. "스승님, 어떻게 하면 거만을 없앨 수 있습니까?"

"나는 거만하다."라고 말하는 것조차 겸손 그 자체다.

우선, 누가 "나는 거만하다."라고 말하는가? 그대는 지금까지 어느 누구로부터 "나는 거만하다."라고 하는 말을 들어 본 적이 있는가? 모든 사람은 "너는 거만하다."라고 말한다.

그대가 거만할 때는 평화와 희열이 숨는다. 그대가 평화와 희열을 깨달을 때는 거만이 숨는다. 그러므로 평화와 사랑에 빠져라.

그대가 진정으로 누구인지를 발견하라. 그리하면 거만함이 사라질 것이다. 그대는 지금 여기에서 그대의 성스러운 성품 그 자체를 만날 것이다. 한 생각도 일어나지 않게 하라! 어떤 노력도 하지 말라. 그리하면 아무런 거만함도 없을 것이다. 만일 그대가 "내가 이것을 했다. 이것은 나의 것이다. 내일 나는 무엇을 가질 것이다."라고 생각한다면, 이 모든 생각들은 거만이다!

그대는 아무것도 할 수 없다. 아무것도 그대의 손안에 있지 않다. "나는 누구인가?"를 끊임없이 탐구하라. 그대의 마음을 여기에 있게 하라.

그대는 지금 그대가 생각하는 것이다. 그대의 생각이 그대의 존재다. 생각이 비어 있으면 다시 태어날 아무런 이유가 없다.

결코 끝이 없는 영원한 삿상은 이 우주가 생기기 전부터 이미 계속되고 있으며, 이 세상이 없어진 뒤에도 남아 있을 것이다. 아름다움은 삿상 중에 자신을 드러낸다.

그러나 누구든지 거만한 사람은 이 아름다움을 잠시도 보지 못할 것이다. 누구든지 거만한 사람은 그것을 볼 수 없다. 왜냐하면 이 사랑, 이 아름다움은 너무나 청순하고 너무나 정숙하고 너무나 순결하기에 그것을 보려는 생각조차 그것을 보는 데 장애가 되기 때문이다.

그러므로 그대는 그것처럼 정숙해야 한다. 그것처럼 벌거벗고 청순하고 순결해야 한다. 그때 그대는 자신을 드릴 수 있다. 하나임과 아름다움과 사랑이 하나임과 아름다움과 사랑을 만난다.

거기에는 보이거나 느껴질 존재 혹은 말할 대상이 아무도 없다. 이것이 삿상이다. 하나임조차 아니며, 둘은 말할 것도 없다. 하나임조차 아니다. 그때 삿상이 일어난다.

그대가 이해가 빠른 사람이라면, 삿상에서 들은 한 마디 말로도 충분하다. 삿상은 우둔하거나 사악한 사람을 위한 것이 아니다. 그것은 아주 예리하고, 아주 성실하고, 아주 순수하고, 아주 성스러운 사람을 위한 것이다.

진리는 성스러운 사람을 높인다. 이것이 진리다. 아무런 타협이 없다. 그대를 찾아내려는 것은 진리다. 그대를 포옹하려는 것도 진리다. 그대가 충분히 아름다워지면 진리가 그대에게 입 맞출 것이다.

단 한 점의 잘못이 있어도 진리는 그대를 품지도, 그대에게 입 맞추지도 않을 것이다. 진리는 순결하다. 진리는 그대의 연인이 되고자 한다. 감추지 말라. 아무것도 감추지 말라.

그대가 다른 어떤 곳에 정신이 팔려 있다면, 어떻게 그대의 연인이 그대를 찾아내겠는가? 그대가 홍등가에 있다면, 그대는 그대 자신의 참나와 이 청순한 관계를 맺을 수 없다.

ॐ

스스로 자유롭다고 선언하면 그대를 돌로 쳐 죽이는 곳이 이 세상에 많이 있다. 수피인 만술은 "나는 자유롭다."라고 말했다는 이유로 돌에 맞아 죽었다.

그대는 그대의 나라에 속해 있다는 것이 행운이다. 원하는 것은 무엇이나 할 수 있는 자유로운 나라에서 태어난 것을 보면 그대는 분명 커다란 공덕을 쌓았음이 분명하다. 그대는 그대가 좋아하는 방식대로 살 수 있다. 그대는 다니던 교회를 떠날 수도 있다. 그렇게 해도 아무도 문제 삼지 않는다. 마음대로 교회를 떠날 수 없는 나라들도 있다. 아무도 감히 "나는 자유롭기를 원한다."라고 말할 수 없는 나라들이 많다.

그대에게는 행운의 유산, 행운의 양친, 행운의 나라, 행운의 혈통이 있다. 그대는 행운 그 자체다. 그대에게는 자유를 향한 이 욕망도 있다. 그대에게 더 이상 무엇이 필요한가? 오직 잠시 동안 내면을 들여다보라. 그리고 거기에 무엇이 있는지를 보라.

제3장

스승과의 관계

 스승과의관계

3,500만 년 동안 그대는 무엇인가를 해 오고 있다.
그대가 마침내 진정한 스승에게 이르면,
그는 그대에게 어느 것도 하라고 말하지 않을 것이다.
그는 말할 것이다.
"나의 사랑하는 아들아, 그냥 여기로 와서 고요히 앉아라.
고요하라. 그것이 전부다. 아무것도 하지 말라."

전통적으로, 제자는 숲 속에 있는 스 승에게 다가가서 다음과 같이 말한다. "스승님, 제발 저를 구해 주십시오. 저는 고통받고 있습니다. 말해 주십시오. 제가 누구 입니까?"

온 사랑으로 스승은 다음과 같이 말한다. "나의 사랑하는 아 들아, 여기로 와서 앉아라. 내가 그대에게 말해 주겠노라."

그때 탐구가 시작된다. 제자는 "저는 누구입니까"라고 묻고, 스승은 제자에게 진리를 말해 준다. "그대는 바로 그것(That)이 다!"

스승은 진리를 말한다. 제자는 "나는 그것이다."라는 사실을 이해한다.

그러면 끝난다.

ॐ

스승이란 어떤 분입니까?

스승은 바다 건너편으로 그대를 건네주는 뗏목이다. 진정한 스승은 삼사라의 바다 건너편으로 그대를 데려다 준다.

이 바다 속에서 그대를 물어뜯고 있는 악어들은 그대의 욕망들이다. 그대를 집어삼키지 않을 욕망이 하나라도 있는가? 언젠가, 어느 날인가, 욕망이라는 이 악어는 그대를 집어삼켜 버릴 것이다. 집착과 욕망이라는 이 악어들이 온 세상을 삼키고 있다.

그대의 마음을 모든 집착으로부터 자유롭게 하라. 그리하면 그대는 신 그 자체가 된다. 욕망으로부터 자유로워져라. 그리하면 그대는 완전하게 된다. 그 점에 대해서는 의심의 여지가 없다. 1초만이라도 욕망을 없애 보라. 그렇게 해 보고 어떤 느낌이 오는지 보라.

이 순간 안에서, 그대는 그대 자신의 참나와 사랑에 빠진다. 그대는 어떤 대상 속에서 평화를 발견할 수 없다. 대상에게 달려가기를 멈추고서 보라. 온 세상은 평화를 찾기 위하여 대상들에게로 돌진하고 있다. 평화는 어떤 대상에서도 찾을 수 없다. 달려가기를 그만두고 보라.

ॐ

스승님께서는 찾아오는 사람 모두에게 이 모든 진귀한 보석들을 주십니다. 어떻게 그러실 수 있는지요?

30년 전에 나의 어머니께서도 이와 같은 말을 하곤 하셨다. 어머니께서는 물으셨다. "애야, 너는 돼지에게 진주들을 던져주고 있다. 네가 주고 있는 것의 참가치를 누가 알겠느냐?"

또 말씀하셨다. "너는 먼저 사람을 평가해야 한다. 스와미들을 보아라. 사람들은 평생을 바쳐 아쉬람에 있는 스와미들에게 봉사하고 있지만, 스와미는 가진 것이 없어 아무것도 주지 못한다. 그런데 너는 이 사람들이 오자마자 진주들을 거저 주고 있다. 누가 이 진주의 가치를 알겠느냐?"

"조심해라." 어머니께서는 말씀하셨다. "그 사람의 자질을 파악하고 난 뒤에 그에게 필요한 것을 주도록 해라. 이렇게 하면 당나귀 목에 다이아몬드를 거는 일은 없을 게다. 반드시 평가해야 한다. 그래야 너는 알 수 있을 것이다."

그러나 어떻게 할 수 있겠는가? 나는 인간으로 태어난 것만으로도 충분하다고 믿는다. 이 지구에 있는 사람들은 60억에 불과하다. 모기들, 물고기들, 벌레들, 세균들을 세어 보라. 인간으로 태어난 것은 진정한 보석을 알아볼 수 있을 만큼 희귀한 행운이다.

ॐ

때때로 저는 자각합니다……

때때로! '때때로'라니 그게 무슨 말인가? 그것은 좋은 문법이 아니다. 그대는 어디에서 이런 문법을 배웠는가? 그대는 어떤 학교에서 이런 문법을 배웠는가? 누가 그대에게 그렇게 가르쳤는가? 이곳은 다른 교실이다! 이곳은 선생이 없는 교실이다. 이 교실의 선생은 혀가 없으며, 학생들의 어깨 위에는 머리가 없다. 이곳은 바로 '그러한' 교실이다.

머리가 있다면, 그대는 다른 어떤 곳으로 가야 한다. 아마도 머리를 베어 버리는 도살장 같은 곳으로 가야 할 것이다.

그대도 알다시피, 자아가 머리다. 자아는 도살장으로 가기 위해 태어났다. 도살자들은 그대를 아주 잘 돌봐 줄 것이다. 나는 머리들을 원치 않는다. 나는 가슴들을 원한다.

단지 머리만을 필요로 하는 단체들이 많이 있다. 그러나 나는 어떤 머리도 여기에 오기를 원치 않는다. 그대의 머리를 바깥에 두고 와서 내게 말하라. 그리하면 이제 그대의 가슴이 말할 것이다. 그대는 사랑의 언어로 얘기할 것이다. 그대의 가슴이 말하도록 허락하라. 방해하지 말라. 가슴이 말하게 하라.

그대는 머리로 말하고 있다. 그것을 베어 버려라!

64

ॐ

성자 카비르에 관한 아름다운 이야기가 생각난다. 그에게는 일곱 살 난 딸이 하나 있었다. 어느 날 그 애가 물었다. "아빠, 날마다 오륙백 명이나 되는 사람들이 아빠와 삿상을 하기 위해 찾아와요. 그 사람들이 왜 오죠? 오는 목적이 무엇인가요?"

카비르가 대답했다. "그들은 삿상을 위해 온단다. 진리를 찾기 위해, 자유를 얻기 위해, 지혜를 얻기 위해, 해방을 얻기 위해 오는 거란다."

어린 소녀는 다음과 같이 말했다. "아빠, 그렇지 않은 것 같아요. 깨닫기 위해 오는 것 같지 않아요."

카비르는 아무 말도 하지 않았다.

다음 날 어린 소녀는 바깥에 서 있었다. 한사람씩 올 때마다 그 아이는 이렇게 말했다. "오늘 저의 아버지는 먼저 아저씨와 면담하기로 결정했어요. 면담한 뒤에야 안으로 들어오라고 하실 거예요."

소녀는 계속해서 말했다. "그래서 제가 여기에 있는 거예요. 저는 손에 예리한 도끼를 들고 있어요. 이 통나무 위에 머리를 올려놓으세요. 그러면 제가 목을 자르고 그걸 아버지께 보여 드릴 거예요. 이 면담 뒤에 만일 아버지께서 허락하시면, 아저씨에게 들어오라고 하실 거예요."

삿상에 참석하기 위해 줄을 서 있던 사람들이 조용해졌다.

맨 앞에 서 있던 사람이 마침내 말했다. "아니, 아니야. 우리는 딸애의 약혼식 날을 받기 위해 온 것뿐이란다. 그냥 시간이 좀 남아서 구루의 축복을 받아 볼까 하고 온 거야. 그러니 인사만 드리고 그냥 가겠다."

또 다른 무리의 사람들이 왔다. 그들은 어떤 소송 건에 대해 스승의 조언을 듣기 위해 왔다. 또 한 사람은 결혼 상대자를 어떻게 다루어야 할지 몰라 조언을 받기 위해 왔다. 다른 사람들은 단지 개인적인 혹은 사업상의 관계들에 대한 해결책을 구루에게서 듣기 위해 찾아왔다.

이처럼 모두들 이런저런 핑계를 댈 뿐, 어느 누구도 목을 내놓고 머리를 스승에게 바치려 하지 않았다.

시간이 흘렀다. 성자 카비르는 여전히 기다리고 있었지만, 아무도 들어오지 않았다. 마침내 그는 바깥으로 나가서, 어째서 한 사람도 삿상에 들어오지 않느냐고 딸에게 물었다.

소녀가 대답했다. "저는 사람들에게 아버지가 먼저 면담하기를 원한다고 얘기했어요. 저는 사람들의 목을 잘라서 그 머리를 들고 아버지에게 면담하러 가겠다고 했어요. 그랬더니 아무도 들어가려 하지 않았어요! 어느 한 사람도 나서지 않았어요!"

그리고 이렇게 덧붙였다. "어느 누구도 머리를 내놓지 않았어요! 아무도 목을 대지 않았어요! 자기의 목을 치라고 한 사람이 아무도 없었어요. 그러니 아빠, 아빠의 삿상이 무슨 소용이 있겠어요?"

모든 몸은 죽지 않을 수 없다. 몸이 태어나는 순간부터 죽음은 늘 몸을 뒤따르고 있다. 만일 목을 내밀어 머리가 잘렸다면,

그들은 누가 죽는지 그 진실을 깨달았을 것이다! 그랬더라면 생명이 무엇인지를 알게 되었을 것이다! 그러나 어느 누구도 살 수 있는 길에 응하지 않았다!

이 일곱 살 난 어린 소녀는 삿상에 참가하는 방법을 알고 있었다.

'나의', '너의', '그의', '그녀의' 등과 같은 것들은 삿상에서는 허용되지 않는다. 그대는 진리를 막 마주보려 하고 있다. 이 것이 삿상의 의미다. 그대는 진리, 자유, 그대 자신의 참나를 마주 대하고 있다.

누가 그대를 죽일 수 있는가? 그대는 그대 자신의 참나를 두려워한다. 그래서 다른 자아들에 의존한다. 그대는 영원하지 않은 것들에 매달리고 있다. '나'라는 것, '너'라는 것은 그대의 생명을 구해 주지 못할 것이다. 그대는 수백만 번이나 탄생을 경험하였고, 수백만 번이나 죽음을 경험하였다.

그대는 이 죽음의 맛을 아주 잘 알고 있다. 적어도 이제부터는 사는 방법을 알도록 하자. 그대는 그대의 생명을 구할 수 없다. 그대의 몸은 죽기 위해 태어났다. 그대는 죽음을 좋아한다. 그대는 수백만 번이나 죽음을 경험했으며, 그래서 죽음을 좋아한다. 그대는 살기를 좋아하지 않는다!

살기는 너무나 쉽다. 행복하기는 너무나 쉽다. 항상 희열 속에 있기는 너무나 쉽다. 그런데 그대는 죽음을 원하고 있다. 그대는 은총과 아름다움으로 가득 찬 이 사랑의 정원을 도살장으로 만들고 있다.

약간의 시간을, 한순간만이라도 시간을 내어 그대가 누구인 지를 보라. 그대의 참나에게 시간을 허락하라. 그대는 자신의 참나에게 결코 시간을 허락하지 않는다. 그대는 백만 년 동안 머리를 써 왔다. 이제는 적어도 그대의 진정한 가슴에게 시간을 내주어라.

고요하라. 그저 고요하라. 그리하면 그대는 무슨 일이 일어나 는지를 알게 될 것이다. 지금, 바로 이 순간, 고요하라. 그대가 사용하고 있는 도구들을 내려놓아라. 그러면 그대 자신의 참나 가 와서 그대를 포옹하고 그대에게 입 맞출 것이다.

그것을 허락하라. 이 순간을 그대 자신의 참나에게 바쳐라.

이 가르침을 그대의 귀로 듣지 말라. 그렇게 한다면 그것은 곧장 무덤의 창고로 들어갈 것이다. 기억은 무덤이 아닌가? 기 억이 그 밖에 무엇이겠는가? 기억 속에 저장되어 있는 것들은 죽어 쓸모없는 것들이 아닌가?

기억 속에서는 신선한 것을 찾을 수 없다. 기억 속에서는 오 직 쓰레기 냄새만을 맡을 수 있을 뿐이다. 모든 시체들이 그곳 으로 옮겨져 있다. 그러므로 그것에 관해서는 잊어라. 아무것도 하지 말고, 아무런 생각도 하지 말라. 이것이 전부다.

이것이 유일한 가르침이다. 이 가르침을 귀로 들어서는 안 된 다. 아무것도 듣지 말라. 아무것도 듣지 말고, 보지 말고, 냄새

맡지 말고, 접촉하지 말고, 맛보지 말라. 그러면 무엇이 그대에게 남는가?

가슴을 열어라. 그것이 전부다.

인도인들은 인도 전역에서 성지를 순례한다. 언젠가 북부에서 온 사람이 남부에서 온 사람과 순례 중에 만나 친구가 되었다. 그들은 순례를 하면서 서로의 집에 머물게 되었다.

남부의 순례자가 말했다. "나는 부자입니다. 우리는 아주 잘 삽니다. 두 아들이 재학 중인데, 만일 우리 재산이 얼마나 되는지를 알면 학교에 다니지 않으려 할 것입니다. 그래서 나는 보물을 아내의 맷돌 밑에다 숨겨 놓았습니다. 아들들이 학교를 마치면, 그 재산을 아내와 아들들에게 분배할 것입니다."

칠 년이 지난 뒤, 북부의 친구는 남부에 있는 친구를 다시 방문하였다. 그는 그 집의 초라한 모습을 보고 매우 놀랐다. 친구의 아내는 몹시 불행해 보였다. 그녀는 이웃집의 밀을 빻아 주고 있었다.

친구가 물었다. "무슨 일이 있었습니까?"

아내는 다음과 같이 말했다. "육 년 전에 남편은 숲에 갔다가 뱀에 물려 세상을 떠났습니다. 그 이후로 살림살이가 몹시 힘들었습니다. 우리 애들은 곧 학교를 끝마칩니다. 마지막 시험도 봤습니다. 학교를 졸업하면 금방 직장을 구할 것입니다. 그러면 저를 도울 수 있겠지요. 남편이 죽은 뒤로 저는 이웃집의 빨래를 해 주고 있습니다. 집도 청소해 주고, 밀가루도 빻아 주고 있습니다. 그런데도 여전히 먹을 것이 충분치 않답니다."

"부군께서 돌아가시기 전에 부인께 뭐라고 말씀하시지 않던가요?"

"아뇨." 그녀는 대답했다. "너무나 갑작스런 죽음이었습니다. 우리는 말 한 마디도 못해 봤습니다."

그 친구는 매우 흥분된 어조로 그녀에게 다음과 같이 알려 주었다. "부인께서 돌리시는 맷돌 밑에 부군께서 금화를 묻어 놓았습니다."

믿을 만한 권위자로부터 이 사실을 듣는 것만으로도 그녀는 밀가루 빻는 일을 그만두었다. 그녀는 하고 있던 일을 그만두었으며 즉시 매우 행복해졌다.

이 보물은 아직 캐내지도 않았다. 믿을 만한 권위자로부터 정보를 듣는 것만으로도 그녀는 확신했다. 그녀는 매우 행복해졌다.

이제 나는 그대에게 고통을 제거하라고 말한다. 고통 밑을 육 인치만 파 보라고 말한다. 보물은 이미 그곳에 있다. 올바른 정보를 듣지 못했기에 이 가족은 고통스럽게 밀을 빻고 있었다.

이 정보는 매우 가까이 있는 사람으로부터 온다. 그는 말한다. "보물이 있다. 그대 안에 보물이 있다!"

내면으로 들어가라. 그리하면 그대는 그것을 발견할 것이다. 이것은 발견조차도 아니다. 그것은 항상 그곳에 있었다. 그러나 그것은 무지로 덮여 있었다. 알고 있는 사람이 알려 준 정보를 들음으로써 이제 그것을 발견할 수 있다. 그 사람은 그대에게 고통을 제거하고 고통 밑을 보라고 말한다. 거기에 보물이 있다. 즉시 모두가 부(富)를 발견한다.

보물은 거기에 있다. 그러나 진실한 정보가 부족하다. 그대는 그것을 모르고 있을 뿐이다. 그래서 그대는 세탁물을 빨아 주기 위해 이웃 사람들에게 간다. 이 세탁물은 기억이다. 보물이 그대를 기다리고 있음을 알게 되면, 즉시 그대는 세탁해 주러 이웃집으로 가기를 그만둔다. 그렇지 않으면 그대가 행하는 모든 일은 다른 사람들의 옷을 세탁해 주는 것에 불과하다.

수천 년이 지났지만 상황은 마찬가지다. 여기저기에서 그대는 사람들에게 유익을 주는 극소수의 진정한 스승들을 발견할 것이다. 여기에서 일어나고 있는 것은 그 전통의, 그 계보의 것이다. 그것은 항상 이러한 방식으로 존재해 왔다.

군중 속에는 가짜도 있기 마련이다. 그대는 이 점을 인정해야 한다. 군중들이 모여 있거나 교통이 혼잡할 때는 얼마간 사고도 있기 마련이다. 몇 명이면, 두서너 명이면 충분하다.

거리에서 춤판이 벌어지고 있다면, 그대들 가운데 몇 명이나 여기 이 삿상에 남아 있을 것인가? 정직하라. 음악이나 춤 등은 감각들에 너무나 매력적이다. 그래서 그대는 가 버린다. 감각들은 그대를 바깥으로 가게 만든다. 접촉하고, 맛보고, 보고, 듣고 하는 것들은 그대를 바깥으로 향하게 한다. 바깥에 아주 매력적인 것이 있으면, 그대는 가 버린다. 누가 여기 삿상에 머물 것인가? 물론 자기 자신의 아트만, 자기 자신의 참나에 이르고자 하는 사람들만이 머물지 않겠는가?

스승님 곁에 앉아 있으면 모든 문제가 소멸됩니다.

현존은 항상 거기에 있다. 그대의 진정한 존재로서 진정한 존재와 함께 하는 것만으로 충분하다. 이전에 그대는 무엇인가가 되는 데 관심이 있었다. 진정한 존재는 현존이다. 이것을 인식하는 것이 지혜요, 자유다.

스승님의 현존에서는 어떤 일이 일어납니다. 그것을 은총이라 불러도 됩니까?

은총과 현존은 같다.

구루가 필요합니까?

그대의 참나가 그대의 구루다. 그러나 그대는 그대 안에 있는

72

구루를 아직 보지 못했다. 그대는 그대 안에 있는 이 구루의 언어를 이해하지 못하고 있다. 그대가 진지하다면, 그를 보려는 불타는 욕망과 갈망이 그대에게 있다면, 그는 그대와 같은 언어로 그대에게 말하는 어떤 분을 그대에게 소개할 것이다.

내면에 있는 참나는 그대의 미숙한 언어로 그대에게 말하기 위하여 바깥에 있는 구루의 모습을 취한다. 그는 그대에게 말한다. "나는 그대 안에 있다."

이 바깥의 구루가 그대의 참나임을 깨닫게 될 때, 그대는 이해할 것이다.

분리는 자아이며 반드시 버려야 할 것이다. 이 분리 속에서 자아는 주체가 되고, 신은 대상이 된다.

파도는 그 자신이 바다에서 독립되어 있다고 상상한다. 파도에게는 다른 이름과 다른 형상, 다른 움직임이 있다. 그래서 파도는 자신이 태어난 곳인 바다를 알지 못한다. 이것이 자아다.

그때 누군가가 그대에게 말한다. "그대는 바다에 속한다. 그대는 항상 바다다." 바다가 주체다.

그러나 스승님의 존재는 그냥 말씀하시는 것 이상입니다. 제 경험은 스승님의 말씀 때문이 아니라 스승님의 존재가 바로 그것이기 때문입니다. 그것은 그것 자신을 전하며, 그래서 저는 그것을 직접적으로 체험합니다. 그때 저는 우리에게 분리가 없음을 압니다.

이것은 은총이다. 이것은 현존이다. 이것은 신이 말하는 것이다. 그대가 볼 모든 것은 같다. 눈은 너무나 성스럽게 되어 오직 신만을 볼 것이다.

스승님께서 말씀하실 때 저는 스승님의 눈을 들여다봅니다. 말씀들이 저에게로 전해져 올 때 제가 저의 참나에게 말하고 있음을 저는 직접 체험합니다.

그렇다. 같은 참나다. 절대자는 거룩한 사람을 드높인다. 그대가 동일한 사람, 그대 자신의 참나를 볼 때, 이것이 거룩함이다. 하나가 말하고 하나가 듣는다. 신에게 복종할 때, 그대의 눈을 통하여 보고 있는 존재는 신이다. 신이 보고 있다.

누가 은총의 영광을 입습니까?

모든 사람이 은총을 입고 있다.

모든 사람이라고요?

그렇다. 은총은 모든 사람에게 있다.

그렇다면 왜 소수의 사람들만이 은총의 소리를 듣습니까?

그 소수의 사람들은 자신에게 은총이 있음을 안다. 다른 사람들은 모른다.

왜 그들이 선택되었습니까?

내면에서 나오는 은총이 그대를 선택한다. 이 은총의 근원인 내면의 참나는 그대에게 너무나 친절하다. 그것은 그대의 언어로 그대에게 말해 줄 필요가 있다. 참나는 그대에게 이 사실을 알려 줄 사람에게로 그대를 데려간다. 그 사람은 그대가 쓰고 있는 언어로 그대에게 말할 것이다. 그는 그대에게 "그대는 이미 자유롭다."라는 말만을 할 것이다. 그대에게 이것저것을 하라고 말하는 사람을 스승이라 불러서는 안 된다. 그들을 도살자라 불러야 할 것이다.

도살자라뇨?

그렇지. 달리 무슨 말을 붙이겠는가? 스승은 모든 활동과 모든 개념, 모든 짐들로부터 그대를 해방시켜 준다.

3,500만 년 동안 그대는 무엇인가를 해 오고 있다. 그대가 마침내 진정한 스승에게 이르면, 그는 그대에게 어느 것도 하라고 말하지 않을 것이다. 그는 말할 것이다. "나의 사랑하는 아들아, 그냥 여기로 와서 고요히 앉아라. 고요하라. 그것이 전부다. 아무것도 하지 말라."

내면에 있는 구루는 그대의 참나다. 그러나 그대는 그를 모르고, 그를 알아보지 못한다. 그대는 참나의 침묵의 언어를 이해하지 못한다. 그래서 그는 어떤 말을 해 줄 사람을 그대에게 소개할 것이다. 그는 그대에게 고요하라고 말한다. 이것은 은총이다. 이것은 그대 자신의 은총이다. 이것은 그대의 내면에서 나온다. 달리 누가 그대에게 은총을 줄 수 있겠는가?

그러나 그것은 저의 것이 아닙니다. 저는 그것을 갖고 있지 않습니다.

그렇지. 그것은 그대의 것이 아니지. 그대는 그것이 그대의 것이 아니라고 말한다. 이는 그것이 그대 몸의 것이 아니라는 말이다. 은총은 안에 있는 것도, 바깥에 있는 것도 아니다.

여기에 머문 뒤부터 스승님께서 제 가슴 안에 계심을 느낍니다. 저는 앞에 계시는 분을 저의 스승으로, 저의 마스터로 인식하고 있습니다. 부디 저를 제자로 받아들여 주시기를 부탁드립니다.

누구에게 이런 부탁을 하고 있는가?

제 앞에 그리고 제 안에 앉아 계시는 분에게 말하고 있습니다.

76

당장 가슴 안으로 들어가라. 낭비할 시간이 없다. 가슴은 아주 가까운 곳에 있다. 가슴이 그대로부터 얼마나 멀리 떨어져 있는가?

아무런 거리가 없습니다.

그렇다면 당장 거기로 가라. 무슨 답을 얻는가? 명심하라. 거기에는 이원성이 존재하지 않는다.

(침묵)

이것이 대답이다. 그대가 그대의 가슴으로 되돌아갈 때 이원성은 존재하지 않는다. 이 가슴의 다른 이름은 진리, 실재, 자유다. 내면을 바라보라. 온 헌신으로 그대의 가슴 안으로 들어가라.

그곳에는 공간과 정적만이 있을 뿐입니다.

이것이 스승이다. 이것이 가르침이다. 그대의 가슴으로 머물러라. 이것이 전부다. (웃음) 그대의 가슴으로 머물러라.

제4장

'나'

 '나'

변화하지 않는 것과 동일시하라.
태어나서 죽는 것과는 동일시하지 말라.
변화하지 않는 그대가 어떻게 하여
변화하는 것과 동일시하게 되었는가?
변화하는 몸과 동일시하지 말고,
변화하지 않는 '나'와 동일시하라.

천 개의 거울이 있고, 그 거울들이 각각 서로 다른 태양의 모습을 비추고 있다고 하자. 그렇다고 해서 천 개의 태양들이 있는 것은 아니다. 모든 거울 안에서 빛나는 것은 오직 하나의 태양이다. 비추인 모습들은 다를 수 있다. 그러나 태양은 동일하다. 태양은 하나이다. 하나의 태양이 모든 존재 안에서, 모든 원자 안에서 빛나고 있다. 같다.

의식도 이와 마찬가지다. 그것은 한 마리의 새로, 동물로, 나무로, 바위로 혹은 인간으로 나타날 수 있다. 그대가 그것(That)을 깨달을 때, 그대는 고통을 당하지 않을 것이다. 그대는 즐길 것이다. 전체가 될 때 그대는 아무것도 필요치 않다. 이것이 절대요, 전체요, 완전이요, 완성이다. 모든 것은 비어 있다. 모든 것은 의식이다.

'나'라는 개념을 일으키지 말라. 그리하면 즉시 그대는 그대가 누구인지를 알게 될 것이다. 그대는 매우 훌륭한 삶을 살게 될 것이다.

지금 그대의 경험은 어떠한가?

비어 있습니다.

그럴 때 무엇이 텅 빔으로부터 일어나서 텅 빔으로 되돌아가는가?

텅 빔입니다!

그래. 아주 훌륭하다. 그러므로 '나'라는 단어를 사용할 때는 그 '나'를 전적인 비어 있음의 뜻으로 사용하라. 그러면 일어나고 사라지는 것들과 동일시하지 않을 것이다. "온 우주는 내 안에 있다. 온 우주는 내 안에서 일어나고 사라진다."라는 사실을 그대는 매우 잘 알게 될 것이다. 온 우주가 그대 안에서 일어나고 사라진다면 슬픔이나 고통이 어디에 있겠는가?

누군가가 그대에게 "그대는 누구인가?"라고 묻는다.
그대가 "나는 니콜슨입니다. 나는 톰슨입니다. 나는 볼프강입니다.”라고 답한다면, 그대는 이 질문의 답을 정말 모르고 있다.

그냥 그대에게 “나는 누구인가?”라고 물어라.

보통 그대는 자신이 누구인지를 확인할 때 이 질문의 답을 그대의 몸에서 구한다. 그대는 어떻게 하여 변하는 것이 되었는가?

어린 시절은 왔다가 이제 가 버렸다. 변화한다. 그대는 “내가 어렸을 때…… 나는 놀기를 좋아하였고…… 그 다음에 학교에 들어갔다.”라고 말한다.

그 다음에 청년기가 왔다. 어린 시절은 가 버렸다. 같은 사람이 청년이 되었다. 그대는 “내가 청년이 되자, 새로운 책임들이 따르게 되었고……”라고 말한다.

이제 청년기도 또한 가 버린다. 다음에는 노년기가 온다. 그대는 아동기와 청년기를 경험했다. 그러나 노년기는 회고해 볼 수 있는 경험을 그대에게 주지 않는다. “내가 늙었을 때…….”라고 그대는 말할 수 없다. 노년기는 그대를 세상에서 데려갈 것이다.

무엇이 변화하는가? 몸이 변화한다. 아동기에서 청년기로, 청년기에서 노년기로, 노년기에서 질병으로, 질병에서 죽음으로 변화한다. 그리고 이 순환은 끝난다.

그러나 그대는 늘 동일하다. “내가 어렸을 때……”, “내가 젊었을 때……”, “내가 노인일 때……”라고 말할 때, ‘나’는 늘 똑같은 채로 있다. 이 ‘나’는 모든 사람들 안에 있는 동일한 하나다! 모든 사람들이 ‘나’라고 말한다.

몸들은 다르다. 그러나 이 ‘나’는 동일하다. 변화하지 않는 하나의 절대적 실재가 모든 존재들 안에 있다.

그러므로 변화하지 않는 것과 동일시하라. 태어나서 죽는 것과는 동일시하지 말라. 변화하지 않는 그대가 어떻게 하여 변화하는 것과 동일시하게 되었는가? 변화하는 몸과 동일시하지 말고, 변화하지 않는 '나'와 동일시하라.

여러 세대를 거치면서 그 많은 세월 동안 그대는 이 '나'를 몸과, 마음과, 자아와, 감각들과, 겉으로 드러난 것들과 동일시하여 왔다. 그대는 "이 '나'는 누구인가?"를 알라는 말은 듣지 못했다.

아주 간단하다. 변화하지 않는 것이 불멸의 진리요, 영원한 행복이요, 희열이요, 아무런 변화가 없는 의식과 존재다. 그런데 그대는 어떻게 하여 그대 자신을 영원한 행복과 동일시하는 대신, 변화하고 고통을 겪고 죽는 것과 거듭거듭 동일시하는가?

우리가 여기에 모인 까닭은 변화하는 것과의 동일시를 버리고, 변화하지 않으며 늘 변화하지 않은 채로 있을 그것과 동일시하는 방법을 찾기 위함이다. 여기에 무슨 어려움이 있을 수 있는가? 언제든 한 번만이라도 끈질기게 탐구해 보라. 지금 이번 생에, 아니면 다음 생에라도.

이 문제를 풀지 못하면 그대는 행복하지 못할 것이다. 그대는 이 문제를 한 번도 직면하지 않았을지 모른다. 그대는 다른 사람들에게 질문들을 해 왔다. 다른 사람들도 그대에게 질문들을 해 왔다. 그러나 이 질문은 한 번도 제기된 적이 없다. 이 질문은 아마도 질문 자체가 대답이 될 것이다!

그러나 그대는 진지해야 한다. 그대가 이 문제를 풀지 못한다면, 그 까닭은 오직 진지함이 부족하기 때문이다.

　나의 스승은 열일곱 살 때 집을 떠났다. 수행도 하지 않았고, 공부도 하지 않았다. 나중에 내가 그분을 만났을 때, 그분은 말했다. "그대가 바로 신이다. 그대가 신이다."

　나는 이 말에 아무런 의심도 품지 않았다. 진정으로 자격이 있고 받을 가치가 있고 복종하는 제자와 완벽한 스승 사이에는 이런 일이 몇 분만으로도 충분하다. 그대는 어떤 수행도 필요치 않다. 그대의 참나가 그대로부터 얼마나 떨어져 있을 수 있는가? 참나가 그대로부터 얼마나 멀리 떨어져 있기에, 그대가 거기에 이르기 위해 수행을 해야 한다는 말인가? 그것이 멀리 떨어져 있다면, 당연히 그대는 비행기나 자동차나 배를 타야 할 것이다. 그러나 그것은 안에 있다. 안의 안에 있다. 그대의 호흡보다 더 가까운 곳에 있다. 그곳에서 호흡이 일어난다.

　그대가 무엇을 할 필요가 있겠는가? 단지 그대의 노력을 포기하라. 무엇인가를 붙잡으려면 노력을 해야 한다. 무엇을 상상하기 위해서는 노력이 필요하다. 그러나 이것을 위해서는 아무것도 상상할 필요가 없다. 왜냐하면 참나는 상상 그 자체가 일어나는 샘이기 때문이다. 생각 자체가 일어나는 곳에서 그대가 무엇을 생각할 수 있겠는가? 그러므로 그대는 생각하지 않아야 한다. 어떤 유형의 수행이나 여행도 하지 말아야 하며, 목적지도 정하지 말아야 한다.

　먼저 이 모든 상상들을 버려라. 수행을 하려는 의도나 다음에 수행해야겠다는 의도와는 다른 차원의 의도가 있도록 하라. 그리고 그대의 마음속에 들어오는 모든 것을 지워 버려라. 해방이나 깨달음에 대한 생각들, 심지어 그대가 찾고 있는 것까지도, 탐구해야겠다는 생각조차도 그대의 마음 안에 일어나지 않도록 하라. 그대 자신에 관한 그대의 생각들로부터의 자유가 내가 말하고자 하는 자유다.

다른 사람은 그대에게 아무것도 줄 수 없다. 이것은 그대 자신의 문제다. 그대는 스스로 이 문제를 풀어야 한다. 설령 그대가 연기한다 할지라도, 수백만 년 뒤로 미룬다 할지라도, 수백만 년 뒤에는 마침내 자유를 얻게 될 것이다.

그대가 자유를 알게 될 때, 그대는 어떠한 잠도, 어떠한 무지도, 어떠한 어둠도 전혀 없었음을 깨닫게 될 것이다. 빛이 있는 곳에 어떻게 어둠이 있을 수 있겠는가? 지식이 있을 때, 어디에 무지가 있을 수 있겠는가? 밧줄임을 알 때, 어디에 뱀이 있을 수 있겠는가? 아무런 오해가 없을 때, 어디에 신기루가 있을 수 있겠는가? 이 모든 것은 마음이 지어낸 것이다. 그대가 스스로의 상상으로 이 모든 것을 만들었다.

이 상상이란 무엇인가? "나는 그것이 아니다. 나는 절대적인 자유가 아니다. 나는 절대적인 존재가 아니다."라는 것이다. 그대는 영속하지 않는 것, 불변하지 않는 것, 영원하지 않은 것과 그대 자신을 동일시하고 있다. 이것은 미룸이다.

이 미룸은 밀가루를 빻는 맷돌과 같다. 밤낮으로 맷돌은 으깨고 있다. 맷돌은 계속 으깨고 있고, 모든 존재들은 낟알들처럼 으깨어지고 있다. 맷돌은 돌아가고, 돌들은 움직이고, 존재들은 그 사이에서 으깨어지고 있다.

중심 축 가까이 있는 몇몇 낟알, 한두 개의 낟알만이 여기저기에서 무사할 것이다. 그곳에서는 아무것도 그들을 부술 수 없다. 중심, 참나, 절대적 존재로부터 떨어져 있는 것은 무엇이나 부수어질 것이다.

주체도 대상도 없는 이 자각을 발견해야만 한다. 이것은 그대 자신의 자각이다. 이 자각을 '모든 것으로부터의 자유'라 한다.

'나'라는 것이 일어나서는 마치 그것이 자각인 것처럼 행동한다. 자아와 세상이 일어난다. 자아는 자신을 참나로부터 분리시킨 뒤, 자신이 자급자족하며 스스로 존재할 수 있다고 여긴다. 모든 고통은 여기에서 일어난다. 이 자아는 자각에서 일어나면서도 마치 자기가 자각에서 분리되어 있는 것처럼 행동한다. (웃음)

이 자아는 스스로 책임을 떠맡지만 아무런 평화도, 아무런 행복도, 아무런 기쁨도 주지 않는다. 그대는 시간 속에 있는 대상들 안에서 행복을 찾으려 한다. 이 모든 개념들은 '나'라는 잘못된 개념으로부터 일어난다.

그대가 이 '나'를 찾으려 하면, 이 '나'는 사라지고 순수한 자각만 남는다. 이 자각은 "나는 자각하고 있다."라는 것도 아니고, 어떤 대상에 대한 자각도 아니다. 아무런 주체도 없다. 아무런 대상도 없다. 낮도 없고 밤도 없다. 이원성도 없다. 상대되는 것들이 없다. 이것이 궁극의 지식이다. 이 지식이 없기에 모두들 삼사라를 만들고 있다. 여기에 머무는 것이 모든 사람을 돕는 길이다.

다른 사람을 돕기 전에 이것을 먼저 깨달아야 한다. 이 지식이 자비다. 이것 이상의 것은 없다. 이 지식은 어떤 것을 행하고, 어떤 것을 읽고, 어떤 것을 수행함으로써 얻을 수 있는 것이 아니다. 이것은 이미 존재하고 있다. 이 지식이 궁극의 지식이다. 어떤 것을 행함으로 얻어지는 것이 아니다. 그대가 어떤 것을 행한다면, 그것은 어떤 과정을 통한 획득 혹은 성취라 불릴 것이다. 모든 수행은 육체적이거나 정신적일 것이다. 그러나 이것은 마음이나 몸에 의존하지 않는다. 무엇이든 여기에서 일어나는 것, 그것은 '그것'(That)이다!

이 지식은 저절로 드러난다. 그것은 늘 여기에 있으며, 어디에나 있으며, 모든 것을 알며, 영원한 평화이며, 모든 존재의 참나 성품이다. 그것은 여기에 있다. 그런데도 그대는 머리를 다른 곳에 들이밀고 있다. 그러므로 나는 그대에게 "고요하라."고 말한다. 그것이 자신을 자신에게 드러내게 하라. 그것은 어떤 도움도 필요로 하지 않는다. 그것은 스스로 빛난다. 그것은 그 자신의 빛으로 빛나고 있다. 그것은 어느 누구의 촛불도 필요로 하지 않는다.

스승님께서는 "나는 누구인가?"를 탐구하라고 말씀하십니다. 그러나 스승님은 또한 그것을 말이나 마음으로는 할 수 없다고 말씀하십니다. 설명을 해 주시겠습니까?

그래. 앵무새들도 배우기만 하면 "나는 누구인가? 나는 누구인가? 나는 누구인가?"라고 말할 수 있다. 내가 말하는 탐구는 참나가 참나와 함께 하는 것이다.

참나가 자신을 참나라고 생각하지 않는 까닭은 참나에 대한 그릇된 동일시 때문이다. 의식 안에서, "나는 의식이 아니다."라는 의심이 의식의 마음에서 일어난다.

이 의심은 의식의 바다 안에서 일어나고 있는 파도와 같다. 이 생각이 이미 그 바다인데, 그것을 바다로 되돌아가게 하기 위해 무엇이 더 필요하겠는가?

때때로 '나'와 생각들이 일어납니다.

'나'가 바다 속으로 떨어진다면, 이것은 늘 기다려 왔던 바이다. 그러면 더 이상 '나'는 존재하지 않는다. 바다로서 바다에게로 되돌아가라. 그러면 더 이상 '나'는 존재하지 않는다.

바다는 춤추고 있다. 보는 것이 춤추는 것이다. 이것이 온전한 '나'이다. 하나의 '나'는 가짜의 '나'이며 이기적인 '나'다. 또 다른 '나'가 있다. 바다가 온전한 '나'다.

'나'는 온전한 '나'를 의미한다. 파도들을 포함한 바다이다. 지금의 '나'는 파도들이다. '나'는 일어나고 '나'는 쓰러진다. 바다의 관점으로 본다면, 바다가 일어나고 바다가 쓰러지고 있다.

지금까지 그대가 사용해 온 개별적인 '나'와의 동일시를 포기하라. 그 '나'가 있게 되면, 다른 것들 즉 '나', '너', '그' 또한 있게 된다.

파도와 잔물결, 거품, 조수들 사이에 아무런 구별이 없을 때, 이 '나'는 온전한 '나'이다. 모든 것이 하나의 바다다. '나'에게 는 바다와 별개인 어떤 생각, 어떤 분리, 어떤 개별성도 없다. 이해하기만 한다면, 이것은 매우 아름다운 춤이 될 수 있다. 이것이 온전한 의식이다.

어떻게 하면 제가 노력하기를 그만둘 수 있습니까?

먼저, 누가 노력하고 있는지를 발견하라. "누가 노력하고 있는가?"라는 질문은 그대의 주의를 참나로 향하게 한다. 지금 당장 그렇게 하라! 노력하고 있는 사람을 발견하라.

제가 노력하고 있습니다.

"내가 노력하고 있다."(I am trying.)라고 그대는 말했다. 좋다. "내가 노력하고 있다."라는 문장으로 되돌아가 보자. '노력하고'(trying)는 '있다'(am)에게로, '있다'(am)는 '나'(I)에게로 되돌아간다. 이제 그대는 '나'(I)에 있다. 이제 말해 보라, 누가 노력하는가?

'나'의 뒤를 보라. '나'의 아래를 보라. '나'의 근원을 보라. 자, '나'가 어디로부터 일어나는지 말해 보라. 누가 노력하는가? "노력하고 있다 나"(Trying am I)는 그대로 하여금 그대가 왔던 곳으로 되돌아가게 해 준다. 아래를 보라. '나'라는 것이 솟아오르고 있는 바로 그 근원을 보라. 아래를 보라. 그대는 "어떻게 하면 제가 노력하기를 그만둘 수 있습니까?"라고 물었다. 노력하고 있는 '나'의 근원을 보라.

저는 혼란스럽습니다.

'나'의 근원을 보라. 거기에 무슨 혼란이 있는가?

아무것도 없습니다.

아무것도 없다. 좋다. 이제 그대는 '나'의 근원에 와 있다. 말해 보라. 거기에 어떤 혼란이 있는가?

없습니다.

거기에 무엇이 있겠는가? 말해 보라. 누가 노력하고 있는가? 잠시 여기에 머물면서 '나'가 없는 이곳을 둘러보라. "나는 노력하고 있다."라는 생각을 지켜보라. 주위를 둘러보라.

저는 보고 있습니다만 아무것도 볼 수 없습니다.

'나'의 근원을 보라. 그것이 어디로부터 일어나고 있는가?

여기입니다.

그렇지, 여기지. '여기'에 머물면서, 무엇을 해야 할지를 보라. 주위를 둘러보며 여기에 누가 있는지, '여기'에 누가 현존하는지를 보라!

아무도 없습니다.

그렇다면 누가 노력하고 있는가?

아무도 노력하지 않습니다.

아무도 노력하지 않는다. 그대가 아무도 아니라면, 아무도 노

력하고 있지 않다. 그러면 그대에게 무슨 어려움이 있는가? (웃음)

아무도 노력하지 않게 하라. 아무도 노력하지 않게 하고, 아무도 죽지 않게 하라. 그리하면 그것들이 그대에게 무슨 상관이 있는가? 그것이 그대에게 무슨 문제가 되겠는가? 아무도 노력하지 않게 하고, 아무도 죽지 않게 하라. 그대에게는 아무런 문제도 없다. 지금 여기의 날씨는 어떤가? 괜찮은가? (웃음)

거기에는 아무도 없습니다.

아무도 거기에 없다면, 이것이 평화다. 어떤 사람이 끼어들면, 그때 그 평화는 어지럽혀진다. 거기에 아무것도 없고 아무 몸도 없다면, 그대만이 홀로 있다면, 한 생각조차도 없다면, 그대는 이 상태를 무엇이라 부르겠는가? 동요인가, 평화인가?

평화입니다.

잠시 전에 그대는 혼란을 경험했었다. 그대는 평화를 얻기 위하여 어떻게 했는가?

바라보았습니다.

그렇다. 그대는 전에는 바라보지 않았다. 그러므로 그대는 혼란스러웠다. 수백만 년 동안의 혼란 후, 그대는 바라보고 평화

를 발견한다. 다시 바라보라. 자, 계속 바라보라. 잠시 나와 함
께 여행하자.

이제 나는 그대의 얼굴을 볼 수 있다. 그대의 얼굴은 이제 혼
란스럽지 않다. 훌륭하다. 아주 훌륭하다. 평화는 오랜 세월 동
안 그대를 기다리고 있었다. 그대는 어디를 떠돌아다녔는가?

깨달은 사람을 알아보는 가장 좋은 방법은 그대가 직접 깨닫
는 것이다. 그대는 다른 사람에 대하여 질문할 권리는 없을지
모르지만, "나는 누구인가?"라고 물을 온갖 권리를 갖고 있다.

타인들에 대한 자비에 대해서는 어떻게 보십니까? 자비는 두 사람이
필요하지 않습니까?

음식을 입으로 날라준다는 이유로 그대의 위장이 손에게 감
사하는가? '나'라고 말할 때, 그대는 그대 몸의 모든 부분들을
생각하고 말하는가? 팔과 다리가 있다는 것은 몸이 여러 부분으
로 나뉘어 있다는 뜻인가, 아니면 하나의 몸이라는 뜻인가?

위장이 입에게 감사한다는 것은 '별개의 것임'을 암시한다.
자비라는 개념을 갖는 것 역시 '다름'을 암시한다. 손은 위장에
게 자비롭지 않다. 그대가 이것을 자비로 알고 있다면, 그것은
자비가 아니다. 그러면 그것은 선교사들의 가르침이다. 자비를

행하는 방법이 된다. 손이 어떠해야 한다는 것이 되어 버린다. 이것은 종교들이 설교하는 해악이다. 그들은 두려움을 가르친다. 죽음 이전의 처벌과 죽음 이후의 천국을 가르친다.

마음으로는 그것을 이해할 수 없다. 그저 고요를 지켜라. 그것이 스스로 일어나도록 하라. 고요하라. 이 순간 어떤 생각도 그대에게 닿지 않도록 하라. 그대는 여기에 있다…… 늘 여기에.

"왜 내가 존재하는가?"라고 질문하면 어떻습니까?

같은 것에 이르게 한다.

같다고요. (의심스럽다는 듯이) 어떻게……?

강조점은 '나'에게 있다. 그것 모두는 '나'에게로 돌아가 용해된다. '누구'와 '무엇'은 '나' 속으로 들어가 용해된다.

'누구'와 '무엇'은 그럴 수 있을 것 같습니다만, 그러나 '왜'도 그럴 수 있습니까?

'무엇'과 '누구'와 '왜'라는 이 모든 말은 '나'에게서 태어난다. 그것들의 어머니는 '나'다. 그러므로 지금 바로 어머니에게 질문하라. 어머니인 '나'를 찾아라.

어머니가 태어나는 곳을 바라보라. 그대는 어머니에게서 태어났다. '무엇'과 '왜'는 같은 어머니인 '나'에게서 태어난다. 이 어머니가 태어나는 곳을 바라보라. 외할머니를 바라보라. 이 어머니는 어디에서 태어났는가? 어머니가 태어난 곳을 찾으려면 외할머니에게로 가야 한다.

외할머니를 어떻게 발견할 것인가? 근원을 어떻게 발견할 것인가? 그저 노력을 포기하라. 신체적이든 정신적이든 그 어떤 것이든 간에, 모든 종류의 노력을 그저 포기하라.

근원으로 가라는 말씀이십니까?

아니다. 근원은 이미 거기에 있다. 오직 '나'가 무엇인지를 탐구하라. 그대가 '나'의 아래를 탐구할 때, 그것은 사라진다. 그것이 사라질 때, 그것은 그것의 근원을 보려고 간 것이다. 근원 속으로 깊이 잠겼기에 이 '나'는 '나 없음'이 되었다.

문제는 이것이다. 이 '나 없음'은 무엇이며, 모든 것은 어디에서 일어나는가? 모든 것이 거기에 있다. '앞으로 생길' 것들 또한 거기에 있다. 파도들은 파도 없는 고요한 바다 내의 거기에 있을 것이다. 지금은 없는 파도들이 일어날 수 있는 곳도 그곳이다. 그리고 그대가 그것이다. 물과 파도 속으로 들어가서 그것과 하나가 되어라.

96

물은 파도가 되고, 파도는 물이 되어야 한다. 왜냐하면 그것들은 같기 때문이다. 물과 파도는 다르지 않다. 바다와 물은 다르지 않다. 텅 빔과 의식은 다르지 않다. 그대와 의식은 다르지 않다. 그대는 그대 자신의 참나를 의식하고 있어야 한다.

그대가 산과 나무, 풀, 당나귀를 의식하고 있을 때, 이 모든 것들은 그대의 의식 안에 있지 않은가? 이 모든 것은 의식이다. 모든 것이 의식이며, 그대는 바로 그 의식이다. 그대가 다른 사람과 어떻게 다를 수 있겠는가? 누가 타인들인가? 의식 안에 타인들이 어디에 있는가?

아무런 다름이 없습니다.

그렇다. 차별은 오직 마음의 환상으로부터 생긴다. 실제로는 아무런 차별이 없다.

그러므로 그대가 할 수 있는 가장 훌륭한 질문은 "나는 누구인가?"이다. 왜냐하면 그것은 자신에 대한 질문이기 때문이다. 다른 질문들은 모두 대상에 관한 질문들이다.

아무도 묻지 않는 주관적 질문이 하나 있다. 모두들 "당신은 누구입니까? 그는 누구입니까?"라고 묻는다. 그러나 어느 누구도 "나는 누구입니까?"를 묻는 시간을 마련하지 않고 있다. 아무도 그렇게 하지 않고 있다.

이 질문을 던지는 사람은 이 현상계로부터 자유로워진다. 삶과 죽음의 윤회로부터 영원히 자유로워진다. 자기 자신의 참나를 탐구하는 사람은 극소수다. 그 외의 사람들은 그러한 탐구를 하지 않는다. 그러므로 그들은 고통을 받을 것이다.

여기저기에서 소수의 사람들이 탐구할 용기를 내어 탐구를 하고 있다. 이 탐구는 어떤 것을 아는 것도, 받는 것도, 성취하는 것도, 얻는 것도 아니다. 단지 깨닫는 것이다. 발견하라. 그대는 발견해야 한다. 그것이 전부다.

희열은 이미 여기에 있다. 그런데도 그대는 구걸하고 있다.

환영이 있을 때, 본질은 이름과 형상에 의해 가려진다. 그대는 그대의 이름이 수잔이라고 말한다. 그대는 "나는 이렇게 생겼다. 나의 모습은 이렇다. 내 나이는 몇 살이다. 나는 이 나라 사람이다. 나는 남자다. 나는 여자다."라고 생각한다.

이 몸은 형상이며, 수잔은 이 형상의 이름이다. 이것들은 실재를 감춘다. 이름과 형상이 있는 곳마다 거기에는 거짓이 있다. 그것들은 영원하지 않다.

잠자는 동안에, 이 이름들과 형상들은 그대들과 더불어 가지 않는다. 그러므로 이렇게 질문하라. "이름과 형상이 없다면, 나는 누구인가?"

실재하지 않는 이름과 형상 너머의 그대는 누구인가? 그대는 이 옷도, 이 귀고리도, 이 머리카락도 아니다. 그대는 몸이 아니다! 그대는 마음도 아니다!

무엇이 남는가? 그것은 이미 여기에 있다. 존재만 남고 비존재는 지워졌다. 진정한 참존재가 여기에 있다. 진정한 아름다움이 여기에 있다. 진정한 영원이 여기에 있다. 그것(That)이 그대의 참본성이다.

모두가 잠자고 있다. 그대가 다른 것을 볼 때, 그대가 다름을 볼 때, 그대가 이원성을 볼 때, 이것을 꿈꾸고 있다고 한다. 그대가 대상들을 보는 것은 꿈속에서뿐이다. 다른 것이 있다면, 그것은 꿈이다. 이 꿈에 앞서 그대는 분명히 잠자고 있음에 틀림없다. 잠잔다는 것은 무지다. 그대가 이 상태에서 깨어날 때, 그대는 자각으로 깨어난다.

스승님 곁에 머문 이후로는 제가 깨어 있는지 그렇지 않은지 잘 모르겠습니다.

아무런 앎이 없는 것이 좋다. 알기 위해서는 알고자 하는 존재와 알려져야 할 대상이 필요하게 된다. 여기에 그대는 홀로 존재한다. 이것이 궁극의 진리다.

아무것도 나타난 적이 없으며, 아무것도 사라지지 않을 것이다. 그대 홀로 존재한다. 이것이 전부다. 그리고 이 혼자임은 태양이 비추거나 밝힐 수 있는 곳 너머에 있다.

산스크리트를 제외한 모든 언어에서는, 자기(self)를 자아 혹은 어떤 개별적 의미를 띤 개체로 사용해 오고 있다. 그러나 산스크리트에서 자기란 브라만을 의미한다. 그 단어에는 브라만 이외의 다른 뜻이 없다. 브라만이 바로 그것 자체다.

더 자세한 설명을 요구하지는 말라. 그것은 이해될 수 없는 것이다. 감각들이나 마음으로는 이해할 수 없다. 만져 볼 수도 없고, 말로 표현할 수도 없다. 이러한 것이 그것이다. 그러므로 그것을 홀로 두어라.

브라만은 모든 것이다. 그것은 정의될 수 없다. 모든 것이다. 영원하다. 그것 속에 우주가 거주하고 있다. 그것 속에 우리 모두가 살고 있다. 모든 가슴들 속에 거주하고 있는 것은 다름 아닌 브라만이다. 사람들, 동물들, 새들, 바다 생물, 바위들, 이 모든 존재들의 가슴속에 브라만이 거주하고 있다. 이 브라만이 각 존재의 가슴속에 거주하고 있다. 그리고 모든 존재들이 브라만 안에 거주하고 있다.

파도가 자신이 바다와 떨어져 있다고 상상하는 것처럼, 웬일인지 우리도 우리가 브라만으로부터 떨어져 있다고 상상한다. "어떻게 해서 그렇게 되었는가? 왜 그렇게 되었는가?" 그 문제는 내버려두자. 그것에 관해서는 말하지 말자.

나무 아래에서 쉬고 있는데, 뱀 한 마리가 그대의 어깨에 떨어진다면, 그대는 뱀이 어디에서 떨어졌는지 알아보기 위해 나무를 쳐다볼 텐가? 아니면, 이 뱀이 어떤 종류의 뱀인지 알아볼 텐가? 그러는 사이에 그대는 뱀에 물려 죽을 것이다. 뱀이 떨어지자마자 그것을 던져 버려야 한다.

여하튼 우리는 우리 자신의 참나로부터 떨어져 있다. 56억 인류 가운데 극소수의 사람들만이—헤아릴 수조차 없는 수많은 다른 종들은 그만두고라도—집으로 돌아가기 위한 유일한 소망을 갖고서 여기에 앉아 있다.

시간을 낭비하지 않기 위한 가장 빠른 길은 무엇인가? 그대들 중 많은 사람들은 여러 스승들과 10년, 12년 혹은 20년 동안 지냈다고 나에게 말했다.

그대는 평화와 자유, 깨달음을 찾고 있었다. 그런데 아무 일도 일어나지 않았다. 그대는 "저는 여전히 자유롭지 못합니다. 저는 책들을 읽었고, 온갖 종류의 치유법과 명상과 요가를 수련했습니다. 그러나 아무 일도 일어나지 않았습니다. 저는 여전히 끝마치지 못했습니다."라고 말한다.

여기에서는 어떤 방법도, 길도, 치유법도 가르치지 않는다. 공부할 책도 전혀 없다. 진정한 목표의 달성은 책을 공부하는 것과 아무 상관이 없다. 책에 없는 것은 경험이다. 책을 공부한다고 해서 책이 그대에게 경험을 주는 것은 아니다. 그대는 직접 경험하기 위해 이곳으로 왔다.

그대는 몇 년 동안 계속해서 메뉴를 읽을 수 있다. 식당에 앉아서 아침부터 저녁까지 메뉴를 읽을 수 있다. 식당의 안내원과 이야기를 나누거나 웨이터들을 사귀는 것은 바른 길이 아니다. 바른 길은 그대가 먹고 싶은 음식을 곧바로 주문하여 먹는 것이다. 음식을 먹어라. 그것이 전부다. 그대는 다른 식당으로 갈 필요가 없다. 왜냐하면 이미 음식을 먹었기 때문이다. 그대는 직접 체험했다.

음식을 먹으면, 그대를 식당으로 오게 한 배고픔이 진정된다. 식당으로 가서 메뉴만 읽는다면, 그대의 배고픔은 충족되지 않을 것이다. 식당이 흙으로 빚은 진열용 요리를 내놓는다면, 그대는 그것을 먹을 수 없다. 진열용 요리를 먹는다면, 그대는 만족하지 못할 것이다.

나의 사랑하는 벗들아! 그대들은 여기에 있다. 나는 행복하다. 나는 결과에도 매우 만족한다. 나는 격려도 많이 받고 있다. 어떤 사람들은 나에게 더할 나위 없는 기쁨을 주고 있다. 그러나 나는 여기에 있는 그대들 모두가 — 지금 여기에 있는 그대들만으로도 온 세상을 위해 충분하다 — 모든 사람들에게 빛을 전할 것을 부탁한다. 성냥 한 개비만으로도 무지라는 산 전체를 불태울 수 있다. 한 개비로 시작해 보라. "나는 자유롭다."라고 말한다면, 무지가 즉시 불살라질 것이다.

제5장

명상

명상

그것들이 무엇이든 바깥 대상들에게로 가려는
이 경향성을 멈추도록 하라.
그대의 마음이 바깥의 어느 방향으로도 흐르지 않게 하라.
그대는 내면의 아름다움으로 돌아와야 한다.
그것은 그대 자신의 본성이며,
그대가 이제껏 느껴 보지 못한 영원한 희열이다.

시간과 관련이 있는 그 어떤 수행도 그 대를 속박에서 해방시킬 수 없다. 시간이라는 개념을 갖고서 행해진 그 어떤 일도 그대를 시간 너머에 있는 자유로 인도할 수 없다. 그대는 시간으로부터 뛰쳐나와야 한다. 시간이란 "나는 몸이다."가 아니고 또 무엇이겠는가? 그대는 "나는 몸이다."라는 개념 없이 시간을 상상할 수 있는가? "나는 이러이러한 사람이다. 그러므로 나는 이것 혹은 저것을 원한다."라는 생각은 오만에 지나지 않는다.

감각들을 통하여 바깥으로 달려가고 있는 그대의 습관을 깨뜨리기 위해서는, 마음을 통제하기 위해서는, 명상이 절대적으로 필요하다. 바깥으로 치닫고 있는 마음의 습성은 명상으로 다스릴 수 있다. 명상은 요가 식이 아니라 노력이 없는 명상이어야 한다.

요가 식의 명상은 그대로 하여금 몸을 더 의식하게 할 수도 있다. 그러나 나는 여기에서 자유를 위한 명상, 마음으로 하여금 자신의 근원을 관찰하게 하는 명상을 말하고 있다. 요가 식의 명상으로도 고요해질 수 있다. 그러나 명상이 끝나면 마음의 습관은 그대로 남는다. 이렇게 된 이유는 그 명상이 자유가 아니라 몸을 지향하였기 때문이다.

자유는 시간이 들지 않는다. 자유를 위한 명상은 참나 안으로의 탐구다. 바깥을 향하는 마음의 모든 습성은 이 탐구를 통해 붙잡힌다. 오직 '나'의 근원을 관찰하라. 생각이 일어나는 곳을 관찰하라. 늘 경계하라! 방심하지 말라! 노력하지 말라! 찾아내라. '나'가 일어날 때, 몸과 현상계가 일어난다. 이 현상계는 '나는 존재한다.'라는 개념에 바탕을 둔 그대의 투사다.

저는 그 동안 읽은 책들을 통해 수행에 관한 수많은 개념들을 얻었고 지금도 가지고 있습니다.

수행자의 기질들에 맞추기 위해 여러 방법들이 만들어졌다.

모든 방법들은 그대에게 무엇인가를 하라고 가르친다. 그것은 아마도 신체의, 말의 혹은 마음의 행위일 것이다. 이 모든 수행들은 마음을 훈련시킨다. 그러나 그대는 결코 고요하지 않고 있다. 어느 누구도 이 간단한 진리를 가르치지 않는다.

그대가 고요한다면, 종교들은 쓸모가 없어질 것이다. 거짓 가르침들은 힘을 잃을 것이다. 오직 고요하라. 이것이 사람들 사이에서 평화와 사랑을 발견하는 방법이다. 고요하라. 그리하면 모든 종교 체계가 무너질 것이다. 종교들은 그대에게 두려움을 심어 주고 있다. 지옥에 대한 두려움을 주고 있다. 이렇게 하지 않으면 지옥에 떨어질 것이라고 말한다. 모든 종교들은 이러한 두려움을 설교하고 있다. 모든 종교들은 지옥에 대한 두려움에 기초하고 있다. 어떤 종교도 그대에게 그저 고요하라고 가르치지 않는다.

만일 그대가 고요를 지킨다면, 전 생애 가운데 몇 분간만이라도 고요를 지킨다면, 아마 그대는 평화를 얻을 것이다. 이것이 실재, 해방, 니르바나에 이르는 길이다. 침묵하라.

이것은 그대에게 달려 있다. 사람들은 각자의 기질에 따라 자신의 길을 선택하고 그 길을 따르고 있다. 단 5분만이라도 침묵을 지킬 수 있는 사람은 극소수일 것이다. 나머지 사람들은 히말라야로 가고, 사원으로 가고, 성지를 순례한다. 그러나 극소수의 사람들은 자신의 집에서 5분 동안 침묵을 지킨다.

그러면 스승이 필요 없다. 스승이 "그저 침묵하라."고 말하면, 그 스승의 사업은 번성하지 못할 것이다.

만일 스승이 "그대는 아무것도 할 일이 없다. 그저 침묵하라."라고 말한다면, 왜 스승이 필요하겠는가? 그의 사업은 유지되지 못할 것이다. 그러므로 스승은 그대에게 무엇을 하라고 말하지 않을 수 없다. 침묵을 지킨다면, 어떤 종교도 인정되지 않을 것이다. 어떤 책도 출간되지 않을 것이다. 가르침도 번성하지 않을 것이다. 그냥 침묵을 지켜라. 침묵이 없이는 어디에서도 휴식이 없을 것이다.

저는 과거에 체험한 희열과 즐거움을 기억합니다. 그래서 앉아 있을 때면 과거처럼 되어야 한다고 늘 기대합니다. 저는 고요하기만을 원하지는 않습니다. 저는 그 이상을 기대합니다.

아무것도 기대하지 말라! 그대의 마음은 어떤 현상을 투사하고서 그 투사를 뒤쫓는다. 그것은 그대에게 평화를 주지 않을 것이다. 그러므로 이 기대가 어디에서 일어나는지 찾아보라. 그대는 이 기대를 다른 방법으로는 충족시키지 못했다. 이제 이 기대가 어디에서 일어나는지 찾아보기 위해 몇 분만 시간을 내보라.

감각들과 함께 바깥으로 달려가는 대신, 마음은 붙잡히고 그것의 근원을 향하게 된다. 그대가 원하는 것은 마음의 평화다. 그런가?

그렇습니다.

지금 그대는 그대 자신을 도울 수 있다. 그 동안 그대는 수많은 구루와 아쉬람을 찾아다녔다. 도움이 되던가?

어떤 수련들은 가끔 도움이 되기도 합니다.

수련 자체에는 아무런 문제가 없다. 그대는 항상 앉아 있을 수는 없다. 어떤 요가는 몸을 유지하는 데 도움을 준다. 여기에는 아무런 문제가 없다. 몸이 아프다면, 그대는 그대의 몸을 돌보기 위하여 무엇인가를 할 수 있다. 운동을 하거나 좋은 사트바 음식을 먹거나 간단한 요가를 할 수 있다.

그러나 그대가 수련을 이용하여 무엇을 얻고자 한다면, 이것은 다른 문제다. 능력을 얻으려는 모든 추구는 자아와 더불어, "내가 하고 있다."라는 생각과 더불어 행해진다.

나는 예전에 많은 능력을 지닌 남자를 히말라야에서 만난 적이 있었다. 그는 앉은 채 공중에 높이 떠 있을 수 있었다. 원하는 것을 눈앞에 나타나게 하는 능력도 있었다. 그러나 그의 구루는 임종의 순간에 그에게 말했다. "나는 내가 알고 있는 모든 것을 너에게 가르쳐 주었지만 궁극의 진리는 찾지 못했다. 그러니 너에게 궁극의 진리를 전해 줄 사람을 찾도록 하여라."

그대가 아무것도 바라지 않는다면, 존재하는 모든 것이 요구하지 않아도 그대에게 주어질 것이다. 왕이 "나는 이 건물이나 저 건물을 갖고 싶다."라고 말하는가? 온 왕국이 그의 것이다. 온 왕국이 그대에게 주어질 것이다. 그대는 어디에서든 더 이상 구걸할 필요가 없을 것이다.

수많은 수행과 수련들, 사다나들이 세계의 도처에서 행해지고 있다. 요가, 만트라, 예배, 카르마, 헌신 등의 모습들로 행해지고 있다.

문제는 이것이다. "목적이 무엇인가? 그대가 원하는 것이 무엇인가?" 각각의 수행들은 나름의 목적이나 목표가 있다. 아마도 우리는 브라만에 대해 말할 수 있을 것이다. 왜냐하면 그대는 '나'라는 것이 개별적 의식이라고 믿고 있을 것이기 때문이다. 여기에서 말하는 브라만이란 '아무런 속성도 없는 것'을 뜻한다. 어떠한 관련도 없는 지식 그 자체의 덩어리이다. 어떠한 이원성도 없다. 이것을 브라만이라 한다.

여기에서 목표로 하는 것은 어떠한 속성도 없는 브라만이다. 마음이나 지성이 그것에 미칠 수 없다. 그것은 스스로 그것 자신을 드러내고 있다. 왜냐하면 그것은 마음이나 지성이나 감각, 혹은 온갖 종류의 수행 너머에 있기 때문이다. 그것은 스스로 드러나고 있다. 어둠 속에서 어떤 것을 찾으려면 빛이 필요하다. 그러나 빛을 보는 데는 빛이 필요 없다. 그것은 빛 그 자체다. 그것은 스스로 드러난다. 그것은 스스로 빛난다. 그것은 속성이 없으므로 무엇과도 관련지을 수 없다.

여기에서 권하는 것은 속성이 없고 순결하고 영원한 브라만을 깨달으라는 것이다. 수행들은 정화시켜 주거나 일시적인 위안을 줄 수도 있다. 어떤 종류의 수행이 그대의 목표에 가장 가까운가?

소수의 사람들만이 절대자 브라만을 깨닫기를 원하며 속성 없는 브라만을 명상한다. 집중의 대상은 그 무엇도 속성 없는 브라만과 함께 할 수 없다. 과거, 현재, 미래의 대상에 대한 집중도 그렇다. 순결한 브라만을 명상하라. 그것은 그대 자신의 아트만이요, 그대 자신의 본성이다.

여기에서 일어나고 있는 것을 곧바로 따라올 수 없다면, 그대는 한동안 수행을 할 수도 있다. 그대는 '명상자'와 '명상의 대상'이 사라짐을 서서히 볼 것이다.

그대가 무엇인가를 생각하기를 원한다면, 왜 "나는 몸이다."라는 생각이나 혹은 영속하지 않는 것을 생각하는가? 무엇인가를 생각하고 싶다면, 생각 없이 있을 수 없다면, 왜 "나는 브라만이다."를 생각하지 않는가? 만일 그대가 수행하기를 원한다면, "나는 브라만이다."를 생각하는 것이 목표에 가장 가까운 수행일 것이다. 이 수행이 그대의 목표에 가장 가깝다.

모든 아쉬람과 모든 수련원은 그대를 바쁘게 하는 치유나 수행을 줄 것이다. 왜 그런가? 왜냐하면 그곳에 있는 어느 누구도 "그냥 고요하라."고 말할 수 있는 진리를 깨닫지 못했기 때문이다.

그들이 그대에게 그냥 고요하라고 말한다면, 수련원이나 아쉬람의 목적은 어떻게 되겠는가? 그곳의 상업적 목적은 실패할 것이다. 그 무엇이 "고요하라."보다 더 나은 스승, 더 좋은 가르침일 수 있겠는가? 이것이 내 스승의 가르침이다.

금세기에 또 누가 이 가르침을 주었는가? 그분은 금세기에 "고요하라."고 말할 수 있었던 유일한 스승이다. 침묵을 지키는 것이 고통스러운 이 윤회를 벗어날 수 있는 유일한 길이다.

수행이나 예배 의식, 만트라, 요가를 하는 것은 매우 좋다. 왜냐하면 이 방향 내에서 무엇인가를 하는 것이 세상 속에서 길을 잃는 것보다 더 낫기 때문이다. 그대들 중 몇몇은 이미 진정한 진리를 직접 체험하였다. 다른 사람들은 더욱 분명해지기를 원한다. 어떤 사람들은 여기에서 일어나는 일을 이해하지 못하고 있다. 좀 더 설명해 보자. 그대가 행하는 모든 수행은 특정한 중심에 집중한다. 신체적 수행은 몸에 집중한다. 생명 수행들은 프라나야마, 쿤달리니, 혹은 크리야 등과 같은 것들이다. 라자 요가나 지적 수행들은 마음 중심에 집중한다.

그대의 본성은 언제나 의식이므로 의식이 존재하지 않는 시간은 결코 없다. 깨어 있는 상태에서 그대가 세상이나 영적인 활동들을 하고 있을 때, 그대는 그대가 하고 있는 일을 선명하게 의식한다. 심지어 꿈꾸는 상태에 있을 때에도 그대는 꿈꾸는 자와 꾸는 꿈을 의식한다. 가끔 깨어난 상태에서도 꿈을 기억하고 꿈꾼 내용을 의식한다. 그대는 꿈 없이 깊은 잠을 자는 동안 경험하였던 즐거움 또한 의식한다.

깨어 있음, 꿈, 그리고 깊은 수면이라는 상태들을 거부함으로써, 마음은 휴식과 평화를 얻는다. 이 평화 속에서 그대는 또렷이 의식한다!

　이 의식은 모든 상태들 안에 현존한다. 의식이 바탕이요, 원천이요, 근원이다. 어떤 언어로도 의식이 무엇인지를 기술할 수 없다. 그러나 그대는 의식이 늘 존재하고 있음을 부인할 수 없다. 의식은 존재 그 자체다! 희열 그 자체다! 이것은 부인될 수 없다.

　지금 여기 삿상에 있는 사람들의 성숙함을 볼 때, 우리는 이러한 것들에 대해 말할 수 있다. 그들은 그것을 얻을 것이다. 그대들 중 몇몇은 이것을 경험한 뒤 나에게 경험을 얘기한다. 그래서 나는 매우 기쁘다.

　저는 세상을 그와 같은 방식으로 경험하지 않습니다. 제가 의식하는지 여부를 확신하지 못하는 때들이 있는 것 같습니다.

　그대는 의식을 부정한다. 그런가?

　그렇습니다.

　그대는 부정하고 있음을 의식하고 있지 않은가? 이번처럼.

　(웃음)

ॐ

저는 지난 20년 동안 불교 명상을 하면서 저 자신을 탐구했습니다.

이것이 바로 지금 계속되고 있는 탐구이다. 그런데 그대는 달 아나고 있다. 안쪽을 탐구하라. 안으로 들어가라!
이 20년 동안 그대는 무엇을 해 왔는가?

저는 안을 봐 왔습니다. 자기와 현상계가 텅 비어 있음을 보았습니다. 많은 것을 얻은 것처럼 느껴집니다. '나'라는 것이 아니라 이해가 일어 난 것 같습니다.

그 이해는 빌려 온 것이다. 그대가 사용하고 있는 '텅 빔'이라 는 단어는, 이기심으로 가득 차 있는 그 단어는 텅 빔이 아니다. 그냥 빌려 온 개념이다. 우리가 말하고 있는 이 텅 빔은 텅 빔조 차도 아니다. 텅 빔은 그것과 아무런 관련이 없다. 이 단어를 놓 아 버려라. 그대는 어디서 이 단어를 배웠는가? 그대는 어디선 가 이 말을 들었을 것이다. 그것은 과거에 속한다. 그것은 우리 가 말하고 있는 것과는 아무런 관련이 없다.
텅 빔이라는 단어는, 마치 달을 가리키는 손가락처럼 어떤 것 을 그냥 가리키고 있다. 달을 보려면 그대는 손가락을 버려야 한다. 그대가 저 너머로 가고자 한다면 텅 빔이라는 단어를 버 려라. 그 단어는 내가 이름을 붙일 수 없는 무엇인가를 가리키는 손가락이다.

그렇다면 제가 20년을 허비했다는 말씀입니까?

그 20년이 그대를 여기로 데려왔다. 그 20년뿐 아니라 3,500
만 년이.

그러나 진실로 말하자면, 시간이란 존재하지 않는다. 아무것
도 존재한 적이 없다. 이것은 경험이며, 이것이 궁극의 경험이
다. 시간은 마음의 속임수로 나타난다. 그대가 '나'라는 단어와
접촉하면 그와 동시에 과거, 현재, 미래라는 시간이 일어날 것
이다. 이 진리는 말로 할 수 없다. 붓다는 49년 동안 설법하였
다. 그러나 그가 말로 할 수 없는 경지를 설명해 냈다고는 생각
하지 않는다.

명상할 때 저는 사람들과 만날 필요가 있다고 느낍니다. 제가 어떻게
해야 합니까?

명상할 때는 명상하라. 사람들과 더불어 있을 때는 사람들과
있어라.

아니오. 명상할 때는 그렇게 할 수 없습니다. 혼자 있는 것이 두렵기

때문입니다.

이 홀로임이 명상의 시작이다. 홀로임 전에는 명상이 없다. 왜냐하면 그때 그대는 다른 무엇과 함께 있기 때문이다. 다른 무엇이 없을 때, 그대의 명상이 시작된다.

거기에 있는 것이 두렵다면, 분명 다른 무엇에 대한 생각이 있을 것이다. 두려움은 다른 무엇과 더불어 오며, 그것이 있기 전에는 없다. 그대가 명상을 시작하기 전에 이미 두려움이 있을 것이다. 모든 것을 놓아두고 가야 한다는 두려움, 혹은 그대 앞에 놓인 미지의 것에 대한 두려움. 이 지점에 있을 때 그대는 아직 명상에 들어가지 못했다.

명상은 그대 자신의 참나를 사랑하는 것이다. 다른 무엇을 사랑하는 것이 아니다.

무엇이 명상입니까?

명상은 항상 존재하고 있는 자각에 집중하는 것이다. 명상할 때 그대는 자각하고 있지 않은가? 그대가 정신 내에 있다면, 그대는 자각하고 있음에 틀림없다. 이 자각을 자각하는 것이 명상이다. 이 자각은 그대에게 진리를 드러낼 것이다. 계속 자각하라. 그러면 자각이 그것 자체의 진리를 드러낼 것이다. 이것을 명상이라 한다. 거기에 무슨 두려움이 있겠는가? 자각은 진정한 진리에 대하여 명상하는 것이다. 명상은 자각이 그것 자체에 대해 명상하는 것이지, 어떤 대상에 대한 것이 아니다.

ॐ

명상할 때 생각들이 와서 저를 괴롭힙니다. 어떻게 해야 합니까?

그대가 지금 명상하고 있다고 하자. 한 생각을 붙잡아 그것이 무엇인지 말해 보라.

이미지가 하나 있습니다.

이미지는 생각이다. 그대는 무엇을 생각하고 있는가?

저의 스승에 대하여 생각하고 있습니다.

그대의 스승에 대하여 계속 생각하라. 이제 이 생각을 다른 생각으로 교체하라. 그것을 대신할 다른 생각을 찾아보라.

저는 제 부모님을 생각했습니다.

좋다. 자, 그대는 스승에 대한 생각을 어떻게 했는가?

저의 마음 어딘가에 여전히 있습니다.

아니다. 어딘가에 있지 않다. 마음은 생각이다. 아무런 차이가 없다. 스승에 대한 생각이 가고 나면, 이제 그대의 부모에 대한 생각이 있다. 자, 부모에 대한 이 생각을 붙잡아라. 단단히 붙잡아라. 더 중요하고 더 나은 다른 생각을 찾아보라. 스승은 가 버렸다. 괜찮다. 이제 부모에 대한 생각을 버려라. 무슨 생각이 있는가?

여동생에 대한 생각이 있습니다.

좋다. 여동생에 대한 생각을 단단히 붙잡아라. 그리고 다음 생각이 무엇인지 말해 보라.

여동생의 아이들에 대한 생각이 일어납니다.

좋다. 보라. 그대는 스승을 버렸다. 그를 보내라. 괜찮다. 다음에는 부모를 버렸다. 그대는 항상 가장 좋은 것, 그대가 가장 사랑하는 것을 마음속에 간직한다. 부모가 스승의 자리를 대신했다. 그들이 스승보다 더 소중하다.
그대가 결혼을 하면 부모를 잊는다. 그대는 남편에 대한 사랑 때문에 모든 것을 잊는다. 그대는 마음속에서 한 번에 한 생각만을 가질 수 있다. 우리의 생각들은 늘 우리가 소중히 여기는 것들에 대한 생각이다.
어떻게 그대는 스승에 대한 생각을 잃어버렸는가? 스승은 그

118

대에게 마음의 평화를 주고, 속박에서 해방시켜 주고, 고통에서 벗어나게 해 주는 사람이다. 그대가 부모를 위해, 다음에는 여동생을 위해, 그 다음에는 여동생의 아이들을 위해 스승을 포기한다면, 이것은 마음의 방해이다.

무엇보다도 그대는 인간이 되기 위하여 수백만의 종(種)들을 거쳐야 했다. 우리는 아마도 다른 종들에게는 없을 하나의 선택권이 있다. 그대는 이 선택권을 쓸 수도 있고 포기할 수도 있다. 그대가 스승에게 갔을 때, 그대는 이 선택권을 사용했다. 그대는 자유를 위하여 스승에게 갔다. 그런데 어떻게 부모와 여동생을 위해 이것을 포기할 수 있는가?

저는 자유를 얻기 위하여 스승에게 가지 않았습니다.

그렇다면 무엇을 위해 갔는가, 음악을 위해? 그대가 자유를 얻기 위하여 스승에게 가지 않았다면, 그대가 스승을 버린 것은 이 때문이다.

그대가 말하는 스승은 무엇인가? 그대가 갈구하는 것은 무엇인가?

저는 깨달음을 원합니다. 저는 신과 더 가까이 있고 싶습니다.

신과 가까이 있는 것, 이것을 고통으로부터 자유, 세상 과정으로부터의 자유라고 말한다. 그대는 신과 더 가까이 있는 방법을 가르쳐 주는 스승을 찾아갔다. 그렇지 않은가?

그렇습니다.

자, 아주 좋은 생각이다. 이 생각으로 다른 모든 생각들, 다른 모든 관계들을 거부하라. 그대는 신에게 가까워지는 방법을 말해 줄 수 있는 스승에게 왔다. 이제 그대는 그대를 신에게 소개해 줄 스승을 찾았다. 그런데 그대는 이 생각을, 그대가 신에게 더 가까이 가도록 도와줄 스승에 대한 생각을 붙잡는 대신, 이 생각을 더 나은 다른 생각으로 대체했다.

더 나은 생각이라고요?

물론이다. 생각은 이런 식으로만 대체될 수 있다. 그대는 더 낫고 더 바람직한 것을 생각하기로 선택한다.

더 나은 생각은 없습니다.

그렇다면 이 생각을 붙잡아라. 이제 이 생각을 붙잡고 있으면서, 이 생각을 대신할 다른 생각을 찾아보라. 주의하라. 이것은 매우 중요한 생각이다. 그대가 여기로 온 것은 이것 때문이다. 이 생각을 다른 생각으로 바꾼다면, 그대는 신에게서 떠나게 된다.
그대는 여기에 머물던가, 아니면 여기를 떠나게 된다. 이제 다른 선택이 없다. 그러니 선택하라.

저는 다른 생각을 할 수 없습니다.

아주 훌륭하다. 그대는 할 수 없다. 이제 이보다 더 나은 생각
이 없다면, 이 생각을 버리지 말라. 이 기회를 놓치면, 그대는
이 인간의 삶에서 가장 중요한 생각을 놓치게 될 것이다. 이 생
각을 일으키는 사람은 축복을 받은 사람이다. 다른 생각들은 그
대에게 닿을 수 없다.

(긴 침묵) 좋다. 10분이 지났다. 그대는 이 생각을 대신할 수 있
는 다른 생각, 더 중요한 생각을 찾았는가?

아닙니다.

이 생각을 포기하지 않는다면, 그대는 다른 생각을 붙잡을 수
없다. 그 어떤 생각도 "나는 자유롭기를 원한다."라는 이 진정
한 생각에 닿을 수 없다. 그렇지 않으면 그대는 그대의 부모를
들어오게 한다. 심지어 소에게도 부모가 있고, 형제와 자식들이
있다.

그러므로 어떻게 하면 성공할 수 있는가? 그대는 의학을 공
부하겠다면서 도박장으로 가겠는가? 이렇게 하여 의사가 될 수
있겠는가? 그대가 원하는 것이 무엇인가를 주의 깊게 바라보
라. 그리고 거기에 머물러라.

나는 나의 부모를 거부했다. 나는 나의 가족을 거부했다. 나는 스승에게 갔다. "나는 자유롭기를 원한다."를 능가할 수 있는 생각은 없었다. 그 어떤 것도 나의 스승으로부터 나를 벗어나게 할 수 없었다. 하루 24시간, 신에 대한 생각이 나의 머리에 있었다.

영원한 기쁨을 발견하려면 올바른 방향을 바라보아야 한다. 바깥에 있는 대상들 속에서는 그것을 발견할 수 없을 것이다. 모든 대상은 일어나고 머물다 사라질 것이다. 변치 않는 영원한 기쁨을 위해서는 다른 곳을 바라보아야 한다. 기쁨이 사람이나 태양, 달 혹은 별들 같은 어떤 것에서 온다고 생각하지 말라.

그것들이 무엇이든 바깥 대상들에게로 가려는 이 경향성을 멈추도록 하라. 그대의 마음이 바깥의 어느 방향으로도 흐르지 않게 하라. 그대는 내면의 아름다움으로 돌아와야 한다. 그것은 그대 자신의 본성이며, 그대가 이제껏 느껴 보지 못한 영원한 희열이다.

그대는 바깥에서 즐거움을 느끼고 아름다운 경치들을 보았을지 모른다. 그러나 나는 어느 누구도 외부의 아름다움이나 행복에 집착하여 만족을 얻었다고는 생각하지 않는다.

그러므로 그대의 삶을 외부의 대상들로 낭비하지 말라. 그대의 마음을 점검하여, 수백만 년 동안 지속된 이 외부로의 경향성을 그만두도록 하라.

지금이 그 때다. 그대는 여기에 있다. 그대는 바깥으로 흐르는 마음의 과거 경향성들을 모두 멈추어야 한다. 마음이 방향을 바꾸어 참나를 향하게 하라. 태양과 별들, 나머지 세상에 아름다움을 주는 참나가 분명히 존재한다. 그러므로 그대가 줄곧 놓쳐 온 아름다움과 사랑, 행복의 끝없는 저장고인 이 참나가 누구인지를 찾아내라.

마음은 늘 순간적인 쾌락을 뒤쫓고 있다. 하나를 충족시키면 다음 것을 찾아 끊임없이 건너뛴다. 그대가 이 행위를 단호히 끝내고 싶다면, 그렇게 하기를 멈추고 마음이 자기의 근원을 향하게 하라. 그러면 그대는 이 저장고의 아름다움을 알게 될 것이다. 그때 그대의 마음은 그 속으로 잠겨 영원히 용해될 것이다.

이 마음은 조금도 믿을 수 없는 것이다. 그런데 그대는 마음이 하고 싶은 대로 하도록 내버려 두었다. 그러므로 그것은 마음의 잘못이 아니다. 어느 날 그대는 결심을 해야 한다. 지금이 그 때다. 그대는 삿상을 위해 여기에 있다. 이것이 삿상이다. 그대는 영원한 평화를 찾아야 한다. 이를 위해 힘든 수행을 많이 할 필요는 없다. 평화는 바로 이 순간 이미 여기에서 그대를 기다리고 있다. 이 순간으로 충분하다.

저는 3주일 동안 여기에 있었습니다. 스승님은 저를 비참한 오만으로부터 자유롭도록 해 주셨습니다. 그 이후 저는 푸나로 가서 5주 동안 탄트라를 했습니다. 지금 저는 혼란스럽습니다. 기대했던 대로 친구가 나를 대해 주지 않았기 때문에 저는 분노와 상처, 질투, 노여움에 휩싸여 있습니다. 지금 저는 흔들리고 있습니다.

그래? 그대가 원하는 것이 무엇인가?

감정들이 폭발할 때는 어떻게 해야 합니까? 제 일부분은 싸우고자 합니다. 어떻게 그것들을 멈출 수 있습니까? "나는 누구인가?"를 그냥 탐구하면 됩니까?

어떻게 멈출 수 있는가? 그것을 멈추기 위해 그대는 여기로 왔다. 여기서는 아무런 치유가 없다. "이것을 해라." 혹은 "저것을 해라."라고 말하는 사람은 안내자가 아니라 도살자다. 진정한 스승은 그대에게 "이것을 해라." 또는 "저것을 해라."라고 말하지 않는다. 이해하겠는가?

"충분하다! 그대는 할 만큼 했다. 이제 고요하라."라고 그대에게 말하는 사람, 이 사람이 바로 그대가 한동안 함께 머물러야 할 사람이다. 그렇지 않은 사람들은 치유를 하고 있다. 그것은 그대의 카르마다.

왜 고요를 지키지 않는가? 치유는 마음과 관계가 있다. 그렇지 않은가? 몸, 감정, 마음에 관련된 것이다. 몸 없이, 마음 없이 어떤 치유를 할 수 있는가?

여기서는 그 어느 것도 필요치 않다. 마음이나 몸을 1분 동안만 사용하지 말라. 그리하면 그대는 영원한 평화를 경험할 것이다. 한순간만 고요히 머물러 보라. 그러면 그대는 무엇이 일어나는지, 무엇이 오는지를 알게 될 것이다.

저는 눈을 감고 있을 때 참존재를 더 많이 경험하는 것 같습니다. 저는 명상 기법들에 경탄하고 있습니다.

그대는 존재에 대해 말하면서도 기법들에 대해 말하고 있다. 전자는 강에서 수영하는 것이고, 후자는 수영하는 법을 알려 주는 책을 방 안에서 읽고 있는 것이다. 침대에 누워서, 강물 속으로 뛰어드는 방법에 대하여 읽는 것이다. 이것은 존재에 대한 기법이다.

그렇지만 강물 속으로 들어가는 방법에도 여러 가지가 있습니다. 머리부터 들어갈 수도 있고, 발부터 들어갈 수도 있고, 그냥 물속으로 뛰어들 수도 있습니다.

'그냥 뛰어드는 것'이 내가 말하는 방법이다. 그냥 뛰어드는 것이 그대 자신을 직접 대면하는 길이다. 그대의 책을 던져 버려라! 강물 속에서는 이런 책을 읽을 필요가 없다. 수영을 배우고 싶다면 강물 속으로 뛰어들어라. 침대에 누워 있지 말라. 그대는 아직 강에 이르지 못했다. 강물 속으로 들어가지 않는다면, 수영하는 방법을 읽어도 수영을 할 수 없을 것이다. 강으로 들어가라. 존재 속으로 들어가라. 그리고 모든 기법들을 버려라.

하지만 눈을 뜰 것인지 감을 것인지가 문제입니다.

커튼을 치건 치지 않건 간에 그것이 태양에게 문제가 되겠는가? 장님은 늘 눈을 감고 있다. 그들이 내면을 바라보고 있는가? 눈은 아무런 상관이 없다. 눈은 대상을 보기 위한 것이지, 존재를 보기 위한 것이 아니다. 눈도, 귀도, 코도, 혀도, 피부도 필요치 않다. 그대는 이미 그것이다.

마음은 이 창문들을 통하여 그대를 바깥으로 데려간다. 그러나 만일 그대가 그것 그 자체라면, 그대는 창문들이 열려 있든 닫혀 있든 개의치 않는다. 그대의 눈에 낀 먼지를 없애라. 그러면 눈을 뜨고 있건 감고 있건 상관이 없을 것이다. 그러니 먼저 먼지를 털어 내라. 존재를 보지 못하게 하는, 눈에 낀 이 먼지는 무엇인가? 이 먼지는 생각이다. 어떤 생각도 일어나지 않게 하라. 생각이 일어나면, 눈과 귀와 코 등에 먼지가 끼면, 그대는 음악을 듣지 못하고 향기를 맡지 못한다. 내면에 있는 그대 자신의 빛을 보지 못한다.

그대 자신의 빛을 보지 못한다면, 그대는 다른 것들 즉 그림자들만을 보게 될 것이다. 그대가 그대 자신의 음악을 듣지 못한다면, 그대는 바깥에 있는 소음들에만 끌릴 것이다. 왜 그대 자신의 향기를 맡지 않는가? 그대 자신의 연꽃 향기를 맡은 적이 있는가? 쓰레기에 불과한 생각을 냄새 맡기를 그만둔다면, 그대는 천 개의 꽃잎이 달린 그대 자신의 연꽃에 매혹될 것이다. 이 연꽃은 모든 사람 안에 있다.

그대 자신의 진정한 존재를 볼 때, 그대는 아름다움과 사랑 그리고 순결한 영원을 알게 된다. 그대는 그것을 떠나지 않을 것이다. 그대는 진정한 존재를 떠나지 않을 것이다.

생각은 그대를 '됨'(becoming)으로 데려간다. "나는 이런 혹은 저런 사람이다."라는 쪽으로 안내한다. 이 모든 먼지를 털어 버리면 그대의 눈은 아주 맑아질 것이다. 안도 없고 밖도 없을 것이다. 그대의 귀는 음악을 들을 것이다.

그대의 마음은 가장 절친한 친구처럼 아름다울 것이다. 마음은 자기가 일어난 곳으로 그대를 데려가서 그 영광을 보여 줄 것이다. 그대는 마음을 최대한 이용해야 한다.

그러나 그 마음은 먼지 쌓인 마음이 아니라 순수한 마음이다. 먼지 낀 마음은 욕망들이다. 욕망들을 안으로 들이지 않을 때 마음, 아트만, 참나, 의식 사이에는 아무런 차이가 없다. 그때 마음은 마음 없음이다.

욕망만이 마음을 오염시킨다. 욕망을 버리고, 그것이 무엇인지 잠시 동안 보라. 모든 욕망의 옷을 벗어버리고 영원한 강가(Ganga)의 강물 속으로 뛰어들어라. 모든 욕망을 완전히 벗어버리고 순수함으로 목욕하라. 그런 뒤에 밖으로 나와서 그대의 옷을 입고 이 세상을 마음껏 다녀라. 그대가 좋아하는 것을 무엇이든 하라. 강제하지 말라. 그대는 원하는 것을 선택해야 한다. 행복인가 불행인가. 선택하라. 영원인가 파괴인가, 미움인가 사랑인가. 선택하라. 됐는가?

생각으로부터의 자유가 정말로 자아로부터의 자유입니까?

그렇다! 자아는 존재하지 않는다. 그것은 그대가 어디에선가 들은 개념일 뿐이다. 막 태어난 아기에게는 자아가 없다. 아이는 매우 행복하다. 누구에게나 웃는다. 자아는 과거의 개념이다.

생각이 없을 때도 자아는 잠재되어 있지 않습니까? 생각이 없는 순간에는 희열이 오지만, 다시 자아가 일어납니다. 그러므로 자아는 잠재되어 있습니다.

이 특정한 경우, 그대가 이 생각 없는 상태 속으로 들어갔을 때, 즉 자아로부터 자아 없는 상태 속으로 들어갔을 때, 그대는 노력을 했다. 자아 없음, 참나, 빛에게 이르기 위해 그대는 노력을 하여 그대 자신을 밧줄로, 자아로 붙들어 맸다. 이 밧줄, 이 자아는 그대를 다시 끌어낼 것이다.

그러니 묶지 말라. 아무런 노력을 하지 말라. 밧줄로 묶지 말

라. 그리고 이 노력 없음 속으로 들어가라. 그것은 이미 거기에 있다! 입구도 없고, 출구도 없다! 입구와 출구는 과거와 미래다. 그러므로 나는 말한다. 과거와 미래와의 연결을 끊어 버려라. 그러면 그대가 어떻게 나오겠는가? 모든 것이 진리다. 누가 그대를 다시 부르겠는가?

자아는 없다. 자아는 어느 누군가가 그대에게 덧씌운 것이다. 그대의 부모, 사회, 교회가 덧씌운 것이다. 그뿐이다. 자아는 없다. 자아 없음, 자유는 그대의 타고난 권리다. 그것이 그대가 물려받은 행복의 유산이다. 이 때문에 그대는 그것을 찾고 있다. 무엇을 하든 그대는 행복을 위하여, 마음의 평화를 위하여, 사랑을 위하여 한다.

우선 그대는 이 개념을 어디에서 얻었는가? 그대는 한때 행복을 맛보았다. 그러므로 그대는 그것을 다시 맛보고자 한다. 그러나 그대는 행복이 없는 곳에서 행복을 찾고 있다. 대상들 속에서, 감각적 쾌락들 속에서.

저는 텅 빔에 이르기 위해 명상과 함께 요가와 호흡 조절을 합니다. 그러나 저는 항상 되돌아옵니다.

명상 속으로 들어갈 때 그는 먼저, "한 시간 동안 명상을 할 것이다. 그 다음에 사무실에 가야 한다."라는 밧줄로 자신을 묶는다. 이 사람은 시간을 바라보고 있다. 명상은 디야나(dhyana)이다. 마음이 마음 없음일 때가 디야나다. 이것이 명상이다. 명상을 할 때는 명상하는 자도, 명상의 대상도 없어야 한다. 이것이 명상이다.

그때는 아무런 신체 의식이 없습니다.

그러면 자아도 없다. 이것이 그대의 본성이다. 모든 것이 거기에 있다. 온 우주가 거기에 있다. 그대는 완벽하다. 그대는 아무것도 필요치 않다. 그것은 한계가 없다. 다른 나라로 들어갈 때는 마음대로 국경을 넘을 수 없다. 그대가 어디를 가든 앞도 비어 있고, 뒤도 비어 있고, 옆도 비어 있다. 이것이 지혜다.

설령 자아가 밧줄로 묶었고 제가 "그래, 밧줄로 묶여 있다."라고 인정한다고 해도, 밧줄을 풀려면 어떤 노력이 필요하지 않겠습니까? 만일 제가 앉아서 아무것도 하지 않는다면……

앉아 있는 것도 노력을 하는 것이다. 서 있는 것도 노력을 하는 것이다.

따라서 어느 정도의 노력은 늘 있게 마련입니다.

어느 정도의 노력은 항상 있게 마련이다. 그런데 그대가 이른

130

바 노력에 연결되지 않으면, 노력에 매달리지 않으면, 그대는 노력 없음에 의해 드러나는 어떤 곳에 이르게 될 것이다. 노력들은 모두 격식이고 개념일 따름이다.

사다나를 하면 어떤 이점이 있습니까?

사다나는 자유를 위한 것이 아니라 그대의 오래된 습관들을 제거하기 위한 것이다. 그대가 사다나를 할 때, 자유는 그대 앞에 서서 그대에게 미소를 짓는다. 그대가 붙잡고 있는 그대의 오래된 경향성들은 상상으로 만들어진 벽이다. 이 벽은 다름 아닌 "나는 묶여 있고 고통을 받고 있다."라는 생각이다.

제가 알고 있는 대부분의 사람들은 깨달음에 더 가까워지기 위해 비파사나, 선 혹은 심리 치유 같은 영적 수행을 하고 있습니다. 그것들은 가치가 있습니까?

아무런 가치가 없다. 달리 해야 할 것이 없기 때문에 그들은 시간을 낭비하고 있다. 그들은 그들 자신을 속이기 위한 거래에 휘말려 있다.

그러나 너무나 많은 종교들, 너무나 많은 가르침과 수행들, 너무나 많은 길들이……

모두가 파괴적이다. 결과가 무엇인가? 종교를 본다면, 종교의 첫 번째 결과가 무엇인가? 종교를 바탕으로 한 파괴다. 이제까지 종교로 인하여 죽은 사람들의 수가 세계 인구에 이르고 있다. 그리고 그것은 여전히 자행되고 있다. 수행을 통하여 깨달음을 얻은 사람이 있는가? 나는 알고 싶다!

네, 매우 적습니다만……

아무나 한 명만 말해 보라. 그대가 이 질문을 했으니 그대가 말해 보라. 수행을 통하여 자유로워진 사람이 있는가?

어느 수준의 깨달음에 이른 몇몇 사람을 알고 있습니다.

누구인지 말해 보라. 이 행성이 생긴 이래 수행으로 깨달음에 이른 사람이 있다면 누구인지 나에게 말해 보라.

붓다입니다.

그렇다. 그는 여러 스승들을 찾아다녔지만 만족하지 못했다. 그는 여러 종파와 스승들을 찾아갔지만, 결국 이렇게 말하였다.

"이것은 내가 찾고 있는 것이 아니다. 이제는 나 스스로 찾겠다."

그는 홀로 앉았다. 그는 보리수나무 아래 홀로 앉아서 명상을 하였다. 어떤 일이 일어났다.

아무도 무슨 일이 일어났는지를 몰랐다. 아난다는 붓다 가까이 다가간 첫 번째 사람이었다. "스승님, 무슨 일이 일어났습니까? 무엇을 경험하셨습니까? 느낌은 어떠하십니까?"

그가 무엇을 얻었다면, 그는 자유를 얻기 위하여 모든 것을 버렸다는 것이었을 것이다. 자유는 어떤 노력의 결과일 수 없다. 자유가 노력의 결과였다면, 그 자유는 다른 무엇에 종속될 것이기 때문이다. 그러면 그것은 진리가 아니다. 진리는 스스로 비추며 스스로 빛난다. 진리가 알려지는 데는 다른 도움이 필요 없다. 다이아몬드는 다이아몬드로 존재하는 데에 다른 무엇을 필요로 하지 않는다. 오직 그대가 이 노력을 포기할 때만 어떤 일이 일어날 수 있다.

그렇지만 다이아몬드는 거칠기 때문에 갈고 닦아 아름답게 만들 필요가 있습니다. 영적 수행이란 거친 인간 존재를 갈고 닦음으로써 찬란한 빛이 드러나게 하는 것이라고 할 수 있습니다. 붓다는 명상을 하였습니다. 그래서 사람들도 깨닫기 위하여 앉습니다.

그는 그 자신을 깨달았다. 깨달음이란 자유가 이미 여기에 있다는 것을 깨닫는 것이다. 만일 붓다가 어떤 수행을 했다면, 그것은 노력이라는 이 개념, 자유를 얻으려면 노력이 필요하다는 개념을 떨쳐 버리기 위한 것이었다. 그것이 사라질 때, 자유는 여기에 있다.

오쇼는 수행하고 수행하다가 결국은 놓아 버렸다고 말했습니다. 그러자 아무런 노력이 없었다고 했습니다.

수행이란 수행의 습관을 버리는 것이다. 그때 자유가 여기에 '이미' 있음을 깨닫는다. 바로 지금 여기에 있는 것을 위해서는 수행할 필요가 없다. 그저 장애물이 무엇인지를 보라. 무엇이 벽인가? 벽이란 그대가 자유롭지 않다는 상상이다. 자유로워지기 위하여 노력할 때, 그대는 자신이 자유롭지 않다는 개념을 받아들인다. 그래서 그대는 거기로부터 시작한다. 그대가 "나는 자유롭지 않다."라는 이 개념을 버린다면, 무슨 일이 일어날까? 이 상상은 그대 스스로 만든 것이다.

"나는 자유롭기를 원한다."라는 이 의도조차 어디로부터 일어나는가? 아무것도 하지 말라. 그저 이 의도가 어디에서 일어나는지를 보라. 이 의도가 그대를 데려가려는 바로 그곳에서 일어나지 않는가? 심지어 "나는 묶여 있다."라는 말조차 어디로부터 일어나는가?

의식으로부터 일어납니다.

그래. 아주 훌륭하다. 의식으로부터 일어난다. 지금 "나는 자유롭기를 원한다."라는 생각이 일어난다. 그리고 어떤 사람이 어떤 수행을 제안한다. 수행이 성공한다면, 그 수행은 그대를 어디로 데려갈 것인가? 그 수행의 목적지는 무엇인가?

자유입니다.

그렇다면 노력하기 전의 의식과 수행한 뒤의 자유 사이에는 어떤 차이가 있는가?

같습니다.

그러므로 두 개의 같은 것들 사이의 거리다. 그대는 얼마나 여행해야 하는가?

같은 장소로 되돌아오기 위한 수행입니다.

그대가 이 사실을 미리 안다면?

제6장

마음의 본질과 바사나들

마음의 본질과 바사나들

욕망이 있는 곳에는 걱정도 있게 마련이다.

그대는 마음 없이도 아주 잘 살 수 있다.

마음이 없을 때 그대는 지혜롭고,

마음이 있을 때 그대는 어리석다.

아무것도 바라지 말라.

그러면 그대는 이 왕국의 황제가 된다.

그대는 평화, 아름다움, 그리고 사랑이다.

잠시 동안 마음을 버리고 보라.

의식만이 홀로 존재한다. 의식이 자기를 이해하려고 할 때, 이 이해는 마음이 된다. 이해와 마음 사이에는 아무런 차이가 없다. 마음은 활동을 의미한다. 마음의 내용이 곧 활동이 된다. 그대가 이해한 바가 그대의 마음이다. 그대의 마음이 곧 그대의 활동이다.

이 활동이 다섯 감각을 만든다. 그러면 각각의 대상들이 만들어진다. 이것을 우주라고 한다. 이 우주는 이해의 결과이며, 의식을 이해하기 위하여 일어났다. 대상화될 수 없는 의식이 하나의 대상이 되었다. 마음은 대상들을 지각하기 위하여 주체가 된다.

우리가 무엇을 보고 무엇을 이해하건, 그것들은 모두 무지에 지나지 않는다. 왜냐하면 이해가 일어날 때, 그것은 마음을 만들며, 또 이 마음은 "나는 존재한다."가 되기 때문이다. "나는 존재한다."는 이제 무엇인가를 이해하고 활동할 필요가 있게 된다. "나는 존재한다."로부터 일어나는 이 활동은 '오해'다. 왜냐하면 의식은 이해될 수도, 지각될 수도, 생각될 수도 없기 때문이다. 의식은 다른 관찰자를 갖고 있지 않다. 그것은 스스로 빛나며, 어디에나 존재하며, 또한 모든 것을 안다. 그러므로 누가 그것의 관찰자가 될 수 있겠는가?

이해는 의식을 객관화시키고 주체적 자기가 되었다. 주체가 되었기 때문에 그것은 창조할 필요성을 느낀다. 이 창조는 무지의 결과다. 이 무지 속에서 그대가 이해하고 생각하고 지각하는 것은 무엇이든 그저 무지일 따름이다.

이 창조는 그것이 일어났던 것과 마찬가지로 일순간에 사라진다. '나'라는 것은 마음이다. 대상들은 우주다. '나'를 언급해 보라. 그러면 과거, 현재, 미래로 된 우주와 끝없는 윤회가 있게 될 것이다. 이것이 삼사라다.

그대는 밧줄을 뱀으로 오인했다. 그대가 밧줄에 대한 지식을 갖게 되면, 뱀은 사라진다. 왜 그런가? 왜냐하면 그대가 그것을 뱀이라고 오해했기 때문이다. 밧줄에 대한 이 지식이 뱀을 즉시 사라지게 할 것이다.

시초부터 첫째 무지는 "나는 존재한다."의 일어남이다. 삼사라에서 돌아오라. 대상들, 활동들, 마음과 감각들을 멀리하라. 그리고 이해의 첫째 활동인 '나'로 돌아오라.

의식이 자기를 이해하기를 원하여 바다에 있는 파도처럼 일어났다. 이 파도, 이 삼사라는 우리가 이해하기를 그칠 때 사라진다. 멈추겠다는 결심과 함께, "나는 존재한다."가 일어나는 이 첫째 이해를 버려라. "나는 존재한다."라는 것은 마음, 자아, 대상들, 그리고 삼사라다.

아무것도 이해하려 하지 말라. 어떻게? 고요하라. 고요란 활동이 없음을 의미한다. 그것이 그대의 본성이다. 이 길은 길이 아니다! 활동은 마음의 혼란으로부터 온다. 마음이 혼란스럽지 않을 때, 바다는 동요되지 않는다. 아무런 파도가 없다. 의식은 의식 홀로 존재한다. 의식은 절대적이고 완전한 한계 없음이며, 순수한 헤아릴 수 없음이다. 그대는 의식을 이해할 수도, 묘사할 수도 없다. 이것은 절대적 의식이요, 절대적 존재요, 절대적 희열이다.

그것은 이미 여기에 존재한다. 보이는 것은 이 빛과 이 아름다움의 결과다. 태양은 이 빛 때문에 빛나고 있다. 한 개의 촛불이 있고, 그 촛불로 말미암아 백 개의 초가 점화된다면, 초는 다를 수 있겠지만 불은 동일하다.

첫 번째 촛불이 마지막 촛불과 어떻게 다르겠는가? 불행히도, 대부분의 사람들은 불을 보지 않는다. 그 대신 그들은 초들을 헤아린다. 그대는 수많은 개체들을 보고 있다. 그대는 불을 보지 않는다.

의식이 최초의 불이다. 의식으로 그대는 마치 거울을 들여다보듯 모든 것을 본다. 아주 작은 거울 하나가 산들, 숲들, 그리고 하늘을 담을 수 있다. 그대가 그대 안에 있는 이 거울을 본다면, 그대는 모든 것을 볼 수 있다.

그대가 보는 모든 것은 꿈꾸는 자인 그대의 투사다. 무엇인가를 볼 때마다 그대는 꿈을 꾸고 있다! 아무것도 보지 않을 때, 그대는 깨어 있다.

다양한 것들은 꿈이다. 그대는 즉시 깨어날 수 있다. 어떻게? 마음을 움직이지 말라. "나는 존재한다."라는 파도를 일으키지 말라. 그것은 일어날 때와 마찬가지로 그렇게 사라질 수 있다.

그대는 오랫동안 지속되고 있는 이 꿈에 지금 몹시 집착하고 있다. 그래서 고통과 긴장이 있다. 여기저기에서 몇몇 사람은 "충분해!"라고 결정할 것이다. 여기에서 "나는 자유롭기를 원한다."라는 하나의 갈망이 일어날 것이다. 이 갈망은 의식 혹은 자유와 다르지 않다. "나는 존재한다."는 그것이 일어난 곳인 자유로 되돌아가서 용해되어 버린다.

마음의 몽환은 일어나지 않고 있는 생각과 더불어 시작된다. 그 다음에 이 생각이 일어난다. 일어나지 않고 있는 것은 일어나야 한다. 파도는 전에는 '바다 안의 일어나지 않은 것'이었다.

그러므로 일어나지 않고 있는 파도를 바라보라. 파도 없는 공간을 보라. 파도가 일어나기 전에 그 싹을 잘라 버려라. 나는 그대에게 파도가 일어나는 것을 허락하지 말라고 말하고 있다. 파도가 일어나기 전, 그것은 일어나지 않고 있는 생각이다. 생각은 일어나야 하고…… 그러면 일어나고…… 그러면 고통이다. 맞는가? 그 생각이 가면 다른 생각이 온다. 일어나지 않음, 일어남, 그리고 떨어짐. 이것이 삶의 과정이다. 이것을 깨닫는 것이 마음의 몽환을 방지하는 길이다.

바로 지금, 일어나지 않고 있는 한 생각을 가져와 보라. 이것은 강도들의 소굴을 보는 것이다. 그들은 소굴에서 나와 그대의 집으로 들어와서 물건을 훔칠 것이다. 지금 한 생각을 일으켜 보라. 일어나지 않은 한 생각이 오도록 초대하라.

(침묵)

이제 한 생각을 초대하라. 한 생각을 오게 하라. 이것이 마음이라는 열차를 막는 것이다. 이것이 자지 않고 지키는 것이다. 이것이 주의 깊은 관찰이다. 이것이 그대의 습관이 되어야 한다! 이것이 자연스러운 습관이다. 이것이 또한 자연스러운 행복이다. 그렇게 하는 데는 비용이 들지 않는다.

한 생각이 일어나도록 허용하면, 그대는 곤란한 처지에 놓인다. 그러면 끝없는 윤회의 고통들이 있다. 주의 깊게 관찰하지 않으면 생각이 일어날 것이다. 이 일어남이 삼사라다. 이해하겠는가?

그대가 그것을 찾고 있다면? 깨달음이다. 간단하다. 생각을 찾고 있다면 어디에 삼사라가 있겠는가? (웃음) 그대가 이 점을 안다면 어디에 삼사라가 있는가? 그대가 이것을 모른다면 끝없는 삼사라가 있게 된다.

생각을 버리기 원할 때 그대는 자유를 원하고 있다. 그렇게 하라. 여기에는 어떤 비밀이 있다. 그렇게 하면 그대는 그것을 얻을 것이다. 그대가 그것을 얻으면, 우리는 그 점에 관하여 이야기를 나눌 수 있을 것이다. 하지만 그대가 그것을 발견하기 전에는 내가 이야기를 한다 해도 그대는 동의하지 않을 것이다.

먼저 그렇게 하라. 그리고 나에게 그 비밀을 말하라. 일어나지 않고 있는 생각 속으로 깊이 들어가서 무엇이 일어나는지를 보라.

저는 지금 도둑들의 소굴에 있습니다. 그것은 모두 빛이고 활동입니다.

그래, 좋다. 더 나아가라. 더 '안으로' 들어가라. 그것은 참으로 아름다운 춤이다. 그것은 로맨스다. 나는 희열에 대하여 말하고 있다. 존재, 지식, 희열, 의식, 이 모든 것들이 한데 어우러져 춤추고 있다. 그냥 이렇게 하고 주위를 둘러보라.

그 소굴이 파도가 되었습니다.

좋다. 매우 훌륭하다. 더 나아가 보라. 너머로 더 나아가 보라.

아무것도 없습니다!

144

바로 그것이다. 이제 그대는 그것을 가졌다. 여기에 머물도록 하라.

저는 저 자신이 거짓말쟁이 같은 아무 자격이 없는 사람이라고 느껴집니다. 저는 영적 체험들을 많이 했지만 여전히 마음이 일어나기 때문입니다.

그대가 마음을 보았다고? 정말인가? 그것은 유령이다. 그것은 실제로는 존재하지 않는다. 그대가 무엇인가를 바라자마자 마음이라는 이 유령이 일어난다. 그대가 무엇인가를 바란다면, 마음이라는 이 유령이 그대를 괴롭힐 것이다. 욕망을 버려라. 그리하면 마음이 어디에 있겠는가?

욕망이 있는 곳에는 걱정도 있게 마련이다. 그대는 마음 없이도 아주 잘 살 수 있다. 마음이 없을 때 그대는 지혜롭고, 마음이 있을 때 그대는 어리석다. 아무것도 바라지 말라. 그러면 그대는 이 왕국의 황제가 된다. 그대는 평화, 아름다움, 그리고 사랑이다. 잠시 동안 마음을 버리고 보라.

그대는 밤길을 걸어가고 있다. 뱀을 보고 그대는 두려워한다. 막대기를 집어 들고서 뱀을 친다. 그런데도 그것은 움직이지 않는다. 그대는 그것이 밧줄이라는 사실을 알게 된다. 공포가 사라진다. 막대기를 던져 버린다.

마음에게 "그대는 누구인가?"라고 물으면, 그것은 사라질 것이다. 마음이라는 뱀을 보라. 그것이 진짜인지 알아내라. 생각들은 그대 자신의 얼굴을 보는 데 장애물이다. 아무 생각도 일으키지 말라. 그리고 그대가 누구인가를 발견하라.

지난 며칠 동안 저는 추락하는 꿈을 계속 꾸었습니다. 굉장히 높은 곳에서 바다로 추락하다가 무서워 잠에서 깨어납니다. 이것이 여기에서 일어나고 있는 일들과 관련이 있습니까?

이것들은 무의식의 마음 안에 있는 바사나들, 욕망들 그리고 경향성들이다. 명상, 이해 혹은 탐구가 그것들을 휘저어 올라오게 하였다. 바닥에는 진창이 있지만, 그것은 깨끗해 보인다. 그것을 휘저으면 어떤 일이 일어날까? 이 탐구는 그것들을 휘저어 올라오게 한다. 휘저으면 그것은 떠오를 것이다. 그러면 그것은 사라진다.

이제 그대는 알지 못했던 것들이 거기에 있었음을 알게 된다. 그대가 명상을 하면, 무의식의 마음 안에 놓여 잠복하고 있던 오물이 휘저어진다. 그대는 전에는 그것들을 결코 자각하지 못했다. 그것들은 누워서 기다리고 있다가, 때가 다가오면 그대의 다음 번 화신이 된다.

이제 그것은 명상으로, 마음의 고요로 휘저어진다. 그것이 떠

146

오른다. 떠오른 것은 사라진다. 그대는 이제 오물을 볼 수 있다. 오물들을 던져 버려라.

아니면 다른 사람들처럼 지니고 다녀라. 아무도 상관하지 않는다. 이것을 생과 사의 윤회라 부른다. 그대가 이 잠재적 경향성들, 즉 바사나들인 오물들을 휘젓지 않는다면, 그것들은 바닥에 자리 잡을 것이다. 그 뒤에 그대는 새로운 욕망들을 계속해서 축적할 것이다. 이 윤회는 끝이 없을 것이다.

다음 생애에, 밑바닥에 있던 욕망들이 먼저 나타날 것이다. 그리고 새로운 욕망들은 바닥에 자리 잡을 것이다. 이것이 생과 사의 윤회다.

그대는 "나는 누구인가?"를 탐구해야 한다. 이 탐구는 모든 것을 소멸시킬 것이다. 이 탐구는 탐구의 길에 놓여 있는 모든 것을 불태워 버릴 것이다.

마음이 맑기 때문에 미래는 오지 않을 것이다. 미래의 언젠가는 밑바닥이 더럽지 않을 것이다. 모든 것이 휘저어지고 불태워졌다. 현재가 머무를 것이다. 현재 속에서 자신이 누구인지를 알게 되면, 그대는 행위자가 되지 않는다. 그러므로 행위에서 나온 활동은 아무런 흔적들을 남기지 않을 것이다. 그러므로 과거나 미래와 관계하지 말라. 과거와 미래 사이에서, 그대는 무엇을 보는가?

지금입니다.

그렇다. 마음은 그대를 항상 과거로…… 과거의 쾌락들과 습관들에게로 데려간다. 그러면 그대는 오래된 습관들을 씹게 된다. '현재'라는 그대의 진정한 얼굴을 발견하는 것만이 새롭다. 이것이 용기다. '여기'에 머문다면, 그대는 바다를 건넜다. 그대의 일은 끝났다.

지난주는 무척 힘들었습니다. 저는 시험을 받았습니다. 그것은 쉽지 않습니다.

그래, 아주 좋다. 수백만 년 동안 그대는 잠자고 있었다. 그대는 약탈당하고 있었다. 그러나 그대는 힘들다고 불평하지 않았다. 술 취해 시궁창에 누워 있는 사람처럼 불평하지 않았다. 그러나 그대가 순수함으로 둘러싸일 때, 그대는 한 점의 얼룩이라도 알아차린다. 그것을 좋아하지 않는다. 술주정뱅이는 아무 곳에나 드러눕는다. 그러한 것에 개의치 않는다.

마음속에 잠복해 있던 것들이 모두 올라오고 있다. 이 삿상은 그것들을 휘저어 올라오게 한다. 모든 경향성들이 그대를 떠나기 위해 올라올 것이다. 그렇지 않으면 그대는 쓰레기에다 쓰레기를 붓고 있다. 끊임없이 욕망들을 줍고 있다.

이제 그대는 욕망하기를 끝내야 한다. 상황들이 허락되면, 창고에 저장해 놓았던 것들이 떠오를 수밖에 없다. 그대가 경향성들에게 놀 기회를 주지 않기 때문에, 그것들은 떠나기 위해 떠오를 수밖에 없다. 그대는 이미 다른 것에 관계하고 있다. 이것이 바로 그대가 말하는 '힘든 때'이다.

그대가 자유를 열망하지 않는다면, 그것은 힘든 때가 아닐 것이다. 그러면 그대는 60억 사람들처럼 살게 될 것이다. 한 사람이 힘든 삶을 선택했다. 그는 2,600년 전의 왕자였다. 힘든 삶과 쉬운 삶 가운데 어느 것이 그에게 정말로 도움이 되었는가? 그는 쉬운 삶에 등을 돌렸다. 그는 가족과 왕국을 뒤로 하고 힘든 삶을 향해 떠났다. 그는 손에 동냥 그릇을 들었고, 왕의 옷을 버렸으며, 힘든 삶을 택했다. 헤아릴 수 없이 많은 사람들 가운데에서 그는 여전히 기억되고 있다…… 그런데 그대는 겨우 일주일 만에 불평하고 있다.

참나, 즉 아트만을 향하라. 그러면 그대는 안전할 것이다. 거슬러 올라가라. 그러면 그대는 사라진다. 참나를 향하라. 누가 그대를 방해할 수 있겠는가? 24시간 동안 쉴 새 없이 그렇게 하라. 그대가 사랑에 빠진다면, 그 사랑은 24시간 동안 지속되어야 한다. 그대는 "나는 23시간만 당신을 사랑하겠습니다. 나머지 한 시간은 홍등가에 있겠습니다."라고 말하지 않는다.

힘든 때에 대해 말할 때, 그대는 참나를 저버리고 다른 곳으로 갔음에 틀림없다. 이곳은 그대의 집이다. 집에 있는 것이 어떻게 힘든 때일 수 있겠는가? 누가 집에서 행복하지 않겠는가?

ॐ

    우리는 황홀, 평화, 사랑, 그리고 행복에 대해 말하고 있었다. 그대는 지상의 어느 곳에서도 그것들을 발견할 수 없다. 그대는 순례를 떠날 수도 있고, 교회들, 계곡들 또는 산들로 갈 수도 있다. 그러나 심지어 신들에게도 평화가 없다. 그들은 엉뚱한 곳에서 찾고 있다. 그들은 시멘트 벽돌 안에서 찾고 있다! 어느 방향으로 가든, 그대는 어디에서도 평화나 행복이나 사랑을 보지 못할 것이다.

    그 모든 것을 그만두어라! 시간을 낭비하지 말라! 그대가 지금 있는 곳에 머물러라! 이것이 그대를 도와줄 다르마다. 그 밖의 모든 것은 다르마가 아니며, 몸들과 감각들에 관한 것이다.

    그대가 지금 있는 곳에 머물면서 찾아보라. 어디에 평화가 있는가? 가장 가까운 곳에 있다. 그대 눈의 망막보다 더 가까운 곳에 있다. 나의 사랑하는 사람들아, 마음이라는 것이 3,500만 년 동안이나 그대를 속여 왔다. 그대는 속아 왔다. 지금 그것을 그만두어라! 여기를 바라보고, 그대가 누구인지를 알아라. 즉시 그대는 자유를 발견할 것이다. 이 자궁에서 저 자궁으로 편승해야 하는 이 고통은 즉시 멈출 것이다. 유일한 방법은 내면을 바라보는 것이다.

    그대는 많은 경험을 했지만, 그것들은 그대에게 평화를 주지 않았다. 경험자가 없는 곳에는 아무런 경험도 없다. 그러므로 사라져라! 경험의 대상, 경험, 경험자…… 이 모든 것들을 지금 즉시 사라지게 하라.

그대는 감각들이 알지 못하는 곳으로 나아가고 있다. 이제 그대는 마음을 속여야 한다. 마음은 이 모든 세월 동안 그대를 속여 왔다. 이제는 그대가 속여야 할 차례이다.

마음에게 "너는 누구인가? 너는 지금껏 나를 속여 왔다. 이제 나는 나의 눈, 귀, 코, 혀, 피부로 이 도둑을 보았다. 이제 나는 이 말썽꾸러기가 누구인지를 알았다. 이제 나는 너의 말에 귀를 기울이지 않겠다. 나는 스스로 하겠다."라고 말하라.

마음과 관계를 끊어라. 그때 그대는 홀로 남는다. 그대의 마음은 그대를 괴롭혀 왔다. 그대의 사제들이 그대에게 고통을 주고 있었다. 그대의 교회와 사회가 그대를 괴롭혀 왔다. 그대의 나라도 그대를 괴롭혀 왔다. "충분해!"라고 자신에게 말하라. 그대 자신으로 머물러라. 지금 찾아내라. 주위를 둘러보라. 그대가 이제까지 알고, 보고, 듣고, 접촉한 사람이나 사물과 잠시 동안 접촉하지 말라.

대부분의 종교들이 그대를 속이고 있다. 대부분의 종교들이 가난한 사람을 속이고 있다. "이렇게 하라. 그러면 당신을 천국으로 보내 주겠다." 이런 말을 하는 사람들에게 귀 기울이지 말라. 어디에 천국이 있는지 찾아내라. 그러면 천국이 그대에게 내려올 것이다.

홀로 머물러라. 어느 누구도 그대를 만지지 않게 하라. 그대가 마음을 버리면, 마음은 그대를 떠날 것이다. 그대의 갈망들이 떠날 것이다. 그대의 개념들이 떠날 것이다. 그대의 욕망들이 떠날 것이다. 그대의 개념 작용들이 떠날 것이다. 모든 것들이 떠나갈 것이다.

이제 무슨 일이 일어날 것인가? 알려진 것을 모두 버리면, 그대 앞에는 이제 미지의 것이 있게 된다. 알려진 것들에 대한 갈망들과 욕망들을 버렸다면, 이제 남아 있는 것은 미지의 것이다. 그대는 미지의 것이 되어 미지의 것 속으로 들어가게 된다. 왜냐하면 그것들은 같기 때문이다.

알려진 것과의 동일시가 이제까지 그대를 괴롭혀 왔다. "이것이 나다. 이것은 나의 것이다." 아마도 그대는 미지의 것으로부터 텅 빔 속으로 들어갈 것이다. 이 텅 빔으로부터, 그대는 이 모든 투사가 그대의 유희의 장임을 알게 될 것이다.

그대는 어느 누구도 미워하지 않을 것이다. 이곳은 사랑의 영역이다. 그대는 이전에 알고 있던 사람들을 보게 될 것이다. 그리고 이제는 그들을 사랑하게 될 것이다. 그대는 그들의 참나를 사랑하게 될 것이다. 그들도 그대를 사랑할 것이다. 이것이 삶의 묘약이다. 그대는 이 삶을 즐기게 될 것이다. 이 지구는 천국이 될 것이다. 무엇을 보건, 그대는 아름다움을 볼 것이다. 무슨 소리를 듣건, 그대는 자기 내면의 빛인 그대 자신의 참나의 음악을 들을 것이다. 무엇을 말하건, 그대는 수트라를, 지혜를 말할 것이다. 이것이 바로 이 순간에 일어나야 한다. 조금도 의심하지 말라. 의심은 그대를 도와주지 못했다.

이것이 그대 자신의 참나와의 로맨스다. 속일 사람도 없고 의지할 사람도 없다. 지금까지 그대는 소멸할 것들을 사랑해 왔다. 모든 사람은 소멸할 것이며 죽음을 향하고 있다. 어떻게 그대가 시체를 사랑할 수 있겠는가? 어떻게 그대가 영원하지도 않고, 불변하지도 않고, 사랑도 아닌 것을 사랑할 수 있겠는가? 어떻게 그대가 항구적이지도 않고, 영속적이지도 않고, 영원이 아닌 것을 사랑할 수 있겠는가?

누가 그대의 친구인지를 발견하라. 누가 영원보다 더 친밀한가? 만일 그대가 사랑하기를 원한다면, 영원과 사랑에 빠져라. 그것이 그대의 본성이다. 그것이 그대의 어머니다. 그렇지 않으면 그녀를 망각하고 다른 것들에게로 간다. 그대는 걷어차이기 위해 다른 곳으로 간다.

그러므로 잠시만 멈추어라. 그러면 모든 것이 그대에게 주어질 것이다. 그대의 나라로 되돌아가게 되면, 모든 사람들을 도와야 할 책임이 있다. 일단 그대가 어떤 것을 얻는다면, 그대는 자신에게 사랑이 있음을 알게 된다. 그대는 진리를 마주보아 왔다. 진리의 대리인이 되어라. 인간 대 인간이 되지 말라. 진리만이 인간에게 봉사할 것이다. 사람들을 찾아다니면서 그들에게 사랑을 주어라. 그대가 행복하고 평화롭고 사랑 안에 있다고 그들에게 말하라. 그들 모두가 그대의 친척들이며 그대 자신의 참 나다.

인간 존재들만이 아니다. 그대는 같은 생명이 동물들, 나무들, 바위들에도 있음을 알 것이다. 그대는 바위들에게도 말을 건넬 수 있다. 어디를 보건 사랑으로 바라보라. 그리하면 돌들이, 나무들이, 인간 존재들이 그대에게 응답할 것이다.

먼저 그대는 그대 자신을 실재 속으로, 진리 속으로 용해시켜야 한다. 그러면 그대는 너무나 매력적인 존재가 될 것이다. 그래서 모든 사람이 그대에게 끌리게 될 것이다. 어떤 것도 요구하지 않을 것이기에 그대는 너무나 아름다운 존재가 될 것이다. 아름다움은 아무것도 바라지 않는다. 내면의 빛이 빛날 것이며, 이것이 일을 할 것이다. 행위하고 있는 것은 그대가 아니며 다른 사람도 아니다.

내면의 빛, 내면의 지혜가 그대를 안내하고 있다. 그대는 그것을 보지 않는다. 그래서 그대는 그것을 믿지 않는다. 좋은 일이나 굉장한 일이 일어날 때, 그대는 "내가 그것을 했다!"라고 말한다. 일이 안 좋게 돌아가면, 그대는 신을 비난한다. 이것은 거만한 행동이다.

이것은 아주 간단한 일이다. 미루지 말라. 그대는 지금 여기에서 이것을 할 수 있다.

제가 이해할 수 없는 점이 있습니다. 과거에는 일들을 창조하거나 할 수 있는 많은 에너지가 있었습니다. 저는 여기에 두 번째 왔습니다. 마치 약물을 먹은 것처럼 여기에 있는 것이 아주 좋습니다만, 온종일 저는 에너지가 고갈된 듯 합니다. 저의 모든 에너지와 창조성은 그냥 마음입니까?

그렇다! (큰 웃음)

하지만 하루 종일 침대에 그냥 누워 있을 수만은 없습니다.

그대를 여기로 데려오는 것은 그대의 에너지다. 그대가 여기에 오면 이 동일한 에너지가 고요하다.

그렇다면 제가 어떤 것을 어떻게 할 수 있겠습니까?

행하지 않음으로 그대는 행위를 아주 잘 할 수 있을 것이다! 그대는 그냥 고요히 있다. 그러면 다른 무엇이 그대를 떠맡을 것이다. 그대는 일어나는 일을 그냥 지켜본다. 그리고 그대는 고요하다.
고요하지 않기에 그대는 고통 속에 있다. 그냥 고요하라. 내면에서 무엇인가가 일어나도록 내버려두라. 이 평화는 그대가 전에는 결코 보지 못한 것이다. 잠시 동안 고요히 하라. 그러면 그것이 스스로 드러날 것이다. 이것이 나의 충고다.

움직이기 위해서는 노력이 필요하며, 심지어 먹는 데조차도 노력이 든다고 크리슈나가 『바가바드 기타』에서 말했습니다.

크리슈나의 말뜻을 일반적으로 잘못 이해하고 있다. 먹는 데도 노력이 든다. 보는 데도 노력이 든다. 그러나 말하고 있는 사람은 '크리슈나'다. 크리슈나를 통하여 모든 노력이 이루어지고 있다. 그대는 음식을 먹고, 손을 움직인다. 혀가 움직이고, 입이 움직이고, 소화 작용도 진행된다. 손이 움직이고 음식을 씹는 것과 같은 일들은 무슨 힘으로 일어나는가?

알겠습니다. 크리슈나가 그 모든 일을 합니다. 그러므로 제가 할 일은 밧줄을 풀고 크리슈나로 하여금 행위를 하도록……

크리슈나조차도 밧줄이다! (웃음)

모든 이름이나 형상은 밧줄이다. 밧줄 아닌 것이 무엇인가? 그것은 그대 자신의 의식임에 틀림없다. 그대는 이 밧줄들이 필요치 않다. 크리슈나도 이 점을 매우 잘 알고 있다.

크리슈나는 접촉할 수 없는 존재를 의미한다. 모든 사람이 접촉할 수 없는 존재이다. 그대는 꿈을 꾸고 있다. 꿈속에서 그대는 한 소녀와 사랑에 빠진다. 그대는 결혼식을 올리고 친구들을 초청한다. 바로 그때 그대는 깨어난다. 그대는 접촉할 수 없는 존재다. 그대는 이 축제들과 아무런 관련이 없다. 이 모든 것은 꿈이었다.

그러므로 깨어나라. 깨어나라. 그대의 집이 온통 불타고 있다. 잠자지 말라! 깨어나라!

무엇이 깨어남인가? 참나를 위해, 참나와 더불어, 참나에 의해, 참나 속으로 단단히 뿌리내리는 것이다. 참나는 접촉되지 않는다. 절대로 접촉할 수 없는 존재다. 이 현상계는 그대의 릴라다. 이 브라마, 비슈누, 마헤쉬(쉬바)는 그대의 릴라다.

깨어나지 않는다면, 그대는 충족시키지 못한 욕망들을 나를 것이다. 깨어나지 않는다면, 그대는 이 충족시키지 못한 욕망들의 짐을 지니고 다녀야 할 것이다. 이것들을 충족시키기 위하여, 그대는 다시 한 자궁을 택할 것이다.

그러므로 이 충족시키지 못한 욕망들을 어떻게 할 것인가? 어떤 스승들은 그대에게 그것들을 충족시키라고 말한다. 그래서 그대는 충족시키기 위하여 한 욕망을 택한다. 이 욕망을 충족시키는 과정에서 수백 개의 다른 욕망들이 일어날 것이다. 그것들 역시 충족되기 위하여 그대 앞에 줄지어 나타날 것이다!

그대가 어떤 욕망이나 그 대상과 관련을 맺게 되면, 그대는 이제 충족시켜야 할 욕망들을 더 많이 갖게 된다. 한 욕망을 선택함으로써 욕망을 충족시킬 수는 없다. 그 욕망은 충족되는 대신 수백만 개로 불어나 그대 앞에 나타날 것이다. 욕망을 충족시킴으로써 욕망의 문제를 해결했다는 사람은 이제까지 결코 없었다!

그러면 포기하면 됩니까?

포기할 수 있는 무엇을 그대는 갖고 있는가? 포기할 수 있는 것을 그대는 소유하고 있는가?

이 모든 욕망들입니다.

그렇지만 이 욕망들은 그대의 본성이 아니다. 그것들은 그대의 것이 아니다.

그러나 그것들이 있습니다.

그것들이 있다면, 하나씩 충족시키던가 아니면 그것들을 버려라. 어느 쪽이 그대에게 맞는지 보라.

60억의 사람들 가운데 자신의 욕망들을 충족시켰다는 사람을 본 적이 있는가? 왕에서 농부에 이르기까지, "나는 만족한다. 나는 아무런 욕망도 없다. 나는 욕망들을 충족시켰다!"라고 말하는 사람을 만나 본 적이 있는가?

그러면 어떻게 하면 됩니까?

현명한 사람은 욕망들을 버림으로 욕망들을 충족시킬 수 있음을 안다. 왜냐하면 그대가 욕망을 충족시키기 위해 하나의 욕망을 집어들 때, 그것은 그대에게 영속적인 행복을 주지 않기 때문이다. 그래서 그대는 다른 욕망을 잡게 된다. 그것도 그대에게 행복을 주지 않는다.

욕망을 충족시키려면 행복이 필요하다. 사랑과 행복이 필요하다. 욕망을 충족시키면 행복해질 것이라는 이 생각을 잠시만

158

이라도 버려 보라. 그것들을 기다리게 하라. 모든 욕망들을 버려라. 다음 순간에 그대는 어디로 뛰어오르는가? 고통인가, 행복인가?

(말을 멈춘다)

우리는 포기에 대하여 말하고 있다. 잠시만, 이 한순간만이라도 포기해 보라. 시험 삼아 잠시만 포기해 보라. 짐 보따리는 나중에 다시 들 수 있다. 그래도 괜찮다. 바로 이 순간, '그대'에게 시간을 할애하라. 그렇게 하는 것이 마음에 들지 않으면, 다시 되돌아가라! 잠시만이라도 욕망들의 이 행렬과 관계하지 말라.

과거의 행렬이 끊기면, 미래의 행렬 또한 끊긴다. 왜냐하면 미래는 과거이기 때문이다. 과거 속에 있지 않으면 미래를 생각할 수 없다. 그러므로 과거나 미래와 관계하지 말라. 잠시 동안만 그렇게 해 보라. 바로 지금 해 보라! 그대의 팔십 평생 가운데 단 1초만이라도 그렇게 해 보라. 단 1초만이라도 그렇게 해 보고 그 결과가 어떠한지 보라. 스스로 보라.

이 순간 속에는 아무것도 없습니다.

좋다. 그대는 해냈다. 나는 매우 행복하다. 그대가 해내면, 나는 그대에게 말할 수 있다.

이 순간은 이전의 행렬이나 이전의 순간과 아무런 관련이 없다. 그대는 이 순간 속에 아무것도 없다고 말했다. 아무것도 없다면 어디에 고통이 있겠는가? 고통은 그대가 다른 사람과 함께 있을 때만 생긴다. 고통은 다른 사람이 있을 때만 존재한다. 오직 그때에만 고통이 존재한다. 왜냐하면 분리에 대한 공포가 있기 때문이다. 그대가 누군가를 만날 때 그리고 둘이 있는 곳에 두려움과 고통이 있다. 왜 그러한가? 분리 때문이다.

그대는 "이 순간 속에는 아무것도 없습니다."라고 말했다. 바로 이 순간 안에 머물러라! 주위를 둘러보고 나에게 말하라. 그것은 평화와 사랑과 아름다움의 순간인가, 아닌가?

모든 것이 고요합니다. 그러나 배경에서는 예전의 욕망들이 다시 되돌아오지 않을까 하는 두려움이 아직 느껴집니다.

이 말은 그대에게 평화를 주는 이 순간보다 더 나은 어떤 것을 가지겠다는 의미다.

더 나은 것이라고요?

다른 것이 올 것이다. 그러면 그대는 이 평화에서 뛰쳐나와 어떤 다른 것에게로 달려갈 것이다. 그것은 그대에게 평화를 주지 못했기 때문에 이전에 버렸던 것이다. 그것은 이미 욕망의 행렬 가운데 있다. 다른 무엇을 위해 이 사랑, 이 평화를 포기할 정도로 그대는 그렇게 어리석을 텐가? 나의 사랑하는 사람아,

심지어 왕들조차도 평화를 위하여 그들의 왕비와 보물과 왕국을 버렸다. 그들은 숲 속으로 들어갔다. 왜 그랬는가?

방금 이 순간 속에 평화와 고요함이 있다고 하더니, 어떻게 다시 쓰레기통 속으로 들어가고 싶다고 말할 수 있는가?

모르겠습니다.

모르겠다면, 그대는 아직 그것(That)에 닿지 않았다. 그대는 내가 말하고 있는 이 순간에 이르지 못했다. 과거와 관계하지 말고, 미래와도 관계하지 말라. 그리고 그 사이를 보라.

그대는 그것을 지적으로 이해하고 있다. 그것은 이해해야 하는 것이 아니다. 그것은 속으로 뛰어드는 것이다.

욕망들을 충족시키려면 몸이 필요하고 다른 몸들이 필요하다. 그대는 불타고 있는 나무 위에 앉아 있다. 불타고 있는 나무에 앉아 있는 새는 안전하지 않다. 나무에 불이 붙으면 새들은 그 나무를 버리고 달아난다. 온 사방에 불이 붙었는데 그대는 어떻게 계속 앉아 있는가? 어째서 그대는 불을 보지 못하고 있는가? 그대는 잠자고 있다. 그러니 깨어나라!

욕망, 분노, 탐욕이 바로 불이다. 어느 누가 이 불을 피하였는가?

샷상 동안 스승님은 우리를 텅 빔으로 안내하십니다. 저는 텅 빔을 좋아합니다. 그러나 이것이 끝일 수는 없습니다. 붓다와 오쇼는 그 이상의 것이 있다고 말했습니다.

더 나아가야 할 곳이 있다면, 그것은 궁극이 아니다. 궁극은 여기에 있다. 길도 없고, 위치도 없고, 목적지도 없다. 이것이 궁극의 진리다.

그대는 여행할 필요도 없고, 어디로 오갈 필요도 없다. 아무 일도 일어난 적이 없다. 아무 일도 일어날 필요가 없다. 아무 일도 일어나지 않고 있다. 이것이 궁극의 진리다.

어떤 길이 있다면, 그것은 개념임에 틀림이 없다. 위치와 목적지는 개념들이다. 붓다도 하나의 개념이다. 이 모든 것을 창조하려면, 그대는 먼저 그대의 몸을 창조해야 한다. 그때 그대는 그대가 말하고 있는 이 모든 성격들을 창조한다. 먼저 그대의 몸을 만들고, 그 다음에는 다른 사람의 몸들을 만든다.

어디에 마음이 있는가? 마음은 어디로부터 오는가? 이 질문으로 모든 것이 부수어진다. 존재도 없고, 고통도 없고, 굴레도 없고, 깨달음도 없고, 깨달음을 얻기 위한 수행도 없다.

어떤 사람들은 굴레와 깨달음을 얻기 위한 방법들에 대해 얘기하지만, 나는 그것들에 대하여 아는 바가 없다. 진리 안에는 어떤 몸이나 어떤 존재에 대한 어떤 개념들도 있을 필요가 없다.

마음이 일어날 때, 모든 것이 일어난다. 붓다가 일어나고, 보리수나무가 일어나고, 깨달음이 일어날 것이다. 붓다가 누구인지 발견해 내라.

ॐ

존재, 자각, 희열이라는 지고의 거처로 향하게 해야 하는 요소들은 무엇입니까?

그 요소들은 마음, 호흡, 그리고 지성이다. 그것은 그대가 갖고 있는 모든 것이다. 현자들은 이 요소들이 자신에게 평화나 고통을 준다는 것을 알고 있다.

실재하지 않는 것을 향한다면, 즉 일시적이며 영원하지도 않으며 실재하지 않는 대상들에게로 향한다면 고통이 있을 것이다. 궁극적으로는 어떤 방향으로 움직이든 그것들은 오직 존재, 자각, 희열을 발견할 뿐이다.

바깥에 있는 대상에 집착할 때, 그대가 찾고 있는 것은 기쁨과 평화다. 그러나 그대는 그것을 발견하지 못한다. 왜냐하면 이 대상은 그대 자신의 마음의 창조물이며 투사물이기 때문이다. 그것은 사실 존재하지 않는다.

그대가 자신의 그림자를 보고서 그것과 사랑에 빠진다고 가정해 보자. 그것은 도움이 되지 않을 것이다. 그대는 진정한 존재를 발견해야 한다. 그림자를 그림자의 근원으로 향하게 해야 한다. 그때 평화와 희열과 자각이 있다.

벽에 그려진 태양이 그대에게 빛을 줄 수 없듯이, 외부 대상들로 나타난 마음의 투사물들은 결코 그대에게 평화를 주지 않을 것이다. 그대는 태양이나 촛불을 그린 그림이 아니라, 근원에 있는 빛으로 향해야 한다.

마음, 호흡, 지성은 그것들의 근원을 향해야 한다. 오직 그때에만 평화와 휴식이 있다.

그러면 존재, 자각, 희열은 참나의 지식을 그대에게 가르쳐줄 구루, 스승, 마스터의 모습을 취할 것이다. 존재, 자각, 희열이 아닌 다른 스승은 있을 수 없다.

이것을 떠난다면 그대는 대상을 집어들 것이다. 대상들을 통해서는 평화나 사랑이나 자유를 얻을 수 없다.

어떻게 할 것인가? 희열이 있고, 자유가 있고, 존재가 있는 곳인 근원으로 향해야 한다. 그대 자신의 그림자요, 투사물인 이미지들을 떠나야 한다.

그렇게 할 수 있는 방법은 무엇인가? 그냥 고요하라. 정화된 지성으로 머물러라. 순결한 지성으로 머물러라. 정화된 마음은 그것의 근원으로 돌아오게 할 것이다. 그대가 대상들에 사로잡힌다면, 즉 "나는 이것과 저것을 원한다."라고 말한다면, 그대는 근원에서 벗어나게 된다.

그대가 진정으로 원하는 것은 평화와 사랑이다. 그대가 나온 곳이 바로 그대가 되돌아갈 곳이며 그대가 있어야 할 곳이다. 오직 그대의 미친 마음, 불순한 지성, 바사나들이 그대를 괴롭히고 있다. 그대는 고요해야 한다. 그대는 그대의 참나와의 삿상 안에서 고요해야 한다. 마음을 고요하게 하라. 지성을 매우 예리하게 하라. 오염된 지성은 결코 이해할 수 없을 것이다.

생각하지 말라. 그리하면 그대 자신의 아트만인 파라 아트만이 그대 자신의 스승으로서 활동할 것이다. 그대는 그와 다르지 않다. 수백만 년 동안 게임을 해 온 낡은 습관들의 기만 때문에 그대는 자신이 파라 아트만이 아니라고 생각한다. 이제 그것으로 충분하다! 자, 이제 집으로 돌아가자.

스승님께서 "모든 이름과 형상을 버려라."고 말씀하실 때, 저는 공포에 사로잡힙니다.

왜 공포에 사로잡히는가?

저는 이름과 형상을 갖고자 노력하고 있기 때문입니다. 저는 그래야 한다고 생각합니다.

아니다. 그렇지 않다. 두 종류의 공포가 있다. 하나는, 이름과 형상을 잃어 가기 때문에 그대는 고통을 느낀다. 그래서 그대는 이름과 형상에 매달리고자 한다. 그대가 이름과 형상에 매달리지 못하기 때문에 공포가 일어난다.

다른 하나는 그대가 이름도 형상도 아니라는 말을 들을 때 일어날 수 있다. 그대가 느끼는 공포는 어느 쪽인가? 그대가 형상이 없는 존재라는 말을 듣고서 공포를 느끼는가?

예, 그로 인해 죽을 것이라는 두려움이 있습니다.

좋다. 이제 분명해졌다. 그대는 아무런 이름이나 형상이 없으면 죽지나 않을까 하고 두려워한다. 그때 공포가 있다.

밤에 잠자러 가서 그대가 모든 이름과 형상을 벗어 놓을 때, 그대는 공포를 느끼는가? 그대가 밤 11시에 잠자리에 든다고 가정해 보자. 10시 59분 59초에 그대는 괜찮은가? 공포가 일어나는가?

그대는 아름다운 자연, 폭포와 숲들로 둘러싸인 곳에서 아름답고 사랑스러운 친구들과 함께 있을 수 있다. 그대는 그들과 한 침대에 누워 있을 수도 있지만, 이제 그대는 분리되어 가고 있다. 친구나 몸에서만 분리되어 가는 것이 아니라, 모든 이름과 형상으로부터 분리되어 간다.

왜 그대는 잠자는가? 왜냐하면 수면이 그대에게 휴식과 마음의 평화를 주기 때문이다. 며칠 동안 계속해서 잠을 자지 못했다면, 그대는 삿상에 있지 않고 다른 곳에 있을 것이다. 잠을 자지 않는다면, 여러 날 동안 이 형상 없는 상태를 이용하지 않는다면, 아마도 그대의 마음은 매우 혼란스러울 것이다. 그러므로

166

그대는 잠을 자야 한다. 잠을 잔다는 것은 그대가 이름과 형상을 잊어야 한다는 뜻이다. 아침에 그대는 말한다. "참 잘 잤다. 아무 꿈도 꾸지 않았다. 아무것도 기억나지 않는다." 누가 이름과 형상 없음을 자각했으며 또 지금 행복한가? 누가 이름과 형상이 없는 상태를 즐겼는가? 그대는 잠자는 동안에 자각하지 못했다고 말한다. 누가 이 수면을 자각하였는가? 지금 찾아내라.

어떻게 그대가 놓치고 있는지 말해 주겠다. 어떻게 그대가 매 순간 장님처럼 약탈당하고 있는지 말해 주겠다. 늘 생각을 하고 있다면, 그대는 미칠 것이다. 그대는 이 사실을 알고 있는가? 미치거나 망상에 사로잡히거나 정신분열증에 걸려 있는 사람은 늘 생각하고 있다.

그대에게 휴식을 주기 위해 두 생각 사이에도 틈이 있다. 두 생각 사이 혹은 두 호흡 사이에 있는 이 휴식은 무엇인가? 자연은 그대를 항상 휴식으로 안내하며 그대에게 휴식을 취하라고 말한다. 그러나 그대는 그 말을 듣지 않는다. 그대는 지고한 어머니의 충고를 귀담아 듣지 않는다. 휴식은 매우 자연스럽다. 그런데도 그대는 그것에 귀를 기울이지 않는다.

세 가지 요점을 말하겠다. 첫째는 꿈과 깨어 있음 사이의 수면이고, 둘째는 생각과 생각 사이에 있는 간격이며, 셋째는 호흡과 호흡 사이에 있는 간격이다. 그러므로 숨을 들이쉬고, 멈추고, 바라보라. 들이쉼이 멈추었다. 그 지점에 있을 때 그대가 누구인지 말해 보라. 이 지점을 자각하고 있는 사람은 누구인가?

이 지점에서, 그대는 그대의 참나를 알기 위해 모든 것을 포기한다. 태어나 죽음에 이를 때까지 그대는 다른 사람들을 위하여 살아 왔다. 그대가 태어나기 전부터 그대의 부모는 그대를 기대하고 있었다. 그대가 태어날 때, 그대는 이미 그들에게 속해 있다.

그대는 오로지 그대 자신만을 위해 몇 분의 시간을 낼 수 있는가? 모든 정의를 뒤로하라. 태어나자마자 그대는 이미 소유되었다. 그때 어떤 사제가 그대를 자신의 교회나 종파로 입문시키러 왔다. 그때 그대는 그 종교에 속하게 되었다.

사실대로 말하자면, 그대는 신의 아들일 뿐만 아니라 신 그 자체다. 그러나 누가 이 종교를 아는가? 그대는 종교의 개념을 전혀 모르고 있다. 그대는 순수하고 오점이 없으며 의식을 지닌 참나다. 자유 그 자체다.

어떤 사람이 그대에게 한 종교를 강요하고, 그대는 당연한 듯 그것을 받아들인다. 그러면 그대는 "나는 이러이러한 사람이다. 나는 이 종파에 속한다."라고 말한다.

그대는 영원히 자유롭다. 그대는 종교도, 종파도 가지고 있지 않다. 그대는 자라서 학생이 되고, 아내가 되고, 또 아이들의 어머니가 된다. 이제 삶의 저녁이 다가오고 있다. 그대가 아프면, 의사는 "그대는 나의 환자다."라고 말한다.

죽음이 온다. 그때조차도 가족들은 "이것은 우리의 시신이다."라고 말한다. 이 얼마나 웃기는 일인가.

그 뒤 무덤에 묻힌다. 평생 그대는 그대 자신만을 위한 시간을 단 한 순간도 내지 못했다. 그런데도 어떻게 그대가 행복해

168

질 수 있겠는가? 그러므로 삼사라가 거기에 있다. 그것이 머물고 있다. 마치 사물처럼 실제로! 그러므로 정신을 차려라. 이것은 그대 자신의 투사다. 이것은 그대 자신이 만든 유령이다. 유령은 아이들에게는 정말로 존재하지만, 현명한 사람에게는 그렇지 않다. 삼사라의 유령은 그대에게는 진짜다. 이 고통은 진짜다.

그대는 결국 결단을 해야 한다. 인간으로 태어난 이 시간은 크나큰 행운이다. 얼마나 많은 개미들이 살고 있는가? 얼마나 많은 물고기들과 모기들이 살고 있는가? 사람들은 60억에 불과하다. 그 60억의 사람들 가운데 극소수의 사람만이 자유를 갈망할 것이다. 다른 사람들은 놓칠 것이다.

자유를 갈망하는 소수의 사람들이 삿상에 온다. 그 뒤 그들 가운데 몇몇은 "왜 길거리에서 춤추면 안 되는가?" 하고 결정한다. 그러면 그들은 다시 마음의 힘을 잃는다. 그들은 결심이 올바르지 않았기 때문에 이 게임에 질 것이다. 그들의 선택은 훌륭한 선택이 아니었다. 강하지 못했다. 이 선택은 "지금 여기에서, 나는 자유를 얻고야 말겠다."라는 아주 강한 선택이어야만 한다.

나는 그대에게 힘든 일을 주지 않는다. 나는 그대에게 아무런 사다나 즉 영적 수행도 주지 않는다. 나는 그대에게 배워야 할 어떤 책도 주지 않는다. 그냥 침묵하라. 이것이 전부다. 그대가 자유를 얻지 못했다면, 그때 불평하라. 나에게 와서 "저는 고요히 있었습니다만 아무런 효과가 없었습니다."라고 불평하라. 됐는가?

ॐ

그대가 무엇을 시작하려고 할 때는 언제나 마음속에 숨어 있는 욕망이 있을 것이다.

저는 옷들을 씻고 있는 세탁부들을 봅니다. 어떻게 하면 마음을 씻을 수 있습니까?

그대는 마음을 씻을 세탁기를 원하는가? (웃음)

그렇습니다.

이 세탁기는 삿상이다. 삿상의 목적은 그대를 삶과 죽음 속으로 끝없이 끌어당기는 카르마의 잔재들을 태워 버리는 것이다.

ॐ

그 과정이 끝나더라도 목격하고 있는 무엇이 여전히 있습니다. 버려야 할 유령이 여전히 있습니다.

의식 안에서 "나는 조건 지워져 있다."라는 생각이 일어난다. 조건 지워지지 않은 무한함 안에서 조건 지워진⋯⋯. 깊은 곳에 있어도 그대는 더 깊이 들어가야 한다. 깊이를 잴 수 없는 것이란 그대가 뛰어들기를 계속해야 한다는 뜻이다. 모든 것을 버릴 때, 그대는 본래부터 존재하고 있는 검은 지점이 있음을 발견하게 될 것이다.

아득한 옛날에 마음은 조건 지워지지 않은 의식이었다. 조건 지워진 의식도 여전히 의식이다. 마음과 의식은 같은 빛깔을 지니고 있다. 그러므로 어떻게 이 조건 지움을 제거할 수 있는가? 그대가 어디에 있건 거기에는 여전히 어떤 조건 지움이 있을 것이다. 그대가 그 어떤 깊이에 도달할지라도 거기에는 어떤 조건 지움이 있을 것이다. 무슨 조건 지움인가? 그대는 더욱더 초월해야 한다. 그대는 수많은 미묘한 단계들에 관계하게 될 것이다. 신체의, 생명력의, 미묘함 등의…….

어떻게 하면 제가 직관을 발견할 수 있습니까?

직관(in-tuition)을 얻으려면, 그대 자신 안으로 뛰어들어라. 안으로 잠수하라, 지금. 그리고 마음 대신 직관이 작용하도록 허용하라. 마음은 가르침과 가르치는 사람을 필요로 한다. 그대의 마음을 그것의 근원으로 향하게 하고 아무런 생각도 하지 않을 때, 프라즈나(prajna)라 불리는 직관이 일어날 것이며 또 그것은 생각으로 하는 것보다 더욱 잘 일할 것이다. 직관은 그대의 마음, 지성, 감각들, 대상들, 그리고 일상적인 일을 떠맡을 것이다.

먼저 그대는 되돌아가야 한다. 그대의 마음을 근원으로 향하게 하고 아무 생각도 하지 말라. 이것이 지혜를 위한, 직관을 위한 처방이다.

"나는 이것을 할 것이다." "나는 저것을 할 것이다." "나는 이렇게 하기로 결심했다." 이러한 말은 마음의 체조들이다. 그것은 고통으로 안내할 것이다. 두 가지 길을 시도해 보라. 먼저 "나는 할 것이다."를 시도해 보라. 그 다음에는 모든 나타난 것들의 원인이며, 태양에게 빛을 주고 땅에게 힘을 주고 음식을 성장시키는 원인인 이 지고의 힘이 그대를 돌보도록 하라.

"나는 그것을 할 수 있다."라는 생각은 오만과 자만이다. 다른 목적을 위하여 그대를 여기로 보낸 지고의 어머니에게 되돌아가지 않는다면, 그대는 길을 잃었다. 그래도 괜찮다. 아직 시간은 있다. 그대는 여전히 그럴 수 있다.

그대가 충족시켜야 할 유일한 조건이 있다면 그것은 집으로 돌아가겠다는 절대적 욕망이다. 그러면 그것은 자신을 즉시 드러낼 것이다.

아이들이 해변에서 모래성을 쌓고 있다. 그들은 노는 데 빠져서 집에 돌아가려 하지 않는다. 그러나 부모님이 "이제 저녁이다. 집으로 가자."라고 말한다.

부모님이 아이들에게 상기시켜 준다. 그러면 아이들은 모래성을 발로 차 버린다. 그들은 성들을 쌓고 부수는 일을 같은 정도로 즐긴다. 잃은 것도 고통도 없이, 그들은 집으로 돌아간다.

밤이 오고 있다. 그대는 모래로 지은 집에 머물러 있을 수 없다. 밤이 되면 밀물이 밀려들 것이다. 그대는 머물 수 없다. 밀물이 들어와 그대의 모든 계획과 집을 쓸어버릴 것이다.

그러므로 밀물이 밀려들기 전에 안전한 장소로 돌아가는 편이 좋다.

제7장

감각들의 함정

 감각들의함정

모든 욕망들을 버려라.

그리하면 그대는 이 별에서 가장 행복한 사람이 될 것이다.

그대는 다른 별들에 있는 사람들도 도울 수 있을 것이다.

그러나 먼저 그대 자신을 도와라.

먼저 그대 자신을, 그대가 누구인지를 알아라.

그러면 아무런 불도 없을 것이다.

아무런 욕망도 없을 것이다.

모든 사람들이 자유로워지기를 원한다. 그대와 자유 사이에 놓여 있는 장애물이 있다면 그것이 무엇인가? 갈망이다. 소멸할 것들에 대한 욕망이나 기대다.

그대는 그 갈망에 헌신하고 있다. 그래서 그대는 이 현상계와 그 구축물에 헌신하고 있다. 영원하지 않은 것에 대한 갈망은 고통, 늙음, 그리고 죽음으로 안내한다.

모든 사람들이 감각의 쾌락을 위한 이 갈망에 관계하고 있다. 그것은 어느 누구에게도 평화를 주지 않았다. 왕으로부터 중류층이나 노동자에 이르기까지 어느 누구도 행복하지 않다. 그들 모두는 나타나고 사라지는 것을 뒤쫓고 있다.

실재하지 않는 것에 대한 갈망은 그대를 영원한 실재로부터 멀어지게 한다. 신들은 온갖 것을 다 가지고 있다. 그러나 여전히 행복하지 않다.

그대는 내면에 항상 빛을 갖고 있다. 그러나 그대는 그 빛을 향하지 않는다. 그 대신에 그대는 외부 대상들에 비치는 이 빛을 보고 있다. 그대는 이 빛을 찾기 위해 외부 대상들을 뒤쫓고 있다. 그러나 그대는 내면의 빛이 반사된 것을 보고 있을 뿐이다. 그대는 내면의 빛을 반사하고 있는 외부 대상들을 통해 만족을 찾고자 달려가고 있다.

그대는 바깥에서 사냥하고 있다. 이것을 갈망이라 부른다.

그대가 "충분해! 나는 자유로워야만 한다."라고 결정을 내리면, 마음의 기능은 행복을 찾으러 바깥으로 달려 나가 대상들에게 매달리기를 그만둔다. 그것은 마음 없음이 된다. 마음은 그것의 욕망들을 충족시키려 할 때만 마음이다. 그대가 무엇인가를 욕망하거나 갈망하거나 기대할 때, 마음 없음이 그것의 기능을 일으킨다. 그것의 이름이 마음이다.

이제 그쳐라. 그러면 마음은 고요해진다. 이 고요함 속에서는 그것을 마음이라 부를 수 없다. 그러므로 바깥으로 흘러가는 이 강물의 흐름을 막아라. 그러면 에너지는 낭비되지 않는다. 둑을 쌓아 막으면 강물은 멈춘다. 그러면 그것은 고요하다. 이 고요함 속에서 강물은 더 이상 강물이 아닐 것이다. 이제는 그것을 강이라 부를 수 없다. 이제 그것을 호수라 불러라.

파문들이 일지 않고 있는 이 호수는 그대 자신의 빛과 동일하다. 이 빛은 그대의 마음 안에 있다.

이제 마음은 마음 없음이 된다. 마음은 마음 없음, 갈망 없음,

기대 없음, 욕망 없음, 개념 없음, 그리고 생각 없음이 된다.

멈추는 것이 좋다. 그리하면 그대는 그대가 찾고 있던 보석을 발견했음을 알게 될 것이다. 이것을 발견하면 그대는 행복할 것이다. 그대는 만족할 것이다. 그대는 더 이상 어떤 것을 기대하지 않는다. 왜냐하면 이것이 모든 갈망의 충족인 '칫다르만'이기 때문이다. 칫다르만이란 그대가 그냥 생각만 해도 그 생각이 이루어짐을 의미한다. 진귀한 보석인 칫다르만은 그것 자신의 광채로 빛나고 있다.

어떻게 그것을 지킬 수 있습니까?

이것은 진귀한 보석이다. 그것을 가지면, 그대는 모든 것을 가지게 된다. 그대가 어떻게 그것을 잃을 수 있을까? 그것을 잃을 수 있다는 두려움이 일어나 그것을 지키려는 생각만 일으켜도 그대는 그것을 잃을 수 있다.

그대는 그것을 잃은 적이 없다. 그대 안에 숨겨져 있고 불타고 있는 그 진귀한 보석을 발견했다면, 어떻게 그대가 그것을 잃을 수 있는가?

그것은 그것 스스로의 광채로 빛나고 있다. 그대의 관심이 다른 곳에 가 있기 때문에, 그 빛은 대상들에게 반사되며 이 반사된 빛을 보고 그대는 대상들에게 끌린다. 이 끌림은 지혜가 아니다.

그 대신에 이 아름다움, 이 빛, 이 광채, 이 반사가 비롯되는 곳을 찾아내라. 왜 거기로 가지 않는가? 그대는 빛을 반사하고 비추이는 대상에게서 얼굴을 돌릴 것이다. 그대는 이 광채가 나오고 있는 곳인 반대편으로 갈 것이다. 거기에서 그대는 이 빛이 거기에 항상 있었음을, 그리고 그것이 그대의 것임을 알게 될 것이다. 그것은 바로 그대이다. 어떻게 그대가 그것을 잃을 수 있는가?

그 빛과 하나가 되어라. 그대는 그 빛이다. 그대는 진귀한 보석이다. 어떻게 그대가 그대 자신의 참나를 잃을 수 있는가?

왕국들, 세계들, 관계들, 이 모든 것은 잃을 수 있으며 잃게 될 것이다. 그대의 몸조차도 언젠가는 잃을 것이다. 만일 그대가 자신의 몸과 마음에게도 의지할 수 없다면, 그대는 무엇에 의지할 수 있겠는가?

그러므로 참을성 있게, 현명하게 그대 자신을 위한 시간을 내고 그것에 대하여 생각해 보라. "내가 지금까지 소유해 왔던 것들이 나에게 마음의 평화를 주었는가?" 모든 소유물들과 모든 관계들을 생각해 보라. 그렇다고 답할 수 있는 사람은 아무도 없을 것이다.

모든 사람이 순간순간 잃어 가고 있다. 매 분 수백만 명의 사람들이 죽어 가고 있으며 또 수백만 명의 사람들이 태어나고 있다. 매 순간 이것은 계속되고 있다. 우리는 오늘 여기에 있지만 내일은 여기에 없을 수 있다. 이 호흡은 언제라도 떠날 수 있다.

그러므로 진정한 지혜란 진귀한 보석을 발견하려는 욕망이며, 그래서 "나는 그것을 오늘 얻을 것이다, 지체 없이!"라고 선언하는 것이다. 그때 그대는 그것을 발견할 필요도 없음을 알게 될 것이다. 그것은 자신의 빛을 갖고 있다. 그대는 자신의 등불을 가질 필요가 없다. 그것은 자신의 빛으로 빛나고 있다. 그대의 얼굴을 그곳으로 돌리기만 하면 된다.

빛은 여기에 있다. 그러나 그대의 눈이 맑지 못하다. 그대는 여기 강물 속, 강바닥에 있는 그것을 볼 수 없다. 그대가 그것을 볼 수 없는 까닭은 눈에 먼지가 끼어 있기 때문이다. 무엇이 먼지인가? 욕망이다.

이 먼지, 이 욕망, 이 갈망, 이 기대를 버려라. 욕망과 기대로 된 이 먼지를 버린다면, 그대는 무엇을 보는가?

텅 빔입니다.

텅 빔이다! (웃음) 만일 눈에 먼지가 끼어 있다면, 끝없는 슬픔과 고통으로 점철된 현상계가 있게 된다. 즉시 이 먼지를 제거하고 5분 동안만 보라.

"나는 눈에 낀 먼지를 제거하기 위하여 내 삶 전체 가운데 5분을 쓸 것이다."라고 결심하라. 그러고 나서 보라! 그대는 그대 자신의 얼굴을 마주하여 보게 될 것이다! 이것이 스와루팜이다. 이것이 달샨이다. 그대 자신의 스와루팜을 보는 것이다.

아무도 '보지' 않는다. 모두가 다른 이들의 얼굴을 보고 있다!

그들 자신의 얼굴을 보지 않는다. 눈에 먼지가 끼어 있으면, 그대는 오직 '다름'만을 보게 될 것이다. 먼지가 없으면 다름도 없다. 모든 것이 그대 자신의 참나이며, 그대 자신의 그림자들이다. 타인은 존재하지 않는다. 남이 없다.

이것이 먼지를 제거하는 것이다. 먼저, "나는 이런 사람이고 그는 저런 사람이다."라는 생각이 먼지다. 먼지가 제거되면, 너도 없고 나도 없고 그녀도 없다. 갈망, 기대, 욕망을 버려라. 그대는 아무것도 잃지 않을 것이다.

곧바로 가서 그대 자신의 참나를 보라. 자유를, 의식을 보라. 그대가 갖지 못한 것이 무엇인지는 나중에 알게 될 것이다. 모든 수행을 그만두라. 우리가 해야 할 일이 무엇인지는 나중에 보게 될 것이다. 곧장 가서 그대 자신의 참나를 보라.

그런 다음, 그대에게 어떤 수행이 필요하다면 수행을 하도록 하라. 만일 보기 전에 수행이라는 함정에 빠진다면, 그대는 참나를 보지 못할 것이다. 그대는 그 자리에 머물면서 자신이 행하는 것에 대단히 집착하여 "이것이 전부다."라고 말할 것이다. 그러면 그대는 더 깊은 곳을 찾기를, 그대 자신의 참나를 찾기를 망각할 것이다.

모든 것을 잊어라! 모든 집착을 잊어라. 자유도 구속도 잊어라. 그대와 의식 사이에는 아무런 벽이 없다. 그것은 그대가 더 나아가고 싶지 않아서 즐기는 유희일 뿐이다.

그대는 다른 무엇이 아니라 자유를 위해서 여기로 왔다. 늘 마음속에 자유를 지녀라.

ॐ

자유롭기 위하여 여자를 포기해야 합니까?

그대를 낳아 준 사람은 여자였다. 그대의 어머니가 그대를 낳았다. 가정생활은 자유와는 아무런 관련이 없다. 이것은 전적으로 다른 문제이다. 내가 목격한 바로는, 수도원으로 떠나는 것은 누구에게도 큰 도움을 주지 못하는 것 같다.

그러나 저는 아내 아닌 여인들을 사랑하고 있습니다.

그러면 그대는 '그녀의' 문제가 된다. 그대가 다른 여자를 쳐다보아도 그대의 아내에게 아무런 문제가 되지 않는다면, 그리고 그녀도 그렇게 하고 있다면, 또 그것이 그대에게 아무런 문제가 되지 않는다면…… 만일 그대가 승낙을 받는다면, 아무런 문제가 없다.

글쎄요, 그녀는 동의하지 않습니다.

그것이 내가 말했던 바다. 그대는 '그녀의' 문제가 되고 있다. 그대는 자신이 스와미라고 나에게 말한다. 스와미가 무슨 뜻인가? 여기와 저 너머에 있는 모든 욕망을 포기한 사람을 말하며, 대단히 존경받을 만한 이름이다. 그대가 스와미라면 올바르게 행동해야 한다.

행복이란 섹스처럼 어떤 대상에 대한 욕망을 충족시키는 것이 아니다. 이 욕망에 종지부를 찍을 때만 행복할 수 있다. 욕망 없음이 행복을 준다. 욕망이 일어날 때마다, 그 욕망이 일어나는 곳을 들여다보라. 이 욕망이 사라질 때, 그대는 거대한 행복을 경험할 것이다.

하지만 그대가 욕망의 대상을 하나 가지게 되면, 또 다른 대상이 있을 것이다. 하나를 충족시키면, 또 다른 욕망이 기다리고 있다. 심지어 왕들조차도 행복하지 않다. '욕망 없음'이 절대적 희열이다. 그대가 희열일 때, 그때 평화가 있다. 평화가 있을 때, 마음의 고요가 있다. 마음의 고요가 있을 때, 이것이 자유다. 욕망들의 만족은 결코 끝이 없을 것이다. 몸들은 끝날 것이다. 수백만 개의 몸들이 끝났지만, 욕망을 즐기려는 갈증은 여전히 채워지지 않고 있다. 그래서 우리는 이 화신에서 저 화신으로 갈아타고 있다. 그러므로 무엇이든 그대가 원하는 대로 하라.

사고로 몸에 불이 붙어 그대가 강물에 뛰어들려고 달려가고 있는데, 지나가던 친구가 "식당에 가서 아이스크림을 먹자."라고 말한다면 그대는 어떻게 할 것인가? 자유를 향한 욕망도 이와 같아야만 한다. 다른 갈망을 줍고자 중도에서 멈추지 말라.

ॐ

청각, 시각, 후각, 미각, 촉각이라는 다섯 감각이 있다. 그대는 불이 들어오고 있는 이 다섯 감각들로 에워싸여 있다. 이 불이 무엇인가? 욕망이다. 욕망이 불타고 있는데도 그대는 잠자고 있다. 깨어나라! 지금 여기에서 깨어나라.

그대는 다섯 창문을 통해 불이 들어오고 있는 방 안에 있다. 그런데도 그대는 코를 골고 있다. 이 불이 무엇이고, 이 창들이 무엇인가? 그대의 욕망들이다.

이 인간의 몸은 자유를 얻게 해 주는 지고의 수레다. 그대가 짐승과 다른 점은 그대에게는 자유를 얻을 수 있는 기회가 있다는 점이다. 그러므로 불이 들어오는 곳을 보라! 소리, 보이는 것, 냄새, 맛 그리고 촉감을 통하여 불이 들어오고 있다. 이것들이 다섯 가지 불이다. 그대는 이 욕망들을 점검해야 한다.

다른 짐승들은 모두 하나의 불로 파멸한다. 나방은 보이는 것에 이끌려 불로 나아간다. 불을 즐기려는 욕망이 나방에게는 지고의 욕망이다. 그것이 나방을 소멸시키는 화염으로 데려간다.

물고기는 단 한 번 맛을 즐기려다 낚시 바늘에 걸린다.

사슴은 소리에 이끌린다. 그래서 그들은 사로잡힌다.

코끼리를 사로잡는 방법은 커다란 웅덩이를 파는 것이다. 이 웅덩이 위에 짚을 깔고서 그 위에 암코끼리의 형상을 세워 보라. 코끼리들은 암코끼리를 만지러 왔다가 잡힌다.

벌은 냄새에 이끌려 꽃으로 향한다. 어떤 꽃들은 벌을 잡아먹는다.

이 모든 것들은 한 가지 불로 파멸한다. 그러나 그대는 다섯 가지 불을 가지고 있다. 그대는 매우 조심해야 한다. 그대의 욕망들을 점검하라. 그리하면 그대는 참나 속에서, 참나에 의해, 참나 안에 확고히 자리 잡을 것이다. 이것은 바로 이 순간에 얻어질 수 있다.

"나는 자유롭고 싶다."라는 확고한 결심이 필요하다. 그것으로 충분하다. 다른 욕망들을 모두 버려라. 우리 인간들은 말할 것도 없고, 신들조차도 욕망들을 버리지 못하고 있다.

옛날에 한 현자가 살고 있었다. 그의 아내는 세상에서 가장 아름다운 여인이었다. 이 현자는 아내와 더불어 숲 속에서 살고 있었다. 그의 아내는 그에게 매우 헌신적이었다. 그녀의 미모에 관한 소문이 퍼져 나가 신들이 살고 있는 세계에까지 그 소문이 들어갔다.

세 신들인 브라마, 비슈누, 마헤쉬도 이 여인의 아름다움을 보고 싶었다. 그래서 그들은 산야신의 모습으로 내려왔다. 산야신이 대문에 서 있으면, 다른 모든 일들에 앞서 그의 청을 들어주어야 한다. 주인은 항상 나가서 산야신이 무엇을 원하는지 알아보아야 한다.

이때 그 여인은 욕실에 있었다. 신들은 바로 이 순간을 택했다. 왜냐하면 목욕하다가 서둘러 나와야 하므로 이때가 그녀의 아름다움을 볼 수 있는 절호의 기회였기 때문이다. 그녀는 옷을 입을 시간조차 없었다. 그것이 그들의 의도였다.

목욕을 하고 있던 여인은 바깥에서 나는 목소리들을 들었다. 어떻게 해야 할까? 그녀는 이 세 산야신을 맞아들이기 위해 달려 나와야 했다. 산야신으로 가장한 창조자, 보존자, 파괴자인 브라마, 비슈누, 마헤쉬는 여인의 나체를 보려고 하였다.

타파스의 힘으로 그녀는 신들을 육 개월 된 아기로 바꾸어 버렸다. 그녀는 생후 육 개월 된 아기로 바뀐 이 세 신들을 집 안으로 데려와서 요람에 넣고 흔들기 시작했다.

신들은 지상에서 하고자 하는 바를 그들의 아내에게 말하지 않았다. 그들 자신의 아내들이 아름다웠음에도 불구하고 신들은 지상으로 내려오고 싶은 충동을 느꼈다.

카밀라, 우마, 라마니는 여기저기로 남편들을 찾아 다녔다. 그들은 유명한 시다를 찾아 갔다. 그는 요가의 힘으로 신들이 있는 곳을 보았다. 그는 부인들에게 그들의 남편이 있는 곳을 말해 주었다.

그들은 현자의 아내에게로 갔다. "우리의 남편이 당신의 아쉬람에 있다는 말을 들었습니다."

"그렇습니다. 와서 보세요."

아내들은 아기들이 되어 손가락을 빨고 있는 그들의 남편에게로 안내되었다. 여신들은 모두 이 여인 앞에 엎드려 절을 하였다. 그러자 신들은 어른의 모습을 되찾았고 여인의 발에 입을 맞추었다. 이것이 타파스의 힘이다.

불이 들어오고 있는 이 창들을 닫는다면, 그대들 모두는 이 힘을 갖게 된다. 그대가 욕망을 할 때만 불이 들어온다. 이 욕망이 불이다. 욕망들을 막아라. 욕망들은 이제 됐다. 수백만 년 동안 그대는 이 화신 저 화신을 취하면서 이 욕망들을 충족시키고자 하였다.

욕망들에 싫증이 나면, 그대는 멈추기를 열망하고 미지의 어떤 것을 찾는다. 자유로워지려면, 깨달음과 해방에 이르려면 아주 강한 결심이 필요하다.

지금 바로 이 순간, 참나 안에서, 참나에 의해, 참나와 더불어 이것을 결심하라. 참나는 멀리 있지 않다. 무엇이 미룸인가? 오직 욕망이다.

모든 욕망들을 버려라. 그리하면 그대는 이 별에서 가장 행복한 사람이 될 것이다. 그대는 다른 별들에 있는 사람들도 도울 수 있을 것이다. 그러나 먼저 그대 자신을 도와라. 먼저 그대 자신을, 그대가 누구인지를 알아라. 그러면 아무런 불도 없을 것이다. 아무런 욕망도 없을 것이다.

성취할 가치가 있는 유일한 욕망은 자유를 향한 욕망이다. 다른 모든 욕망들은 가치가 없다. 그것들은 그대에게 아무런 행복도, 아무런 평화도 주지 못했다. 이 모든 것은 해롭다. 모든 것이 불타고 있다. 삼 세상들이 불타고 있다. 하늘들이 불타고 있다. 신들이 불타고 있다. 신들조차도 이 아름다운 여인을 보고 싶어 지상으로 내려왔다. 그녀의 진정한 아름다움은 참나의 내적 순수함이었다.

모든 것이 그대에게 달려 있다. 그대가 그것을 미루고 싶다면, 몇 년 뒤 혹은 여러 번의 화신들 뒤로 그것을 미루어라. 그러나 그것은 현명한 사람이 취할 길이 아니다. 현명한 사람은 손에 놓인 기회를 놓치지 않는다. 그는 무지로 미혹되지 않는다.

자유는 바로 이 순간에 있다. 그대가 해야 할 일은 그대의 마음을 과거의 순간과 연결하기를 그만두는 것, 그대의 마음을 미래의 순간과 연결하기를 그만두는 것이다. 과거와의 연결을 끊고, 미래와의 연결을 끊어라. 나는 지금 이 세 가지 순간들에 대하여 말하고 있다. 순간이란 매우 미세한 시간의 단위다. 과거나 미래를 일으키지 말라.

바로 이 순간을 들여다보라. 모든 과거와 미래는 그대를 속여온 마음일 뿐이다. 마음은 유령이다. 이름만 있을 뿐이다. 마음이 있을 때, 이 모든 나타남이 한 생각과 더불어 거기에 있다. 그대가 아무런 과거가 없는 이 순간 안에 자리 잡을 때, 아무런 과거가 없을 때, 이 자리를 마음 없음이라 부른다.

어제 누군가가 물었다. "욕망하지 않으면, 제가 어떻게 일상

생활을 영위할 수 있겠습니까?" 다시 한 번 답을 주겠다. 이 순간은 마음 없음이다. 마음 없음은 텅 빔과 같은 내용들을 지니고 있다. 마음 없음은 의식 그 자체이며 참나 그 자체다.

이 마음 없음은 매우 투명하다. 마음은 마음 없음이 되기 위하여 과거, 현재, 미래를 초월했다. 마음 없음이 의식이다. 지금 이 순간에는 마음이 전혀 없다. 이 정화된 마음이 의식이다.

무엇이 마음의 정화인가? 생각 없음이다. 이 생각 없는 마음, 투명한 마음, 마음 없음을 참의식이라 부를 수 있다. 참나 그 자체다. 이 성품 안에 확고히 자리 잡아라. 그대는 자유를 요구할 수도 없다. 왜냐하면 자유라는 생각은 고통과 구속에 지친 마음 안에만 있기 때문이다.

그러므로 다름 아닌 마음이 삿상에 가라고 제안한다. 그대가 과거나 미래와 아무런 관계를 맺지 않는다면, 거기에는 마음이 전혀 없다. 그래서 그대는 집에 있다. 참나를 통해 참나를 들여다보라.

그 밖의 모든 것은 몸이나 마음에 관한 것이며, 그래서 모든 결과들은 마음이나 몸의 것이 될 것이다. 마음으로 마음에게 물어보라. "그대는 누구인가?" 이 질문으로 마음은 사라질 것이다. 이 마음은 자신이 소멸되어 매우 행복할 것이다. 마음은 이런 평화를 얻은 데 대해 매우 감사할 것이다. 마음은 마치 원숭이처럼 이 가지에서 저 가지로 뛰어다녔다. 마음도 그대도 쉬지 못했다. 자유는 지금 여기에 있다.

그대의 본성은 순수한 자유다. 그대는 시초부터 자유였다. 굴

190

레에 묶여 있다는 생각이 어떻게 그대의 마음속으로 들어왔는 가? 굴레들은 어디에 있는가? 그대는 그것들을 보았는가?

그저 자신에게 "나는 누구인가?"를 질문하라. 이 질문은 삼사라의 바다를 건너게 해 주는 뗏목이다. 죽음도 이 뗏목에 들어갈 수 없다. 이것은 더없이 안전한 뗏목이다. 그 외의 모든 것은 마음이다. "나는 이것을 할 것이다.""나는 그것을 원한다.""내가 무엇을 해야 하는가?""나는 이것을 가지고 있다.""나는 그것을 가질 것이다." 모두가 개념들이고 의도들이다. 잠시 동안 모든 것을 중단하라. 많은 시간이 들지 않는다.

그대는 그 동안 이것에 주의를 기울이지 않았다. 한 생각이 마음속에서 일어날 때, 그것을 점검하라. 부단히 경계하라! 잠 자지 말고 생각의 일어남을 늘 점검하라.

집에 머무는 데 무슨 길이 필요한가? 욕망이 집을 벗어나게 하는 길을 만들어 낸다. 영원하지 않은 것에 대한 욕망은 그대에게서 평화와 행복을 강탈해 가는 도둑이다. 그대에게 욕망이 있다면, 이 욕망을 그대가 누구인지를 알고자 하는 욕망으로 바꾸어라.

산야스란 영원하지 않은 것에 대한 집착이나 욕망이 없음을 뜻한다. 그러므로 산야스는 그대가 자기 자신에게 만족할 때, 감각의 대상에 대한 모든 욕망과 경험이 그대에게 아무런 이익도, 평화도, 사랑도 주지 않을 때 일어날 것이다.

모든 욕망을 버리는 것이 산야스다. 옷을 바꾸는 것이 산야스가 아니다. 환경을 바꾸는 것도 산야스가 아니다. 마음은 여전히 변하지 않고 있다. 이 장소에서 저 장소로, 이 나라에서 저 나라로 환경을 바꾸는 것도 산야스가 아니다. 산야스란 모든 욕망을 버리는 것이다. 이것이 삶과 죽음의 윤회를 멈추게 하고 그대에게 평화를 줄 것이다.

그대가 축을 정지시키면 바퀴는 멈춘다. 무엇이 축인가? 마음이다. 어떻게 하면 마음을 멈출 수 있는가? "나는 누구인가?"를 탐구하라. 만일 그대가 "이것은 무엇인가?", "너는 누구인가?"라고 질문하면, 그대는 응답을 얻게 될 것이다. 마음은 감각의 대상 위에 머물 것이다.

이것을 질문하라. "나는 누구인가?" 사람들은 이 질문 대신에 "나의 의무는 무엇이고, 내가 오늘 해야 할 일은 무엇인가?"라고 묻는다.

그대는 그대의 관점에 묶여 있다. 그러므로 내면을 들여다보라. 이 탐구는 과거나 미래의 생각과 관련이 없다. 어떤 생각도 일으키지 않는 것이 산야스다. 내가 옷을 염색하거나 푸나로 가면, 마음도 따라간다. 마음이 산야스를 받아야 한다. 감각 대상들에 대한 모든 욕망을 포기하고 그것의 근원을 만나기 위하여 내면을 향해야 한다.

그대는 옷의 색깔과 목에 두른 염주로 사람들을 속일 수 있다. 그러나 마음은 여전히 같은 채로 있다. 마음이 산야스를 받게 하라. 마음에게 질문하라. "너는 누구인가? 누가 나를 수백만 년 동안 괴롭혀 왔는가?"

행복하고, 평화롭고, 사랑으로 존재하고, 아름다움으로 존재하기 위해 그대에게 필요한 사람은 아무도 없다. 다르게 존재하기 위해서는, 그대에게 불행을 주는 어떤 생각이나 아이디어나 사람이 필요하다. 불행의 근원은 어떤 사람, 어떤 아이디어, 어떤 물건일 것이다.

행복은 그대에게 아무것도 요구하지 않는다. 그러나 고통받기 위해서는 관계를 위해 노력해야 한다. 고통받기 위해서는 어떤 사람, 사물 혹은 아이디어와 관계를 맺어야 한다. 그러면 무엇인가가 필요하기 때문에 그대는 불행해진다. 행복이 그대의 근본 성품이다. 아무것도 필요치 않다. 행복해지는 데는 어떤 도움도 필요치 않다. 고통받기 위해서는 어떤 관계가 필요하다. 그대에게 고통을 주지 않는 관계가 세상 어디에 있는가?

모르겠습니다.

그대가 모른다면 혹 그대의 부모에게서라도 하나쯤 듣지 않았을까? (웃음)

ॐ

저는 모든 것을 그만두었습니다. 그런데 이제 활력을 잃어버린 것 같습니다.

욕망들의 멈춤이 그대의 본성이다. 욕망 없음이 그대의 본성이다. 이것은 잃음이 아니다. 그대가 태어날 때, 그 첫 순간에, 그대의 욕망은 무엇이었는가?

호흡하는 것이었습니다.

맞다. 호흡하는 것이었다. 그러나 이 호흡은 그대의 것이 아니었다. 그것은 그대의 노력이 아니었다. 이제 그대는 호흡하고 있다. 말해 보라, 그대는 하루에, 아니 일 분에 몇 번이나 호흡하는가?

모르겠습니다.

그대가 모르는 까닭은 그대의 노력이 아니기 때문이다. 호흡은 계속되고 있다. 공기가 바깥에서 안으로 들어가고 있다. 공기는 코에 이르고, 우리는 그것을 프라나라 부른다. 마치 그것이 우리의 것인 양. 똑같은 공기를 들이쉬고 내쉰다. 이 생명의 힘이 바로 그대다! 찾아내라. 그대가 이 생명의 힘을 다스리는

가? 아니면 생명의 힘이 그대를 다스리는가?

생명의 힘이 저를 다스립니다.

그렇다. 생명의 힘이 그대를 다스린다. 그대는 호흡하고 있다. 호흡은 노력 없이 이루어진다. 호흡하지 않으려 애써 보고서 그 결과가 어떤지를 보라. 죽을 때는 아무리 부유한 사람일지라도 여분의 호흡 하나도 돈으로 살 수 없다. 어떤 의사도 여분의 호흡 하나도 줄 수 없다. 누가 그대 안에서 호흡하고 있는가? 누가 바깥에서 안으로 공기를 빨아들이고 있는가?

공기를 들이쉬면 몸이 작용하고, 마음과 두뇌와 감각들이 작용하고, 주체와 객체 사이에 교류가 일어나고, 쾌락도 갖게 된다. 호흡의 원인이 누구인지를 발견하라. 그러면 그대의 질문에 대한 답을 발견할 것이다.

그대의 가슴의 동굴 안에 알려지지 않은 채 감추어져 있는 이 존재는 누구인가? 이 존재가 그대의 진정한 얼굴이며 그대의 가장 절친한 친구다. 이 존재는 영원하다. 아무도 이 존재를 바라보지 않는다. "나는 이것을 하고 있다.""나는 저것을 했다.""나는 이것을 할 것이다." 사람들은 이것을 삶이라고 말한다. 그래서 어느 누구도 행복하지 않으며 자신이 한 일에 만족하지 못한다. 사람들은 항상 그 이상을 하기 원한다. 행복을 얻어도 또 다른 무엇인가를 원한다. 이것은 끊임없이 반복된다. 나는 이 반복을 멈추라고 말한다. 그것은 그대에게 자연스럽지 않다.

어쨌든 마음이 문제를 만들었다…… 그러므로 마음에게 물어 보라. 이 별에서 그대는 지옥에서 천국에 이르기까지 모든 것을 시도해 보았다. 그러나 여전히 그대는 만족하지 못한다. 그대의 마음에게 물어보라. 그러면 답을 얻을 것이다. 그대의 마음은 '그대의' 마음일 뿐이다. 마음은 매우 골치 아픈 녀석이다. 그대는 지금까지 마음을 보아 왔다. 마음은 도처에서 그대를 물어뜯었으며 그대에게 고통을 주었다.

그러니 이제 그대의 마음과 대화를 해 보라. 그대가 원하는 것은 무엇인가? 마음은 그대의 친구가 될 것이다. 마음은 그대에게 길을 보여 줄 것이다. 우리는 욕망들을 충족하기를 원한다. 그래서 우리는 마음을 비난한다. 마음이 어디에 있는가? 누가 그것을 보았는가? 마음은 유령이다. 이 유령이 욕망이다. 그러므로 잠시 동안 멈추어라. 그저 멈추고, 그대 자신을 살펴보라.

나는 그대에게 무엇인가를 억압하라고 말하지 않는다. 나는 그대가 일상적인 일에서 떠나기를 바라지도 않는다. 아마 그대는 일상적인 일들을 200퍼센트나 더 잘 할 수 있을 것이다.

그대가 고결하다면, 나는 한 순간도, 1초도, 아니 45,000분의 1초도 간청하지 않는다. 그대는 나에게 그만큼 시간을 내줄 수 있겠는가? 그대의 얼굴을 보라…… 모든 것이 충족될 것이다. 그대의 보물은 내면에 감추어져 있지만, 그대는 밖으로 달려 나가는 까닭에 그것에서 멀어지고 있다. 태초부터 태양은 떠올라 하루의 시간을 알려 주고 일출과 일몰 시간을 알려 준다. 그 모든 것은 그대 안에서 떠오르고 있다.

ॐ

옛날에 어느 왕이 있었다. 바즈라발키야가 그의 이름이었다. 어느 날 그는 자신의 두 아내를 함께 불렀다. 한 아내는 나이가 많았고, 다른 아내는 스무 살쯤 되는 젊은 여인이었다.

그가 말했다. "나의 왕국을 똑같이 둘로 나누어 그대들에게 주겠소. 그대들은 훌륭한 왕비들이오. 모든 것을 둘로 나누겠소. 보석, 코끼리, 왕궁, 이 모든 것을 둘로 나누겠소. 이제 나는 그대들을 떠나기 때문이오."

젊은 왕비가 말했다. "전하께선 '나는 네 삶의 등불이다.'라고 말씀하시지 않았습니까? 전하께선 제가 이 나라에서 가장 아름다운 여인이며, 제가 전하를 행복하게 해 드린다고 말씀하시지 않았습니까?

저는 전하께서 현명한 분임을 압니다. 전하께서 이 모든 것을 포기하려 하신다면, 그것은 이보다 더 나은 어떤 것을 위해서일 것입니다. 그러니 제 몫을 다른 왕비에게 주십시오. 저는 전하께서 가시고자 하는 곳으로 따라가겠습니다."

바즈라발키야는 옷 한 벌만 걸치고 떠나는 자신을 따라나서는 것은 힘든 일일 것이라고 말했다. 그녀는 다이아몬드 장신구들을 벗어 다른 왕비에게 건네주고서 남편에게 말했다. "사리 한 벌이면 족합니다. 저는 전하와 함께 떠나 전하를 섬기겠습니다."

그래서 그들은 수행을 하기 위해 숲으로 들어갔다. 그들은 항상 삿상을 가졌다. 그들은 매우 행복했고 자유를 얻었다.

파파지, 왕이 왕비와 욕망을 진정으로 버렸다면 어떻게 다시 왕비와 육체적으로 함께 살아갈 수 있었습니까?

그럴 수 있다. 그들은 그렇게 살았다.

그래도 괜찮습니까?

괜찮다. 그들은 그렇게 했다. 그러나 거기에는 감각들을 통한 어리석은 욕망이 없다. 그것이 사랑이다. 그대는 원래의 평화로 되돌아가고 있다. 모든 것이 거기에 있을 것이다. 아내가 거기에 있을 것이고, 남편이 거기에 있을 것이고, 친구들이 거기에 있을 것이다. 그러나 그대의 개념은 이제 다르다. 사랑만이 있다. 미움도 없고, 분리에 대한 두려움도 없다. 왜냐하면 그때 그대는 그대의 참나와 관련을 맺을 것이기 때문이다. 이 모든 것 안에서, 참나는 그대 자신의 참나다. 그대가 누구를 미워할 수 있는가?

모든 곳에 아름다움이 있습니다.

모든 곳에 아름다움이 있다. 그렇다. 그대가 모든 곳에 있을 때, 그대는 모든 참나 속에서 그대 자신의 얼굴을 본다. 그대가 어디로 가겠는가? 포기할 것이 어디에 있고, 거부할 것이 어디에 있는가? 그대가 어디에 있건, '이것'은 여기에 있다.

그대 자신의 평화를 찾아라. 먼저 그대 속에서, 그 다음에는 나 속에서, 그 다음에는 모든 곳에서 찾아라. 내면을 보라. 참나는 멀리 있지 않다. 참나는 지금 여기에 있다! 참나가 그대로부터 얼마나 멀리 떨어져 있는가?

저와 같습니다.

같다! 그대는 찾을 필요가 없다. 그저 다른 것을 찾겠다는 그대의 노력만을 포기하라. 다른 어떤 것을 찾겠다는 그대의 노력을 포기할 때, 그대는 누구일 것인가? 그대 자신을 포기하라. 그대 자신의 참나 안에서, 드러남이 저절로 일어날 것이다!

그대가 해야 할 유일한 노력은 머리에 이고 있는 노력들을 던져 버리는 것이다. 만일 하나의 노력이 필요하다면, 그것은 그대의 노력들을 던져 버리려는 노력이다. 그대 자신의 참나를 향해서는 어떤 노력도 하지 말라. 이 드러남이 일어날 것이다. 그대는 노력으로 수집해 놓은 짐 보따리를 들고 있다. 그러므로 그대는 노력을 없애기 위해 반대의 노력을 할 수 있다. 그러나 본디 그대인 채로 있기 위해서는 아무런 노력도 하지 말라.

그것은 알아보는 것이다. 비록 그대가 원치 않아도, 그것은 그대에게 자기를 스스로 드러낼 것이다. 그대가 쌓아 온 굴레의 것들을 버려라. 그대가 수집해 놓은 굴레들을 버려라. 그대의 굴레들을 없애라. 아무런 노력을 하지 말라. 그것은 스스로 드러날 것이다. 그것은 여기에 있다. 오직 확고한 결심으로 그대의 내면을 바라보라.

ॐ

오쇼는 자신의 삶에서 아쉬운 점이 딱 하나 있다고 말했는데, 그것은 육신을 떠나기 전에 라마나 마하리쉬를 만나지 못한 것이라고 했습니다.

나는 그가 그 기회를 놓쳤다고 생각하지 않는다. 이것은 매우 훌륭한 욕망이다. 죽음 이후에도 참나가 참나를 만나려는 이 강렬한 욕망은 성취될 것이다. 이것은 "나는 이것을 원한다. 나는 저것을 원한다."와 같은 욕망들과는 다르다. 그러한 욕망들은 그대를 고통 속으로 빠뜨릴 것이다. 욕망의 대상들은 그대의 다음 번 화신으로 나타날 것이다.

참나를 향한 욕망은 반드시 충족되는 욕망이다. 몸은 이 욕망과는 아무런 관련이 없다. 몸은 머물거나 머물지 않는다. 이 욕망은 영원한 욕망이다.

몸을 입고 있을 때에도 비데하 묵티와 지반 묵티라는 것이 있다. 이 몸이 끝나기 전에도 해방을 얻을 수 있으며, 그것은 몸이 떨어지고 난 뒤에도 남아 있을 것이다.

그대는 이 신체의 옷을 걸칠 수도 있고 벗을 수도 있다. 상관이 없다. 그러나 해방을 향한 이 욕망은 그대가 사는 동안에도, 그대의 삶 이후에도 머물러 있을 것이다. 왜냐하면 이것은 진리 그 자체를 향한 욕망이기 때문이다. 진리는 영원하다. 진리는 진리 그 자체에 의해, 진리 그 자체에게, 진리 그 자체를 드러내야 한다.

진리는 몸에는 결코 드러날 수 없다. 몸은 영원하지 않기 때문이다. 몸은 신의 달샨을 견뎌 낼 수 없다. 그러므로 몸에 대한 개념을 버려라. 그리하면 그대는 그대 자신의 참나를 직접 보게 될 것이다.

이해에는 어떤 말도 필요치 않다. 그저 나의 말들이 궁극의 어느 곳에 가라앉도록 내버려두어라. 잠자러 갈 때, 그대는 낮 시간 동안 늘 함께 한 가장 절친한 친구에게 작별 인사를 한다. 그대는 모든 것에게 작별 인사를 한다. 그대는 아무것도 가져갈 수 없다. 만일 가져간다면 그대는 잠을 이룰 수 없을 것이다. 그대는 모든 것을 놓아 버려야 한다.

잠을 자는 동안 곁에서 누가 잠자고 있는지 그대는 아는가? 이와 같이 모든 것이 놓여난다. 왜 작별 인사를 하는가? 왜 그대는 곁에 있는 사람을 다음 상태로 데려가지 않는가? 그곳에는 이름도 없고, 형상도 없고, 관계도 없다…… 그대는 행복하다.

간단한 비법을 하나 말해 주겠다. 어떤 것을 버릴 때마다 그대는 행복해진다. 아무것도 갖지 말라. 이웃 사람이 최신형 메르세데스 벤츠를 구입했다고 하자. 그러면 그대의 배우자는 그대를 괴롭힌다. '나도 최신형을 사야지.'라고 그대는 생각한다.

그대는 은행이나 다른 곳에서 어떻게든 돈을 빌린다. 이제 그 차가 그대의 집 앞에 있다. 그대는 행복하다. 그렇지 않은가?

그대는 분명 행복할 것이다. 그대의 아내도 행복하고, 그대의 아이들도 행복하다. 그대의 친구들도 행복하다. 자동차를 판 사람도 그 차를 처분했기에 행복하다. (웃음)

그대는 차를 갖게 되어 행복하다. 자, 어디에 행복이 있는가? "나는 차를 원한다."라는 이 욕망이 그대를 고통스럽게 만들었다. 차를 가짐으로 그 욕망이 그대를 떠났다. 차를 가짐으로 차에 대한 욕망이 더 이상 없다. 이것이 그대에게 행복을 주었다. 모든 욕망들도 이와 마찬가지다. 바라던 물건을 가져서가 아니라, 욕망이 사라져서 그대는 행복해진다.

차는 강철과 고무로 만들어지고 가솔린으로 달린다. 이것들 중 그 어느 것도 그대를 행복하게 하지 못한다.

그대는 텅 빔 속에 앉아 있다. 그러나 벽들로 둘러싸인 집에 앉아 있기 때문에 그대는 자신이 그 집의 소유자라고 생각한다. 그대는 여전히 텅 빔 속에 있다. 텅 빔이 있을 때마다 그대는 행복하다. 이것은 간단한 비법이다.

그대는 자신의 몸을 잊는다. 몸을 비우고, 관계들을 비우고, 친구들을 비우고, 그대는 잠 속으로 들어간다. 이제 그대는 행복하다.

지금은 소위 말하는 깨어 있는 상태다. 그러나 이것은 또한 무지의 상태다. 이 무지한 깨어 있는 상태는 여전히 잠자는 상태다.

202

욕망들을 처리하고 있기 때문에 그대는 잠자고 있다. 여기에서 고요하라. 그대가 여전히 잠자고 있음을 알라.

그대가 깨어날 때, 이 무지한 수면은 사라진다. 무지는 환영 때문에 존재한다. 그대는 지식으로 환영을 제거한다. 신기루에 대한 지식이 신기루의 매력적 힘을 잃게 만든다. 그러므로 여기에서 그대는 "나는 누구인가?"라고 질문을 한다. 그때 그대는 천천히 집으로 되돌아갈 것이다.

마지막으로! 이 모든 환영들을 영원히 버려라!

어떤 욕망이든 거기에는 아무리 작고 덧없어도 늘 얼마간의 즐거움이 있습니다. 그래서 이 즐거움을 포기하기가 어렵습니다. 욕망들을 버리기가 어렵습니다.

아이야, 자유는 그대를 위한 것이 아니다. 다음 번 윤회를 기다려라. 자유를 욕망하는 지점에 이르기까지는 아마도 840만 종들로 태어나야 할 것이다. 일생의 길이는 다르다. 어떤 화신들은 며칠 동안 살고, 어떤 화신들은 몇 분 동안 살고, 어떤 화신들은 몇 시간을 살고, 또 어떤 화신들은 몇 십 년을 산다. 윤회를 한 바퀴 거쳐 다시 돌아오려면 아마 3,500만 년쯤 걸릴 것이다.

그래도 괜찮다. 한 번 더 즐겨라. 자유는 그대를 위한 것이 아니다. 그대는 자리를 잘못 찾았다. 아이야, 이곳은 생선 가게가 아니다. 그대에게 이 충고를 들려주마. 생선을 사려면 생선 가게로 가거라. 이곳은 그대에게 알맞은 곳이 아니다.

이것은 매우 진지한 문제다. 그대는 진지해야 한다. 이번 윤회가 아니면 다음 윤회가 될지 모르겠지만, 어느 날 그대는 준비될 것이다. 문제는 없다. 그대가 매우 진지하며 자유를 향한 갈망으로 불탈 때, 그때 나에게 오라. 자유를 원한다면 나에게 오라. 그대는 자유를 얻게 될 것이다. 그대가 다른 것을 갈망한다면, 나는 그대를 도와줄 수 없다.

감각들의 쾌락을 뒤좇는 것을 깨어 있는 상태라고 말한다. 주체와 대상 간의 교류를 깨어 있는 상태라고 말한다. 이것들에 대한 상상을 꿈의 상태라고 말한다. 아무것도 남아 있지 않은, 탐구조차도 없는 상태를 우둔한 자아의 상태, 무지한 수면 상태라고 말한다.

그대가 "나는 자유롭기를 원한다."라고 말할 때, 이 상태는 깨어 있는 상태도, 수면 상태도 아니다. 이것은 아무 데도 아닌 곳에서 오는 초월 상태다.

충족되지 못한 욕망들을 지니고 있다면, 그대는 새 자궁에서 다시 태어날 것이다. 충족되지 못한 욕망들의 가방이 그대의 얼굴일 것이다. 적절한 종들, 부모들, 환경들이 이 얼굴을 위해 나타날 것이다.

　그러므로 한 순간에 그대의 모든 욕망을 충족시켜라. 그대에게 필요한 것은 욕망들로 가득 찬 이 창고를 모두 불태워 버릴 불이다. 깨달음을 향한 유일한 욕망이 불길이다. 일단 불이 붙으면, 그대의 모든 욕망들은 재로 변한다. 그러면 더 이상 어느 자궁으로도 되돌아갈 필요가 없다. 그렇지 않으면 그대는 이곳에서 저곳으로 끝없이 갈아타게 될 것이다.

　길들이 있는 곳에는 반드시 양들이 있다. 길은 양들을 위한 것이다. 길을 따라 걷고 있는 사자들을 본 적이 있는가? 양들이 있는 곳에는 양치는 사람도 있다. 양치는 사람에게 가면 그대는 양이 된다. 양치는 사람은 자신이 원하는 곳으로 그대를 데려간다.

　불이 들어왔을 때 그대는 불에게로 가는 대신, 불빛이 비추고 있는 바깥 대상에게로 갔다. 이 불빛이 그대의 스승이다. 그것을 공경하라. 그것을 구하라. 그것을 알려고 노력하라. 과거, 현재, 미래와 관련된 어떤 개념도 갖지 말라.

　지금 이 순간, 멈추어라! 아무 데도 보지 말라! 그러면 아마도 모든 것이 드러날 것이다. 그대가 방법이나 기법을 찾는다면, 그대는 그것을 미루고 있다. 미룰 때, 그대는 절친한 친구인 마음에게 속고 있다.

제8장

탐구와 헌신

탐구와 헌신

헌신은 결국 그대를 탐구로 나아가게 한다.
처음에는 헌신자, 헌신, 신이 있는 것처럼 보인다.
복종을 하면 헌신자는 신 속으로 들어가며,
그때 더 이상 헌신은 존재하지 않는다.
그것은 같은 근원에서 나와 같은 근원으로 돌아간다.

마음은 저를 달리게도 하고 넘어지게도 합니다. 스승님은 활동하고 있는 마음을 어떻게 다루십니까?

　두 가지 방법이 있다. 하나는 비차라, 즉 탐구다. 다른 하나는 헌신이다.

　탐구는 "나는 누구인가?"라는 물음이다. 이것은 그대로 하여금 답을 발견하게 해 준다. "나는 누구인가?"를 물을 때, 그대는 다른 생각들을 갖지 않게 된다. 그대는 한 번에 한 생각만을 가질 수 있다. 그래서 그대는 "나는 누구인가?"라는 이 생각만을 붙잡게 된다. 마음이 이 질문에 관계할 때, 그대는 정신을 바짝 차리고 이 질문에 매달려야 한다. 이 질문에 대한 답을 찾는 데 모든 주의를 기울여라. 그대가 이 탐구에 확고히 관계하고 있기 때문에 다른 생각은 떠오르지 않을 것이다. 그대는 자아로서 시작한다. 자아는 "나는 누구인가?"를 알고 싶어 한다. 그렇지 않은가? 생각이 자아다.

그러므로 여전히 자아가 있지 않습니까?

물론이다. 달리 누가 찾고 있겠는가? 우선 그대는 분리되어 있다고 느꼈다. 그래서 그대는 그대의 원래 상태로 되돌아가고자 한다. 그러므로 그대는 이 탐구를 한다.

그대는 그대 자신을 망각하였다. 그래서 분리를 믿는다. 그대는 이 분리를 극복해야 한다. 그대가 누구인지를 물어라. 그리하면 이 질문은 그대를 그대의 근원으로 데려갈 것이다.

어디로부터 이 '나'가 일어나고 있는가? 거기로 뛰어들어라. '나' 너머를 그대는 모른다. 그 장소는 어느 누구에게도 알려져 있지 않다. 뛰어들어라, 그리고 보라. 이것이 탐구다. 미지의 것 속으로 깊이 뛰어들어라. 그러면 자아가 없다.

이 방법은 매우 날카롭고 매우 지성적인 사람을 위한 것이다. 그대는 이미 자유롭다. 그러므로 무엇이든 얻으려 하거나 열망하거나 노력하지 말라. 얻거나 잃을 수 있는 것은 영원하지 않다. 그러므로 가치가 없다. 얻은 것은 잃을 것이다. 지금 여기에 있는 것이 아니라면 소용이 없다. 그대는 지금 여기에 이미 있는 것을 발견해야 한다. 그것이 그대 자신의 현존이요, 그대 자신의 텅 빔이다. 그러므로 그대는 그대의 원래 상태로 되돌아와야 하며 여기에서 무엇인가를 구하지 않아야 한다.

절대자는 성스러운 사람을 높인다. 완전무결하며 오점 없는 마음을 지닌 그대 자신을 바쳐야 한다. 아무도 냄새 맡지 않은 꽃을 신에게 바쳐야 한다.

그대는 책을 읽거나 수행할 필요가 없다. 이것은 시작이자 동시에 끝이다. 즉시 그대는 그것을 얻을 것이다.

스승님의 현존 안에서, 이 순간 안에서, 저는 그것을 느낍니다.

이 '나'는 자아다. 자아는 자신의 뿌리를 치고 있다. 자아가 되돌아가서 자신의 어머니를 보면, 자아는 부끄러워 사라질 것이다. 왜냐하면 자아는 "나는 온 우주를 창조할 것이다.", "내가 이것을 할 것이다.", "나는 저것을 할 것이다.", "이것은 나의 것이다."라는 말을 늘어놓으면서 큰 소리로 자랑하고 있었기 때문이다.

이것은 확실하고 안전한 길이다. 다른 길들은 그대를 깨달음으로 데려가지 않을 것이다. 다른 길들은 혼란이다. 이것은 궁극의 길이다.

이것과 동등하게 좋은 또 하나의 길은 헌신이다. 새가 날기 위해 두 날개가 있어야 하듯이 헌신도 그러한 것이다. 나의 배경은 헌신이다.

정말입니까? 놀랍군요. 자신의 길이 헌신이라고 말하는 한 스와미와 얘기한 적이 있습니다. 그는 라마크리슈나, 예수, 붓다의 사랑에 자신을 열고 그 사랑 안에서 자신을 정화한다고 말하였습니다.

헌신에는 그러한 것들이 필요치 않다.

그렇다면 무엇이 헌신입니까?

헌신의 길을 걸을 때, 그대는 지고의 존재에게 복종한다. 그대는 지고의 존재에게 완전히 복종한다. 그러면 그분이 모든 것을 돌볼 것이다. 지금도 그러하듯이.

신에 대한 스승님의 말씀은 커다란 기쁨을 줍니다.

그렇다. (울기 시작하며) 그대가 무엇에 대하여 말을 하든지 마음은 거기로 간다. 그대가 장미에 대하여 이야기하면 마음이 거기로 간다. 그와 같다. (울음) 내가 삿상에서 헌신이라는 말을 거의 사용하지 않는 까닭은 이 때문이다.

왜 사용하지 않습니까?

내가 헌신이라는 말을 들으면, 삿상이 없을 것이다. 그대도 말했듯이, 이 말은 그대를 거기로 데려간다.
먼저 정말로 복종하라. 그러면 그것이 그대를 돌본다. "당신

의 뜻이 이루어지소서. 저는 아무런 의지가 없습니다." 이것이
그대의 표현이 될 것이다.

마음의 안정을 찾지 못하고 있습니다. 도와주십시오. 그와 같은 현존
안에 머무는 것이 저의 간절한 소망입니다.

복종할 때는 욕망이 없다. 나방이 불을 바라볼 때와 같다. 나
방은 불과 사랑에 빠진다. 나방은 불에 매혹되어 연인에게 입을
맞추고 싶어진다. 이 욕망은 나방을 불로 데려간다. 그것으로
끝이다. 되돌아옴이 없다. 이처럼 복종하라. 그리하면 신이 모
든 것을 돌볼 것이다. 사실은 지금도 이미 그러하지만 우리는
이를 받아들이지 않는다. 우리는 너무나 거만해서 "내가 이 일
을 한다."라고 말한다.
다음 순간은 보장되지 않는다. 모두가 자랑하고 있다. "내가
그것을 했다." "나는 그것을 내일 할 것이다." 누가 내일을 보았
는가? 신에게 복종하라. 신에게 모든 것을 맡겨라. 이것이 즉각
적인 자유다.
그대의 마음을 다른 사람에게 팔았다면, 그대는 신에게 드릴
것이 아무것도 없다. 그대의 가슴을 신에게 바치면, 그대가 원
하건 원치 않건 천국이 그대에게 열린다.

두 가지 길 가운데 어느 한쪽 길을 택해야 합니까?

헌신은 결국 그대를 탐구로 나아가게 한다. 처음에는 헌신자, 헌신, 신이 있는 것처럼 보인다.

복종을 하면 헌신자는 신 속으로 들어가며, 그때 더 이상 헌신은 존재하지 않는다. 그것은 같은 근원에서 나와 같은 근원으로 돌아간다.

헌신의 외적 모습들이 있다. 눈물과 목이 멘 목소리가 그것들이다. 신이 그대를 받아들인다. 그리고 이러한 징후들이 온다. 그대는 받아들여진다. 아주 좋다.

나는 한때 신에게 열광했다. 사람들은 나보고 미쳤다고 했다. 너무나 많은 신성한 황홀이 있었다. 누가 말로 다할 수 있겠는가? 내가 삿상에서 헌신에 대해 말할 수 없는 까닭은 이 때문이다. 목이 메어 말을 할 수 없다.

스승님은 헌신으로 자유를 느꼈습니까?

복종이 자유다. 어떤 마음도 남지 않는다. 어떤 분리도 남지 않는다. 신에 대한 사랑이 자유다. 신의 이름만으로 충분하다. 신의 이름과 신 사이에는 아무런 차이가 없다. 참의식, 텅 빔, 깨달음, 신, 이 모든 것은 같은 말이다.

지반 묵타의 눈에는 과거가 없다. 과거도 없고, 현재도 없고,

미래도 없다. 있는 그대로의 것들만이 있다. 시간도 없고, 태양도 없고, 달도 없고, 별도 없다. 거대한 평화만이 있을 뿐이다.

그대가 생각하는 대로 이루어질 것이다. 이것이 의식의 아름다움이다.

그러한 것이 의식이다. 의식은 다른 곳에서 물질을 빌려 올 필요가 없다. "나타나라."고 하면, 그것이 거기에 있다. 그대가 무엇을 생각하든 그것은 즉시 거기에 있다, 의식 안에서. 의식이 의식 안에서 무엇인가를 욕망하고 있다.

아무 일도 일어난 적이 없다. 아무 일도 일어나지 않을 것이다. 이것이 궁극의 진리다. 그 밖의 모든 것들은 마음의 혼란으로 일어난 것들이다.

마음이 일어날 때 고통도 일어난다. 그대는 마음이 일어나는 지점을 살펴야 한다. 마음이 일어나는 곳에 머물러라. 마음은 생각이다. '나'가 일어나면 모든 것이 일어난다. '나'가 일어나기 전에는, 사람들은 아무것도 보지 못한다고 말한다. 이것이 평화요, 아름다움이요, 사랑이다.

만일 그대가 그대 자신의 근원, 그대 자신의 평화를 본 뒤 한 생각을 일으키면, 즉시 과거, 현재, 미래가 일어난다. 꿈을 꿀 때 그대는 즉시 산이나 코끼리를 본다. 왜냐하면 모든 것이 의식이기 때문이다. 그대가 알지 못할 때조차 그대는 알지 못하고 있음을 의식한다. "나는 고통스럽다."라고 말할 때, 그대는 고통을 의식하고 있다.

고통을 없애기 위한 유일한 길은 탐구다. 이 탐구, 즉 비차라는 삼사라의 바다를 건너 니르바나에 이르게 해 주는 뗏목이다. 그대가 밥을 먹든, 잠을 자든, 길을 걷든, 그대가 어디에 있든 이 뗏목은 아주 안전하다. 아무것도 그대에게 닿을 수 없다. 이 탐구는 그대를 마음 바깥으로 내던질 것이다. 그저 침묵하라. 그리고 이 순간에는 어떤 생각도 그대에게 닿지 않고 있음을 보라.

어떻게 하면 제가 안으로 계속 들어갈 수 있습니까?

모든 것을 뒤로하여야 한다. 안으로 들어가려면 마음, 자아, 감각들, 현상계를 뒤로하라. 안으로 들어가는 순간, 그 모든 것은 여기에 없다. '나' 또한 여기에 없다.

그렇습니다.

'나'란 마음을 의미한다. 마음은 자아를, 자아는 감각을, 감각은 현상계를 의미한다. 그러므로 이 탐구는 자아의 뿌리를 친다. 이제 그대는 마침내 해냈다고 말한다.

그렇지만 한 순간뿐입니다.

동의한다! 이 현존으로부터 한 발을 들어올려 어딘가에 발을 내려놓아 보라. 어디에 발을 내려놓을 것인가?

저는 그것에 대하여 생각하지 않도록 노력해야 합니다.

그대는 생각할 수 있다. 그대가 하고 싶은 것은 무엇이나 하라. 그대는 바다에 내렸다. 생각이든 이야기든 수영이든 그대가 하고 싶은 것은 무엇이나 하라.

하지만 제가 안으로 들어가기 위하여 어떻게 놓아 버릴 수 있습니까?

그대는 이미 그렇게 했다고 말했다!

시간이 없는 순간에만 그러했습니다.

동의한다! 그 시간 없음으로부터 그대는 이제 시간으로 가고자 한다.

아니오, 저는 원치 않습니다. 놓아 버리고 싶습니다.

시간은 마음이다. 시간은 과거다.

예.

시간이 없는 이 순간에 그대는 시간 밖으로 나갔다고 말했다. 자, 시간 없음에서 바깥으로 나와 보라!

아…….

이제 그대는 해야 할 것이 없다. 아…… 바로 이것이다. 이제 그대는 그것을 가졌다. 그것에 대하여 생각하지 말라. 아무런 노력을 하지 말라. 그러면 그대는 여기에 있다. 그대는 항상 여기에 있을 것이다. 그대는 항상 여기에 있었다. 그렇지 않으면 다른 것이 그대를 차지할 것이다. (웃음)

과거는 무덤이다. 그대의 모든 눈물과 고통은 분명 과거로부터 온다. 그대가 누구인지를 끊임없이 탐구하면, 과거가 의식 안으로 들어올 공간이 없을 것이다. 그대는 이미 점유되었다. 그러면 과거가 들어올 공간이 없다.

먼저 그대가 사라진다. 그 뒤 그대는 감로수의 바다에 뛰어들 것이다. 그러면 그대가 무슨 말을 하든지 그것은 시가 될 것이다. 거기에는 말하고 있는 사람이 없다.

안으로 들어가면, 심장 박동 소리가 더 강해짐을 느낍니다.

무시하라! 그대의 진정한 가슴은 안에 있는 것도, 밖에 있는 것도 아니다. 그것(That)에만 집중하라. 그대는 어디에 집중할 것인가?

진정한 가슴이 실재다. 그것이 세상의 바탕이다. 실재이며 접촉되지 않는 것이다. 평화로울 때, 그대는 그 가슴과 직접 연결되어 있다. 안에 있는 것도 밖에 있는 것도 아닌 그 가슴과 관련을 맺거나 그것에 집중한다면, 그대는 평화 속에 있다. 이 상태는 깨어 있는 것도, 꿈꾸는 것도, 잠자는 것도 아니다. 이것은 그대 자신의 진정한 존재의 상태다. 이것은 초월의 상태다. 이 상태가 무르익을 때, 이것은 그대 자신의 상태가 될 것이다. 이 상태는 그대를 자유로 안내할 것이다. 그대는 평화를 얻을 것이다.

그대가 자신의 자연스러운 상태를 깨달을 때, 그것은 여기에 있다. 이 모든 현상계는 우주적 유희의 장이며, 그대는 춤추는 자다. 거기에는 받아들임도 없고 거부도 없다. 이것이 자유요, 깨달음이다. 이것은 이미 여기에 있다. 그러나 그대는 다른 것에 정신을 팔고 있다.

그대는 무위의 바탕 위에 행위이라는 개념, 즉 "나는 이것을 하고 있다.", "나는 그것을 할 것이다."를 덧씌우고 있다. 행위가 전혀 없는 어떤 무위의 것이 있다. 거기에서 행위라는 개념이 일어나고, 그대는 행위에 연루된다. 그때 어떤 것들에 집착하면, 그대는 길을 잃는다.

이 행위가 어디에서 일어나는지를 안다면, 즉 그것이 무위에서, 활동하지 않는 것에서 일어난다는 점을 안다면, 그대는 자유를 얻을 것이다. 그때 행위는 기억 속에 머물지 않을 것이다.

그래서 아무런 카르마도 없다. 아무런 카르마가 없다는 것은 세상의 윤회에 대한 모든 개념들이 끝났음을 의미한다.

그대가 집중하면서도 아무런 노력을 하지 않을 때, 그것은 스스로 드러날 것이다. 방해하는 것은 그대의 생각이다. 그대의 본성은 평화다. 그냥 침묵하라. 아무런 생각들이 일어나지 않도록 하라. 아무런 생각이 일어나지 않을 때, 이것이 평화다. 생각은 항상 과거나 미래로 가고 있으며, 이것을 세상의 윤회와 고통이라 부른다. 아무것도 하지 말라. 그리고 어떻게 평화가 그대에게 오는지를 보라.

오직 생각이라는 이 파도가 바다의 고요함을 어지럽히고 있다.

진실로 모든 것이 헌신 안에 있다. 그대는 조금도 남지 않는다. 생각조차 남지 않는다. 복종 속에는 생각함이 전혀 없다. 그대는 요구할 수도, 명령할 수도 없다. 강물은 아무런 자취 없이 바다에 복종한다. 이와 같다. 우리는 우리의 사랑을 다른 누구에게가 아니라 신에게 쏟아 붓고 있다. 사랑은 오가는 것들이 아니라 영원한 벗을 위한 것이어야 한다.

스승님은 이미 신께 헌신했습니다. 그런데 라마나 마하리쉬 님을 만나고 무엇을 얻었습니까?

비차라, 즉 참나 탐구였다. 나는 이것을 몰랐다. 이제 나는 깨달았기 때문에 그것에 관하여 말한다. 나의 스승께서는 이것에 관하여 말씀하셨다. 나는 그분의 은총으로 이 경험을 받았다. 나의 스승이 나에게 이 경험을 주셨다.

나는 헌신을 하고 있었다. 그러나 무엇인가가 부족하였다. 견딜 수 없는 분리가 여전히 있었다. 나는 크리슈나와 춤추곤 하였다. 그러나 24시간 동안은 아니었다. 때때로 분리가 있었다. 이것은 무척 고통스러웠다. 나는 크리슈나와의 관계가 24시간 지속되기를 원했다. 그때까지 나는 스승이 없었다.

나는 구루를 찾기 위해 온 인도를 다녔다. 나는 그들에게 물었다. "신을 본 적이 있습니까? 만일 보았다면 나에게도 볼 수 있게 해 주시겠습니까? 대가는 얼마나 드리면 됩니까? 그렇게 해 주신다면 제 남은 삶을 당신에게 드리겠습니다." 그러나 모두들 "당신은 수행을 해야 한다."라고 말했다.

그러나 나는 말했다. "아닙니다. 시장에 가면 저는 원하는 물건을 보고 대금을 지불합니다. 그것도 이처럼 되어야 합니다. 저는 기꺼이 지불하겠습니다. 하지만 당신은 제가 원하는 것을 가지고 있습니까? 제가 왜 수행을 해야 합니까?"

그들은 내가 미쳤다고 말했다. 구루의 제자들은 벌떡 일어서면서 다음과 같이 말하곤 하였다. "우리는 40년 전에 여기에 왔다. 수염이 희끗희끗해져 가고 있지만 우리는 아직 그 길을 발견하지 못했다. 그러니 여기에 머물면서 수행하라."

"저는 그것 때문에 온 것이 아닙니다. 당신의 스승이 신을 보았다면 왜 저에게 신을 보여 주지 못합니까?"라고 나는 말했다.
여러 곳을 다녀 보았지만 허사였다.

나는 실망한 채 집으로 돌아왔다. 아버지는 내가 일하지 않고
있었기 때문에 매우 상심하고 계셨다. 그러던 어느 날 내가 집
에 앉아 있는데 한 사두가 탁발을 하러 왔다.

나는 스와미에게 말했다. "스와미지, 저와 점심을 함께 하시
지요. 보아하니 온 인도를 여행하시는 것 같습니다. 신을 본 사
람을 아시면 주소를 알려 주시겠습니까?"

스와미가 대답했다. "예, 한 사람을 알고 있습니다. 그 사람을
찾아가십시오." 그는 라마나 마하리쉬의 주소를 알려 주었다.
그는 첸나이의 남쪽, 티루반나말라이에 살고 있었다.

나는 주소를 적었고, 그는 떠났다. 그런데 수중에 돈이 없었
다. 아버지는 이미 나의 아내와 아이들을 돌보고 있었기 때문에
내게 줄 돈이 없을 것이다. 나는 남에게 돈을 빌리는 것을 매우
꺼렸다. 사람들을 도와주기는 했지만, 누구에게서도 돈을 받은
적은 없었다.

과자 가게를 하는 친구가 있었다. 어렸을 때 함께 운동하던
친구였다. 그가 우유를 마시자며 나를 가게로 불렀다. 식탁 위
에는 오래된 신문이 한 장 놓여 있었다. 나는 별생각 없이 구인
광고란을 보기 시작했다.

첸나이에서 일할 전직 장교를 구한다는 광고가 있었다. 나는
지원했고, 돈과 첸나이 행 기차표를 받았다. 그곳에서 근무를
시작하기까지 한 달의 여유도 있었다.

나는 펀잡에서 첸나이로, 다시 라마나 아쉬람으로 갔다. 내가 소달구지에서 내리자 어떤 사람이 나를 안내하며 그 성자가 홀 안에 계신다고 말해 주었다. 나는 가서 성자를 보았다. 나에게 주소를 준 바로 그 사두가 앉아 있었다.

　나는 몹시 화가 나서 홀에 들어가지 않았다. 이 성자도 자신을 떠벌리는 사람일 것이라 생각했다. 역으로 되돌아가려고 하였다.

　아쉬람에 살고 있던 어떤 사람이 바깥까지 나를 뒤따라와서 물었다. "북쪽에서 오시는 길 아닙니까? 먼 길을 오셨는데, 왜 잠시 머물지 않으십니까?"

　나는 그에게 말했다. "아닙니다. 이 사람은 사기꾼입니다. 그는 나에게 자기의 주소를 주었습니다. 그래서 그를 보고 싶지도, 머물고 싶지도 않습니다."

　그 사람이 말했다. "아니오, 당신은 오해를 하고 있습니다. 그분일 리가 없습니다. 그분은 50년 동안 여기를 떠난 적이 없습니다. 그분은 소년일 때 이곳으로 왔습니다. 그분의 특별한 힘으로 당신에게 나타나신 게 틀림없습니다."

　나는 동의하지 않았다. 그러나 그는 계속 주장하면서 나의 가방을 들고 들어가더니 내게 방 한 칸을 주었다. 곧바로 점심때를 알리는 종소리가 들렸다. 마하리쉬는 점심을 들기 위해 식당 홀에 있었다. 펀잡에서 본 바로 그 사람임을 분명히 알 수 있었다. 여하튼 나는 그와 대화하기로 마음먹었다.

　점심 식사가 끝나자 모두들 식당을 떠났다. 그도 홀로 되돌아갔다. 점심 후에는 아무도 그를 만나러 가지 않는다는 사실을 나는 알지 못했다. 홀 안으로 들어가려 하자, 시중드는 사람이 지금은 마하리쉬의 휴식 시간이라며 나를 막았다. 그러나 나를 보고 있던 마하리쉬가 들어오라고 손짓했다.

나는 그에게 물었다. "당신은 15일 전 편잡에서 나를 만났던 바로 그 사람이 아닙니까?" 그는 그저 침묵을 지킬 뿐이었다.

나는 말했다. "저는 침묵을 이해할 수 없습니다. 제발 말씀해 보십시오."그는 말하지 않았다. 나는 그와 함께 있는 것이 편하지 않았다. 한 번도 들어 본 적이 없는 이 침묵 때문에 나는 불편했다.

나는 속으로 생각했다. '여하튼 이곳은 아주 좋다. 이곳은 아주 매력적이고 아주 성스럽다. 어쨌든 나는 지금 여기에 있다. 산 반대편으로 가야겠다.' 나는 나의 크리슈나를 찾아 아쉬람에서 4마일쯤 떨어진 곳까지 혼자서 산을 올랐다.

얼마 후 첸나이로 돌아가 일을 시작해야 할 때가 되었다. 나는 마하리쉬에게 작별 인사를 하기 위해 다시 아쉬람으로 돌아왔다. 그는 말했다. "그대는 나를 만나러 온 것이 아니군."

나는 말했다. "그렇습니다. 저는 산 반대편에 머물고 있었습니다. 이제 첸나이로 가려 합니다."

그는 나에게 물었다. "그대는 무엇을 하고 있었는가?"

나는 자랑스럽게 대답했다. "저의 크리슈나와 놀고 있었습니다."

그는 말했다. "매우 훌륭하다. 그대는 크리슈나를 계속 보았

224

는가?"

"예." 나는 자랑스럽게 대답했다.

"지금도 그를 보는가?"

"아닙니다. 지금은 보지 못합니다. 비전을 가질 때만 그를 봅니다. 지금은 그렇지 않습니다."

그러자 그가 물었다. "그러면 크리슈나가 나타났다가 사라졌다는 말인가?"

그는 말을 이었다. "나타난 것은 사라졌다. 보는 자는 여전히 여기에 있다. 신은 나타나고 사라지는 대상일 리가 없다. 그러므로 보는 자가 누구인지를 발견하라."

그것은 내가 처음 들어 본 말이었다. "보는 자가 누구인지를 발견하라."

스승을 통해 나는 그 경험을 했다. 그 경험은 이미 여기에 있었다. 신을 사랑할 때, 우리는 신을 대상으로 생각한다. 그러나 그는 주체다. 따라서 그대는 주체에게 복종해야 한다. 자아가 대상이다.

그대는 주체 속으로 들어가야 한다. 그러면 어떤 대상도 남지 않는다. 신이 말할 것이다. 신이 걸을 것이다. 신이 볼 것이다. 나는 나의 스승을 통해 이것을 알게 되었다. 나는 보는 자를 보았다. 나는 스승을 통해 보는 자를 깨달았다. 그래서 그 앞에 엎드렸다.

그 뒤 일을 시작하기 위하여 첸나이로 되돌아갔다. 휴일이건 토요일이건 일요일이건 시간이 날 때마다 나는 티루반나말라이로 돌아와서 스승과 함께 지냈다. 그곳은 아주 가까이 있었다. 4시간밖에 걸리지 않았다. 모든 것이 좋았다. 아쉬람에 있을 때나 사무실에서 일할 때나 같은 헌신이 있었다. 아무런 차이가 없었다. 그때는 지식과 헌신이 함께 작용한다. 그대가 안다면 신을 사랑할 것이다. 그대가 신을 사랑하면, 오직 그때에야 그대는 신을 알 것이다. 그때 비차라와 박티는 같다.

내가 박티에 대하여 말하지 않는 까닭은 사람들이 준비되어 있지 않기 때문이다. 자아 속에 있다면 그대의 가슴은 누군가에게 팔리고 있다. 그렇다면 무엇을 복종할 수 있겠는가? 무엇을 줄 수 있겠는가? 가슴이 다른 사람에게 팔리고 있을 때, 그대가 누구와 사랑을 할 수 있겠는가?

어떤 스와미는 사마디에도 여러 수준이 있다고 말하였습니다. 스승님께서는 어떻게 생각하시는지 궁금합니다. 그는 사하자 사마디가 가장 높은 경지라고 말했습니다.

가장 높은 상태는 상태 없음이다.

그곳이 스승님께서 자리 잡고 계시는 곳입니까?

(파파지는 웃으며 눈동자를 굴린다) 뭐라고 말할 수 있겠는가? 가

장 높은 상태는 무상태…… 상태 없음이다. 이 가장 높은 상태에 누가 이름을 붙였는가? 이름을 붙이려면 누군가가 이 가장 높은 상태보다 더 높은 곳에 있어야 한다. 부모는 아이보다 먼저 태어났기 때문에 아이에게 이름을 지어 줄 수 있다. 가장 높은 상태에 이름을 붙이려면 그 사람이 그보다 더 높은 곳에 있어야 한다. 누가 그러할 수 있는지 나는 모르겠다.

그 모두는 마음의 창조물이다. 마음이 없으면 어떤 상태도 없다. 그대의 진정한 상태는 상태 없음이다. 모든 개념을 버려라. 그러면 그대가 걷고 있든, 말하고 있든, 먹고 있든, 잠자고 있든, 이것이 그대 자신의 상태가 될 것이다.

산들바람이 생선 가게나 정원이나 묘지를 방문할 때, 그것이 어느 곳은 받아들이고 어느 곳은 거부하는가? 이 상태 없는 상태는 그와 같다.

속박의 편에서 본다면 상태들이 있을 것이다. 속박의 상태에 있으면 마음은 그대의 참나에게 자신을 열지 않는다. 마음은 지고의 힘에게 완전히 복종하지 않는다. 그러면 거기에는 상태들이, 지혜 대신 무지와 굴레의 상태들이 있을 것이다.

스승님께서는 사랑하는 사람이 죽을 때 슬픔을 느끼십니까? 스승님께서는 이 상태 없는 상태에서도 감정들을 느끼십니까?

느낀다. 모든 사람들이 떠나 버린 영혼을 슬퍼할 때, 그대도 그들과 더불어 슬퍼한다. 그들이 결혼식장에서 춤을 출 때, 그대도 그들과 더불어 춤춘다. 여기로부터 그대는 모든 것을 할 수 있다. 그대는 실재를 알고 있기 때문이다. 그대가 무대 위에 서 있으면, 이런 역할이 그대에게 주어진다. 이 드라마가 그대에게 주어진다. 그래서 그대는 때로는 왕이 되고, 때로는 노예가 된다. 그대 자신이 근원임을 알게 된다면, 그대는 어떤 역할이든 할 수 있다. 그래도 그대는 오염되지 않는다.

그러므로 자신이 누구인지를 상기하기만 한다면……

아니다. 상기하는 것이 아니다. 상기한다는 것은 기억에 의존하는 것이다. 이것은 그러한 것이 아니다. 인간은 자신이 인간이라는 사실을 상기할 필요가 없다. 인간은 자신을 당나귀와 혼동하지 않는다. 그는 상기하지 않아도 자신이 인간임을 잘 알고 있다. 그대를 그대 자신에게 소개하라. 그러면 상기할 필요가 없다.

그대가 스스로 그렇게 할 수 없다면, 참된 겸손으로 누군가에게 다가가서 그를 섬기고, 고통으로부터 풀려날 수 있는 방법을 물어라.

왜 그렇게도 많은 사람들이 망상 속에 살고 있습니까?

그들이 태양을 향해 눈을 뜨지 않기 때문이다. 그것은 태양의 잘못이 아니다.

모든 사람이 자유롭게 눈을 뜰 수 있습니까?

모든 사람은 자유롭게 자신의 눈을 뜰 수 있다. 지금 그대의 눈을 감아 보라. 그대는 볼 수 없을 것이다. 그대는 자유롭게 그대의 눈을 뜰 수 없는가? 대부분의 사람들은 그들의 눈을 뜨지 않고 있다. 그래서 그들은 보지 못한다. 지금 그대의 눈을 뜨는 것은 그대의 자유 의지에 달려 있다.

제가 모든 것의 한 부분이므로 개별적인 자기나 개별적인 자유가 없는 것 같습니다. 그냥 일이 일어나고 있습니다. 그런데 제가 자유롭게 눈을 뜰 수 있습니까?

그대는 자유롭다. 자유는 그대가 하려는 것을 아무것도 막지 않는다. 그러나 그대는 "이제 나는 눈을 뜨고 있다."라는 사실을 알아야만 한다. 모두가 "나는 눈이 멀었다."고 생각한다. 아무도 눈이 멀지 않았다. 착각일 뿐이다.

그렇다면 모든 사람이 자유로운가요?

그렇다. 하지만 벽을 보고 있기 때문에 그들은 자유를 느끼지 못한다. 이 벽은 욕망이다. 모든 욕망은 과거에 속한다. 아무런 욕망이 없을 때, 그대의 눈이 열린다. 지금 해 보고 말해 보라. 그대와 자유 사이에 욕망이 있지 않게 하라. 단 일 초라도 그렇게 해 보고 나에게 말해 보라.

아무것도 없습니다. 그냥 텅 빔만이.

바로 그것이다. 지금 누가 그대의 눈을 떴는가? 욕망은 구름이다. 어떤 욕망이든 구름이다.

가장 빠른 방법, 가장 직접적인 방법은 탐구이다. 그러나 이 탐구는 매우 예리한 소수의 사람들을 위한 것이다. 즉시 그대는 깨달을 수 있다. 다른 모든 방법들은 결국 그대를 여기로 인도할 것이다.

헌신에는 헌신자와 신이라는 이원성이 있다. 궁극적으로, 헌신자는 신에게 완전히 복종해야 한다. 완전히 복종하면 더 이상 해야 할 일이 없다. 이제는 신이 그를 보살필 것이다.

그러나 아무도 그렇게 하지 않는다. 박티는 사랑이다. 그것은 로맨스다. 사원에 가서 한 시간 동안 있는 것이 로맨스일 수는 없다. 로맨스란 그대가 잠시도 결코 잊을 수 없는 것이다. 그것은 그대 자신의 참나와의 진정한 로맨스다. 신에게 복종하면, 그대가 할 일은 끝난다. 복종하거나 탐구하라. 요가와 탄트라 같은 많은 길들이 있지만, 나는 그것들을 통해 자유를 얻는 것을 보지 못했다.

ॐ

"나는 누구인가?"라는 질문을 할 때 그것은 과정이나 수행처럼 느껴집니다.

잘 들어라. 그렇지 않다. "나는 누구인가?"라고 질문할 때, 나는 그대를 다른 어떤 곳으로 데려가지 않는다. 만일 내가 그대에게 어떤 곳으로 두 걸음을 옮겨 놓으라고 말한다면, 그것은 과정일 수 있다. 그러나 만일 내가 그대에게 지금 있는 곳에 머무르라고 말한다면, 그대는 여기에 머물러야 한다. 이것이 과정인가?

그저 이 질문이 일어나는 곳을 지켜보라. 그것에 대하여 생각하지 말라. 이곳에서 빠져나와 다른 곳으로 가지 말고, 어떤 노력도 하지 말라. 그저 의식을 놓치지 말라. 이 질문을 할 때 그대는 의식하지 않는가?

의식하고 있습니다.

이 질문이 일어나기 전에, 그대는 그대의 마음 안에 아무런 질문이 없다는 것을 의식하지 않는가?

의식하고 있습니다. 그러나 어떤 것에 대하여 의식하는 것……

그대는 알아듣지 못하고 있다. 그대는 어떤 질문이나 행위를 의식하지 않는가? 무엇을 하고 있든지 그것을 자각하지 않는가? 음식을 먹을 때, 그대는 먹는다는 것을 자각한다. 춤을 추고 있다면, 그대는 자신이 춤추고 있음을 자각한다. 먹지도 춤추지도 않을 때, 그때도 역시 그대는 자각하지 않는가?

자각하고 있습니다.

이 자각이 그대의 참나다. 그대가 무엇인가를 하고 있든 안 하고 있든, 이 자각이 그대의 본성이다.

예, 알고 있습니다.

그대는 그것을 알 수 없다! 안다는 것은 다른 무엇이다. 나는 그대에게 그냥 거기에 있으라고 말한다.
이것을 의식이라 부른다. 어떤 행위건 무위건, 어떤 사다나건 수행이건, 모두 의식에서 시작한다. 의식 안에서 의식을 자각하고 있다면, 그대가 무엇을 하든 아무런 문제가 없다. 아무도 이것을 모르고 있다. 그래서 그들은 고통을 받는다.

방법이 없이 어떻게 깨어날 수 있습니까? 수많은 사람들이 수행을 하고 있습니다.

　참나 탐구를 하기에 적합하지 않은 사람은 최후의 공격에 적
합하지 않다. 그러므로 그들은 요가나 다른 길들에 매료된다.
결국 그것들은 같은 탐구로 나아갈 것이다. 이 탐구 없이는 아
무런 자유가 없다. 그러므로 다른 모든 것은 자유를 미루는 것
이다.

　그대도 알다시피, 모든 수행에는 마음이 관련되어 있다. 수행
을 할 때마다 그대는 수행을 해야겠다고 마음을 먹는다. 그래서
몸과 마음이 필요하다. 탐구는 마음 그 자체의 뿌리를 친다.

　수행을 할 때, 그대는 마음과 함께 작업하고 있다. "나는 명상
한다."라고 그대는 말한다. 명상을 시작하는 것은 마음이요, 자
아다. 무엇을 위해, 누구를 위해 명상하는가?

　탐구를 하면 마음의 뿌리가 도전받는다. 그대가 "나는 명상하
고 있다."라고 말할 때, 명상자는 결코 도전받지 않는다. 그대는
명상으로 얻고자 하는 목표를 미래의 어느 시점에 고정시킨다.
미래의 이 목표는 분명히 과거의 어떤 생각에 기초하고 있다.
그래서 그대는 현재가 아니라 과거 속에 잠긴다. 그대는 그 목
표를 성취할지 모르지만, 그 목표는 수행 전에 여기에 있지 않
았으므로 그대의 수행이 얻는 것은 이미 여기에 있는 것이 아니
다. 무엇인가가 결여되어 있고, 그대는 결여된 것을 얻기 위해
노력하고 있다. 그대는 이미 여기에 현존하는 것의 현존을 부정
하고 있다.

무엇을 얻든지 그대는 다시 잃을 것이다. 왜냐하면 얻은 것은 영원하지 않기 때문이다. 그러므로 지금 여기에 있지 않은 것들을 얻으려 애쓰지 말라. 즉시 그대는 탐구할 수 있다. "명상하려는 자는 누구이며, 명상의 목적은 무엇인가?" 어떤 것을 하기 전에 그대는 먼저 그 문제를 스스로 풀어야 한다. 가서 고요히 앉아라. 어떤 수행을 하기 전에 명상자가 누구인지를 발견하라. 수행하는 자가 누구인지를 모른 채 수행을 하면, 자유와 진리라는 결실을 얻지 못할 것이다.

탐구는 자유를 얻는 데 가장 좋다. 노력 없이 지금 여기에서 얻을 수 있다. 다른 수행들은 노력이 필요하다. 주체와 대상이 필요하다. 명상자는 주체가 되고, 자유는 대상으로 객관화된다. 자유는 대상이 아니다. 그것은 주체다. 따라서 그대는 주체로 시작해야 한다. 주체는 항상 자유롭다. 왜 그대는 자유를 찾고 있는 주체로부터 시작하지 않는가? 왜 그대는 "내가 어떻게 하여 굴레 속에 묶여 있는가?"를 탐구하지 않는가?

어디에 굴레가 있는가? 굴레는 개념일 것이다. 그대는 자신이 묶여 있다고 느낀다. 그래서 그대는 묶여 있다. 그렇다면 다른 개념을 가져라. "나는 자유롭다."라는 개념은 "나는 묶여 있다."라는 이전의 개념을 던져 버리기 위한 개념이다. 속박이라는 이전의 개념을 버리면 이 개념 또한 사라진다.

무엇이 남는가? 텅 빔이다. 자유는 그대가 무엇을 얻는다는 뜻이 아니다. 모든 개념과 모든 관념을 버리면, 그대는 무엇을 해야 할 필요가 없다. 자유는 개념이 아니기 때문이다. 자유는 인간 존재의 생득권이다. 그대가 자유를 욕망한다면, 이 축복받은 환생은 마지막 환생이 될 것이다.

그렇지 않으면 다음 순환이 기다리고 있다. 왜 다음의 순환인가? 왜냐하면 이것은 모두 상상이기 때문이다. 상상은 결코 끝이 없다. 아이는 방 안에서 유령을 본다. 그 아이에게 그것은 유령이다. 그 아이는 몹시 두려워한다. 그러나 진실로 말하자면, 유령은 존재한 적이 없다.

스승님께서는 그 동안 만난 사람들이 모두 쓰레기를 가지고 있었다고 말씀하셨습니다. 그래서 저는 희망을 포기했습니다.

그러나 나는 쓰레기를 버리라고 말했다. 그대는 그렇게 했는가?

아닙니다.

그러므로 그대의 말이 맞다. 아무런 희망이 없다. 희망 그 자체가 쓰레기다. 기대가 쓰레기다. 나중에 어떤 사람이 되고자 하는 기대가 그대의 머리 속에 있는 쓰레기 바구니다. 만일 그것을 버리고 싶지 않다면, 그것이 좋다면, 그냥 그것을 지녀라. 우리는 이런 일을 할 사람도 필요하다. 모든 도시는 쓰레기를 치울 사람이 필요하다. 나는 쓰레기를 버리라고 말했다. 그대는 버리지 않았다. 그대는 쓰레기를 좋아함에 틀림없다.

저는 그것을 좋아하지 않습니다.

그러나 그대는 쓰레기를 버릴 희망이 없다고 말했다. 그 말은 무슨 뜻인가? 쓰레기를 좋아한다면, 그대는 쓰레기다. 그대는 그대가 생각하는 것이 된다. 쓰레기를 생각하면, 그대는 쓰레기가 된다. 쓰레기를 생각하고 있는 바로 그 순간, 그때 그대는 누구인가? 그대는 누구여야 하는가? 그 순간에 쓰레기를 생각하면, 그대는 주위에서 무슨 냄새를 맡는가?

쓰레기입니다.

쓰레기라고? 그렇다. 그대는 쓰레기에 너무나 익숙해져서 쓰레기 더미 속에 살 것이다. 그대는 쓰레기를 벗어나고 싶지 않을 것이다. 이 현상계가 쓰레기다. 한 생각을 일으켜 쓰레기를 초청하면, 그대는 고통을 받을 수밖에 없다. 이 생각이 쓰레기다. 그대가 생각을 일으킬 때, 모든 쓰레기가 고통으로 나타나며 또한 죽음이 나타난다.

한 생각도 일으키지 말고, 말해 보라. 그냥 듣기만 하지 말라. 이것은 경험되어야 한다. "나는 아무개다."라는 이 생각을 일으키지 말라. '나'라는 이 생각을 일으키지 말라. 그러고 나서 그대가 어디에 있는지 말해 보라. 생각하지 말고, 그냥 그렇게 하라. 말해 보라. 지금 어디에 있는가?

아무 데도 아닙니다.

아무 데도 아닌 곳에서 그대는 쓰레기 냄새를 맡는가?

아닙니다.

그러므로 아무 데도 아닌 곳인 거기에 머물러라. 여기에 무엇이 문제인가?

아무런 어려움도 발견할 수 없다는 것이 문제입니다.

좀 더 깊이 내려가서 다시 말해 보라. 아래를 보라. 그것은 깊이를 잴 수 없다. 더 깊이 내려가서 말해 보라. 생각하지 말라. 생각은 쓰레기다. 더 깊이 내려가라. 그대는 어려움이 없다는 것이 문제라고 말했다. 이 아래로 더욱 깊이 내려가서 보라.

저는 자유롭습니다.

문제들로부터 자유롭다. 그리고 문제들 없음으로부터 자유롭다.

그렇다면 자유롭기 위하여 그대는 무엇을 했는가? 그대 자신 안을 들여다보라. 그대는 무엇을 보는가? 여기도 저기도 바라보지 말고, 아무 데도 바라보지 말라. 그때 이 바라봄은 바라보지 않음이다. 이 바라봄은 의식 그 자체다. 저기도 없고 여기도 없고 어디도 없을 때, 이것이 의식 그 자체다. 모든 것은 여기에서 일어나고 사라진다.

모든 것이 일어나고 모든 것이 사라진다. 그대는 접촉되지 않고 있다. 이 나타남들, 파괴들, 소멸들에 그대는 접촉되지 않고 있다. 조금도 영향받지 않고 있다. 이 현상계는 텅 빔 속에 있는 그림이다. 그대는 공간에 그림을 그릴 수 있는가? 이것은 텅 빈 공간에 그려진, 현상계라 불리는 그림이다.

그러므로 그대가 내면을 바라볼 때, 이 그림은 그려진 적이 없다는 것을 알게 된다. 빈 공간에 그림을 그릴 수 있는 사람은 아무도 없었다. 그림을 그리려면, 그림을 그릴 벽이나 캔버스 혹은 스크린이 필요하다.

그 캔버스가 되어 현상계라는 이 그림을 보라. 진정 아무것도 존재한 적이 없다. 아무것도 존재하지 않고 있다. 아무것도 존재하지 않을 것이다. 이것이 궁극의 진리다. 단지 '나'를 잃음으로써 그것이 깨달아진다.

무엇이 어려움인가? 그대는 어디로도 갈 수 없다. 그냥 침묵을 지키면서, "나는 누구인가? 나는 어디에 있는가? 나는 무엇을 원하는가?"를 질문하라. 그리하면 그대는 즉시 답을 얻을 것이다.

238

일단 알게 되면, 그대는 그것을 벗어날 수 없다. 어디로 움직이건 그대는 의식 속에서 움직인다. 전에는 수준들이 달랐다. 무의식에서 무의식으로 가고 있었다. 그대는 길을 잃었다.

의식만이 홀로 존재한다. 이 의식 너머에는 아무것도 존재하지 않는다. 일단 그것을 알게 되면, 그대는 의식과 하나가 된다. 주체도 대상도 없다. 경험이 없다. 경험되는 것도 없다. 이것이 모든 것으로부터 자유다.

이것은 순간이다. 이것은 우리가 말하고 있는 바로 이 순간이다. 나는 그대가 이 순간 안에 있다고 믿는다. 문제가 있다면 나에게 말하라.

지적으로 이해하지 말고 경험 속으로 직접 들어가기를 바란다. 이 지성은 그대가 생각하는 것의 모습을 취한다. 그러면 그대는 다시 속을 수 있다. 그대가 생각하는 모든 것, 그 생각이 나타난다.

옛날에 그대는 그것에 대하여 생각하였다. 그래서 그것이 있다! 바로 이 순간에 "더 이상은 싫어! 충분해."라고 마음을 먹으면, 그것은 즉시 그칠 것이다.

이 순간 속으로 들어간 것은 큰 행운이다! 굉장한 행운이다!

전적인 의식이 진정한 '나'다. 이 모든 것이 '나'다. 이 모든 '나'들은 이 '나' 안에 있다. 이것은 전체의 '나'다. 이것 안에서 과거와 현재와 미래가 나타난다.

ॐ

모든 관념, 의도, 그리고 욕망을 버려라. 이것과 저것 사이, 과거와 미래 사이를 탐구하라. 그러면 "인간으로 태어나면 반드시 깨달음을 얻고야 말겠다."라는 그대의 약속이 이루어질 것이다.

인간 존재로 태어난 이 환생은 축복받은 삶이다. 이 삶의 유일한 목적은 그대가 자유를 얻을 때 이루어질 것이다. 그렇지 않으면 이 비참한 고통은 끝나지 않을 것이다. 인간의 모습이라는 이 옷은 오직 자유를 위해서만 의미가 있다.

그 밖의 모든 것들은 그대가 다른 종들을 거쳐 오면서 이미 즐겼다. 내 앞에 앉기 위하여 그대는 840만 가지 종들을 거쳤다. 자유로워지기는 어렵지 않다. 자유는 그대 안에 있다. 사랑은 그대 안에 있다. 그러나 그대는 슈퍼마켓에서 찾고 있다. 이 삼사라는 생필품을 취급하는 슈퍼마켓이다. 그것을 뒤로하면 그대는 자유로워진다. 집으로 돌아오라.

태양은 대단히 크다. 지구보다 훨씬 크다. 그러나 한 조각 구름이 태양을 가릴 수 있다. 구름들이 생각이다. 마찬가지로 이 '나' 생각은 참나를 가리고 있다. 이 '나' 생각은 평화, 아름다움, 그리고 사랑을 가리고 있다. 어떻게 구름을 없앨 것인가? 탐구하라. 그대가 탐구할 때, 그것은 사라질 것이다. 왜냐하면 그것은 실재하지 않기 때문이다.

ॐ

푼자 님, 저를 도와주시지 않으렵니까?

글쎄, 어디 보자. 그대는 푸나에서 15년 동안 살았다. 원하는 것을 얻었는가?

글쎄요, 저는 많이 성장했습니다.

그대가 훌륭한 식사를 하기 위해 식당에 갔다고 가정하자. 식사를 마치고 나오는데, 한 친구가 "우리 다른 식당으로 가자."라고 말한다. 그대는 가겠는가?

아닙니다. 저는 이미 배가 부릅니다.

그러므로 나는 그대에게 묻는다. "그대는 배가 부른가? 푸나에서 그대가 원하는 것을 얻었는가?"

아닙니다.

그렇다면 그대는 무엇을 원하는가?

순수 의식입니다.

아주 좋다. 그렇다면 거기에 어떻게 이를 것인가? 사무실에서 일하고 있는데 그대 집에 불이 났다는 전화를 받는다면, 그대는 어떻게 할 것인가?

곧바로 갑니다.

좋다. 가는 도중에 한 친구가 "우리 식당에 가자."라고 말한다. 그대는 어떻게 할 것인가?

저는 집으로 갈 것입니다.

집으로 가라. 그래, 왜? 그대의 집에 불이 났기 때문이다. 그대는 먼저 집을 돌보아야 한다. 그렇지? 그대는 그날 음식조차도 먹지 못할 수 있다. 그렇지? 그대는 점심도 잊을 수 있다. 그대는 길에 보이는 친구들조차 잊을 것이다. 이처럼 그대는 의식을 보기 위해 나에게로 온다. 그렇지?

좋다. 과거나 미래에 대해서 생각하지 말라. 과거는 무덤이다. 그곳은 사무실이다. 그래서 그대는 그대의 집을 향하여 달려가고 있다. 과거에 대하여 생각하지 않는다면, 미래도 생각할 수 없다. 미래를 생각하려면, 그대는 과거 속에 서 있어야 한다. 그러므로 과거와 미래가 마음속에 있지 않게 하라. 마음은 과거와 미래일 뿐이다. 그러므로 이제 생각하지 말라. 됐는가?

단지 몇 초 동안만 그렇게 해 보라. 나는 그대의 삶 중에서 단지 몇 초만을 원한다. 됐는가?

아무런 생각이, 아무런 과거가, 아무런 미래가 없도록 하라. 이제 말해 보라. "그대는 누구인가?" 이 생각 없음 속에서 그대는 의식을 마주하고 있다. 의식이 그대를 마주하고 있다. 그러므로 말해 보라. "그대는 누구인가?"

저는 의식입니다.

그래, 매우 좋다. 이제 주위를 둘러보라. 무엇이 보이는가?

저는 모든 곳에서 텅 빔을 봅니다.

그렇다. 모든 곳에 텅 빔이. 이제 이 텅 빔 안에서 한 생각을 일으켜 보라. 어떤 생각이라도 상관이 없다. 그것이 어디로부터 오는가?

텅 빔으로부터 옵니다.

매우 훌륭하다. 그것은 무엇인가?

그것은 비어 있습니다!

좋다. 이제 그 생각을 텅 빔 속으로 다시 가라앉게 하라. 무슨 일이 일어나는가?

그것은 모양을 갖추다가 가라앉는 거품과 같습니다.

그래, 그대는 무엇을 보는가?

모든 곳에서 텅 빔을 봅니다. 생각들도, 사람들도 비어 있습니다. 온 세상이 비어 있습니다.

매우 훌륭하다. 그러면 이 깨달음은 어떠한가?

또한 비어 있습니다!

제9장

완전한 죽음의 선택

 # 완전한죽음의선택

불꽃과 사랑에 빠져 지체 없이 불꽃 속으로 뛰어드는
나방처럼 되어라.
주저하지도 말고, 도중에 그만두지도 말라.
불꽃 그 자체가 되는 데 시간이 얼마나 걸리겠는가?
불꽃을 향하여 나아가는 것은 자유로워지고자 하는……
아트만을 향하여 가려는 결단이다.

저는 거의 거기에 다다른 것 같습니다. 그러나 어떤 죽음의 경험이 기다리고 있는 것 같습니다. 죽음의 경험이 있습니까?

빗방울이 하늘에서 떨어질 때 그것은 두렵다. 이 떨어짐은 과도기다. 빗방울은 자신이 사라질 것이라고 두려워한다. 물론 그것은 떨어져서 사라질 것이다. 그러나 빗방울이 바다 속으로 떨어질 때, 그 두려움은 사라진다. 왜냐하면 빗방울은 바다 그 자체가 되었기 때문이다.

두려움이 올 것이다. 다루기 힘든 자아가 자신이 죽는 것을 경험하고 있다는 것 이외에는 달리 설명할 것이 없다. 자아와 너무나 오랜 세월 동안 교제해 왔기 때문에, 우리는 '우리'가 죽어 간다고 믿는다.

정말로 살고 있을 때, 우리는 자유롭다. 영원에 닿을 때, 이 죽음의 경험은 완전한 죽음이 된다. 이 세상에 있는 모든 사람은 다시 태어나기 위해 죽는다. 그러므로 실제로는 아무도 죽지 않고 있다.

실제로 죽을 수 있는 것은 자아이며 무지이다. 그 완전한 죽음으로, 자아는 다시 태어나지 않을 것이다. 그대는 영원해진다. 그 완전한 죽음은 결코 다시 태어나지 않는 것이다!

그대가 이 윤회를 벗어나 영원해질 때, 그 죽음은 완전한 죽음이 된다. 얼마 동안은 공포가 있을 것이다. 그러나 그 뒤에는 굉장한 행복 또한 있다.

어느 날 나는 차를 운전하여 방갈로르에서 탄광으로 가고 있었다. 라디에이터에 물을 넣기 위해 지프를 세우고는 호수로 내려갔다. 그런데 거기에는 뱀 한 마리가 있었다. 그 뱀은 개구리의 다리 하나를 물고 있었다. 그 동안 몇 마리 파리들이 가까이 날아오자 개구리는 파리들을 잡아먹고 있었다.

나는 놀랐다. 무엇을 해야 할 것인가? 나는 막대기를 들어 개구리를 살릴 수 있었다. 그러나 뱀은 개구리로 생명을 이어가고, 개구리는 파리들로 생명을 이어간다. 나는 이 상황 속에서 다르마를 보고 있었다.

뱀의 입에서 개구리를 구출하면, 뱀은 나를 욕할 것이다. 개구리는 이미 반쯤이나 죽어 가고 있으며 살려낸다 해도 그의 여생은 불행할 것이다.

나는 파리를 구할 수 없다. 그래서 여기를 떠나 이 세상의 질서를 방해하지 않는 편이 더 낫다고 생각했다. 어떤 존재도 괴롭히지 말고 또 괴롭힘을 당하지도 말라.

개구리와 같이 우리는 태어나는 순간부터 죽음의 입 안에 있다. 매 순간 죽음이 빨아들이고 있다. 어제의 순간은 이미 끝났다. 이 뱀은 이미 성공하였다. 우리 삶 중의 하루가 지나갔다.

아무도 살려 두지 않는 뱀의 입 속에 우리의 피가 있다는 사실을 알지 못한 채, 우리는 쾌락들과 오락들을 즐기고 있다.

뱀의 입 속에 다리 하나가 들어가 있다는 사실을 기억하라. 그런데도 그대는 다른 것에 주의를 기울일 것이다. 우리 자신을 앎으로써만 우리는 죽음이라 불리는 이 뱀을 피할 수 있다. 그때 그대는 자신이 몸이 아니며, 죽음이 취하는 것은 몸에 불과할 뿐 몸 안의 거주자가 아니라는 사실을 알게 될 것이다. 내면의 거주자는 영원하다.

그대가 누구인지를 알 때, 죽음은 그대를 건드릴 수 없다. 그대가 옷을 벗는다고 슬퍼하지 않듯이, 그대는 이 몸의 죽음을 슬퍼하지 않을 것이다.

그대는 이미 수백만 번이나 죽음을 경험했다. 그러므로 이제 죽음이 마지막이게 하라.

결국은 잃게 될 모든 것을 버려라. 버린다는 것은 소멸할 것과 동일시하거나 그것에 집착하지 않는다는 뜻이다. 그것을 지키려 해도 아무런 소용이 없다. 이 삶은 한 생각이 없이도 아주 순조롭게 진행될 것이다.

제 안에 다툼이 하나 있습니다. 매일 아침 삿상에 참석하려고 줄을 설 때 저는 스승님 가까이 앉으려고 밀고 싶은 충동을 느낍니다. 그러면 저는 "노력하지 말라. 아니다. 아니야. 되돌아가자."라고 제 자신에게 말합니다. 저는 다른 사람을 밀어야 하고 그래서 제 안에 다툼이 있습니다.

밀지 않을 때, 그대는 당김의 힘을 볼 것이다.

저는 강한 당김을 느낍니다.

당김을 위해서는 그대의 모든 노력을 포기해야 하고 그대 자신이 당겨지도록 허락해야 한다. 강물의 소용돌이 속으로 들어간다면, 그대는 밀 필요가 있는가, 아니면 그 속으로 빨려 들어가는가? 누가 배를 소용돌이 속으로 밀겠는가? 그것은 빨려 들어가 가라앉을 것이다. 그대는 소용돌이 속으로 빨려 들어가서 가라앉고 다시는 나오지 못할 것이다. 이것이 당김이다.

그대의 노를 던져 버려라. 돛을 꺾어라! 그대의 배가 소용돌이의 격류 안으로 당겨지도록 허락하라. 그리고 고요하라. 나머지는 알아서 될 것이다.

　제가 그렇게 하지 않아도 그런 일이 일어날 것이라고는 믿어지지 않습니다.

　이것은 저절로 일어나고 있다. 그대는 소용돌이를 향하여 나아가고 있다. 그것은 저절로 일어나고 있다. 그대는 어떤 노력도 할 필요가 없다. 고요하라. 그대가 갖고 있는 모든 것을 버려라. 노들을 던져 버리고 돛을 부러뜨려라. 더 이상 노를 젓지 말라. 그대가 해야 할 일은 바로 이것이다.
　그것은 매우 순조로운 항해가 될 것이다. 노를 저으면 그대는 지치게 되며, 때때로 사고들이 일어난다. 노가 없고 젓지도 않는다면, 아무런 사고도 없을 것이다. 해 보라. 배를 젓지 말라. 그대는 강을 따라 내려갈 것이다.

　지성이 무엇입니까? 선택이라는 것이 있습니까?

　선택은 지성에 속한다. 지성은 그대에게 말할 것이다. "그것은 신기루다. 사막으로 헤엄치러 가지 말라. 그것은 아침에도 여기에 없었고 전날 밤에도 여기에 없었다. 그렇다면 그것은 분명 실재하는 것이 아닐 것이다." 이것이 지성이다.

잘못된 선택은 신기루 속에서 헤엄치고 그 속에서 그대의 갈증을 축이려는 것이다. 그러면 그대는 모래를 먹게 된다.

그대가 고요히 머물면서, "그것은 거기에 이전에는 없었다. 그러므로 그것은 실재하지 않는다. 따라서 나는 거기로 수영하러 가지 않을 것이다."라고 추론해 낼 때, 이것이 매우 날카로운 지성이다.

모래는 모래이고 강은 강이라는 아주 확고한 결정을 내리는 것이 날카로운 지성이다. 마음, 지성, 호흡을 근원으로 가져오라. 그러면 그 선택은 올바른 선택이 될 것이다. 그렇지 않으면 그 어떤 선택도 올바른 선택이 되지 못할 것이다.

하지만 우리가 어떤 것을 정말로 선택할 수 있습니까?

이 선택은 어떻게 일어나는가? 옛날에 한 젊은 왕자가 한쪽에는 젊은 아내를, 다른 쪽에는 갓난 아들을 두고 잠자고 있었다.

나는 그대에게 2,535년 전에 살았던 이 사람의 선택을 보여 주겠다. 밤중에 그는 깨어나 "나는 자유를 얻겠다."라는 선택을 하였다.

이 선택은 어디로부터 오는가? 그의 아버지도 그곳의 왕궁 생활에 행복해 했다. 세상의 다른 왕자들도 거기에서 그들의 왕자비들과 함께 잠자고 있었다. 다른 모든 왕들, 다른 모든 존재들도 그들의 왕비들과 여전히 잠자고 있다. (웃음) 이 선택은 무엇에 대한 것인가? 이 선택은 어디로부터 일어나는가?

너머에서 일어납니다.

그렇다. 너머에서 일어난다. 그러므로 저 너머로 가라. 그대가 해야 할 일은 저 너머로 가는 것이다. 그러면 그것이 책임을 떠맡을 것이다. 그것은 그대의 일상적인 일들을 수행할 것이다. 내가 얘기하고 있는 이 왕자는 매우 아름다운 삶을 살았다. 오랜 세월이 지났지만, 우리는 여전히 그로부터 영감을 얻고 있다. 이것이 선택이다.

파파지, 무엇이 지옥입니까?

지옥이란 바깥을 향하며 "나는 몸이다."라고 말하는 마음이다. 이것이 지금 여기에 있는 지옥이다. 마음이 유희의 마당은 오직 몸뿐이라고 결정할 때, 그대가 어떻게 평화로울 수 있겠는가? 아무도 진정으로 평화로울 수 없다. 모든 몸은 죽을 것이다.
무엇이 천국인가? 내면을 향하는 마음이 천국이다. 성경에도 "천국은 내면에 있다."라는 글귀가 있다. 그렇다면 이 천국을 어떻게 얻을 것인가? 자각에 복종함으로써 얻을 수 있다.
자각, 존재, 끝없음, 이것이 천국이요, 자유요, 깨달음이다. 이것은 수백만 년 동안 거쳐 오고 있는 과정에서 해방됨을 의미한다. 내면으로 향하는 마음은 자신의 아름다움과 자신의 근원을 처음으로 볼 것이며, 혼란스러움이 있는 곳으로 되돌아가려 하지 않을 것이다. 항상 그대는 가장 사랑하는 것과 함께 있고자 한다. 거기에서는 되돌아옴이 없다.

그대는 결심해야 한다. "이제 나는 자유를 얻기로, 사랑을 갖기로, 존재 그 자체의 의식을 갖기로 결심했다. 나는 처음으로 신성을 갖기를 원한다." 이 결심이 가장 중요하다. 이것이 그대가 해야 할 유일한 결심이다. 존재, 자각, 희열에 복종하라.

"나는 나 자신을 알아야겠다. 나는 집으로 돌아가야만 한다." 라고 결심한 사람들은 즉시 그것을 얻을 것이다. 이것이 진정한 다르마다. 이것은 그대를 그대 자신의 자각으로 되돌아가게 할 것이다.

자유와 깨달음을 얻기 위하여 과거에는 사다나, 타파스, 그리고 수행을 했다. 그러나 우리는 여기에 있다. 지금 그대는 즉시 자유를 얻을 수 있다. 이것은 새롭다. 그러나 그것은 정말로 사실이다.

무엇인가를 좋아한다면, 그대는 분명 곧바로 그것과 사랑에 빠질 것이다. 이것이 로맨스다. 첫눈에 그대는 모든 것을 망각할 것이다. 한 번 보는 것만으로 충분하다.

마음은 무엇이 아름답고 무엇이 추한지를 결정해야만 한다. 마음은 어디를 여행하든 아름다운 것을 사랑하지만, 아름다움이 무엇인지는 정말로 모르고 있다.

옛날에 페르시아에서 온 한 다이아몬드 상인이 있었다. 그는 인도 무굴 왕들에게 다이아몬드를 팔러 왔었다. 수도 델리로 가는 도중에 편잡 지방을 지나게 되었는데, 거기서 그는 잘룸 강에 이르게 되었다.

그는 물을 길러 온 아름다운 소녀를 보았다. 그들은 서로 눈이 맞았으며, 그래서 그는 그녀의 집까지 따라갔다. 그녀가 옹기장이의 딸이라는 사실을 알게 되었다.

그는 나무 아래에 앉았고 그 소녀를 제외한 모든 것을 망각했다. 그는 계속 옹기장이의 집으로 가서 계속해서 옹기를 샀다. 그가 지불해야 했던 것은 자신의 다이아몬드들이었다. 그러므로 그는 다이아몬드들로 옹기들을 샀다. 그는 단지 사랑하는 이를 보기 위하여 계속해서 갔다. 그는 자신의 모든 다이아몬드를 써 버렸다.

그가 외국 사람이었기 때문에, 그녀의 부모는 자기 딸이 그 사람과 결혼하는 것을 허락하지 않으려 했다. 이 사람은 그 나무 아래에서 온 여생을 보냈다. 그는 인도에서 해야 할 거래를 망각했다. 그는 사랑하는 사람을 보기 위해 그냥 머물렀다.

이것이 하나의 거래라는 사실을 안다면, 그대는 그대가 원하는 것을 얻기 위해 모든 것을 바칠 것이다. 이것이 아름다움, 자각, 사랑이며 그대 자신의 참존재다. 그대는 그대가 갖고 있는 것 모두를 이미 소비하고 있다. 무엇을 위하여 소비하고 있는가?

오직 바깥으로 향하는 마음의 경향성을 점검하라. 이것이 그대가 해야 할 선택이다.

강한 결심 앞에서는 모든 것이 굴복할 것이다. 그대가 "나는 그렇게 하겠다. 그것도 지금 여기에서."라고 말한다면, 무슨 일이 일어날 것인가? 하늘이 떨 것이다. 신들이 떨면서 그대에게 모든 것을 줄 것이다.

ॐ

자유로워지고자 하는 이 욕망을 일으키는 사람은 매우 적었다. 이번 생애에, 올해에, 지금 자유를 얻고 싶다. 이 욕망이 해결할 것이다. 불꽃과 사랑에 빠져 지체 없이 불꽃 속으로 뛰어드는 나방처럼 되어라. 주저하지도 말고, 도중에 그만두지도 말라. 불꽃 그 자체가 되는 데 시간이 얼마나 걸리겠는가? 불꽃을 향하여 나아가는 것은 자유로워지고자 하는…… 아트만을 향하여 가려는 결단이다.

아트만은 그대를 소멸시키고 그대에게 영원한 존재, 영원한 의식, 영원한 희열을 줄 것이다. 아무도 그것을 모르고 있다. 모든 사람이 감각을 통하여 바깥에서 찾고 있다. 그대가 보는 것은 무엇이나, 그대가 이름들과 형상들을 보는 곳은 어디나, 그것은 진실이 아니다. 이 이름과 형상들은 그대에게 결코 평화와 사랑을 주지 않을 것이다. 그대가 쾌락적인 감각 대상들을 통하여 보고 느끼고 경험하는 것은 무엇이나 그대를 배고프게 할 것이다.

그러므로 이것을 아는 것이 결심이며 식별이다. 이 통찰과 이 식별력을 가진 소수의 사람들이 "나는 자유로워지고 싶다."라고 결심할 것이다. 그들은 스승을 발견할 것이다. 스승은 그대 안에 있다. 삿구루가 그대 안에 있다. 자유를 향한 그대의 욕망은 그 삿구루, 그 브라만을 향하여 나아가고 있다.

먼저 그대의 마음에 아무것도 없어야 한다. 자유를 향한 욕망을 가로막는 다른 욕망이나 유혹이 없어야 한다. 다른 욕망들은 그대로 하여금 탄생과 죽음이라는 윤회로 다시 되돌아가도록 강제한다. 마침내 그대는 아무런 장애물도 없고 어디에도 마음을 빼앗기지 않은 채 되돌아가기로 결심한다. 그대의 결심은 확고하다. 그대는 그대의 결심을, 그대가 어디로 가고 있는지를 잘 알고 있다. 그대는 그대가 선택한 것을 아주 잘 알고 있다.

이제 그대는 처음으로 의식을 마주하고 있다. 만일 다른 것에 대한 욕망이 티끌만치라도 그대에게 있다면, 그대는 의식으로부터 등을 돌리고 있다. 이 등 돌림은 적어도 3,500만 년을 의미한다. 그대는 전에 등을 돌렸고, 3,500만 년이 지난 지금에야 다시 가까이 왔다.

그것(That)을 향함으로써 이 욕망, 진리의 이 구도자는 삿구루인 진정한 의식을 대면하여 만난다. 의식은 이제 그것 자신을 비춘다. 의식이 이 구도자에게 정면으로 비추고 있다. 이 진리의 반사, 이 의식의 반사가 구도자다.

이 반사로 욕망이 타 버린다. 욕망이 사라진다. 그대는 자유를 향한 욕망을 갖고서 왔다. 그대가 목표에 이를 때, 욕망은 사라진다. 그러면 누가 남는가? 그것 자신을 비추는 의식. 그대 안에 있는 브라만과 바깥에 있는 브라만 사이에는 아무런 차이가 없다.

그대는 그것을 찾아 여기저기 헤매고 다녔지만 찾지 못했다. 왜냐하면 그것은 그대 안에 있기 때문이다. 그것은 모든 존재들의 가슴속에 있다. 그대는 여기를 찾지 않았다.

그대가 그대 자신의 가슴속을 바라볼 때, 이 탐구는 끝난다. 여기에서 여정은 끝난다. 윤회, 카르마, 운명, 또 무엇이라 부르든, 그것은 끝난다.

이 상태에 이른 사람들이 왜 조금밖에 없습니까?

이르렀다고? 아무도 이르지 않았다. 이것은 이르기 전의 과정에 관한 얘기일 따름이다. 우리는 자유를 향하여 가고 있다. 우리는 사랑을 향하여 가고 있다. 우리는 바다를 향하여 가고 있다.

그러나 그대는 바다 안에서 얼마나 많은 강들을 보는가? 바다를 만난 후에 남아 있는 강들이 얼마나 되는가? 이것은 과정에 관한 이야기다.

빗방울들이 바다 위에 떨어지고 있다. 그것들은 떨어지면서 우정을 맺는다. "우리는 어디로 가고 있는가? 우리는 함께 가고 있다. 떨어진 뒤에도 우리 모두는 함께 있을 것이다." 바다에 닿으면 비나 빗방울이 어디에 있는가? 얼마나 많은 빗방울들이 바다에서 살아남을 수 있는가?

모든 경험은 과정에 있다. 일단 그대가 그대 자신의 참나에 이르면, 그대는 무엇이 될 것인가?

이 마음이 온 우주를 창조하였다. 수없이 많은 존재들을 창조하였다. 마음이 그것 자신의 근원인 텅 빔에 접촉하자마자, 얼마나 많은 텅 빔들이 텅 빔 속에 있겠는가?

이러한 질문들은 모두 현명치 않다. 무지한 사람만이 이러한 것들에 대하여 얘기한다. 그러므로 그냥 침묵을 지키고 보라. 마음의 뜰에 한 생각도 일으키지 말라.

이 주제에 관하여 저는 스승님께 말씀드리고 싶은 바가 있습니다.

그대는 전혀 이해하지 못하고 있다! 한 생각도 일으키지 말라고 했다. 그런데도 그대는 이 주제에 대하여 말하고 싶어 한다.

ॐ

저는 자유롭고 싶습니다. 그러나……

그러나? 그대는 '그러나'라고 말하는가? 그대는 이 욕망을 위해 하루에 얼마나 많은 시간을 쓰는가?

약 5분 정도입니다.

고통에서 자유로워지려면, 그대를 희열로부터 갈라놓지 않는 것에 집착해야 한다. 먼저 세상에 있는 모든 대상들을 식별하라. 그리고 그대에게 늘 행복을 주는 대상이 있는지 말해 보라. 어느 것이든 그대가 가장 좋아하는 대상을 말해 보라.

그대가 아무런 대상도 발견하지 못했다면, 모든 대상들을 버려라. 암탕나귀가 그대를 걷어차고 있는데도 계속 그 뒤를 따라간다면, 그대는 당나귀처럼 행동하고 있다. 이 암탕나귀는 이 세상의 대상들을 말한다.

길에 있는 당나귀를 보라. 당나귀는 암탕나귀의 뒤를 따라가고 있다. 이 암탕나귀는 뒷발로 걷어차고 있다. 당나귀의 코에 피가 흐르고 있다. 눈도 찢겨졌다. 그대라면 어떻게 하겠는가?

도망칩니다.

그렇다. 암탕나귀를 떠나라. 그러나 나는 이 세상에서 계속 걷어차이고 코피를 흘리고 이빨이 부러지는 당나귀들을 본다. 그런데도 그들은 이 암탕나귀를 떠나지 않을 것이다. 나는 이런 당나귀들을 매일 본다. 그들은 이곳에도 온다.

그대는 하루 중 23시간 55분 동안 이 암탕나귀에게 걷어차이고 있다. 그런데도 그대는 여전히 그것의 냄새를 맡으려 한다. 그렇다면 그대가 어떤 선택을 해야 하겠는가?

그것을 떠나는 것입니다.

이 암탕나귀를 떠난다면, 그대는 어디로 향하겠는가?

저 자신에게로 향합니다.

그렇다! 그대는 현명해졌다. 무엇이 이 암탕나귀인가? 온 우주가 암탕나귀이다. 창조에서 파멸로 가는 모든 것들이 이 암탕나귀이다. 이 암탕나귀에게 걷어차이는 데 그대는 그대의 모든 시간을 쓰고 있다. 말해 보라. 이 암탕나귀에게 걷어차이지 않는 사람이 있는가? 모든 사람들이 걷어차였다. 그런데도 여전히 그들은 더 걷어차이려고 뒤따라가고 있다.

단 5분만이라도 이 암탕나귀를 떠난다는 것은 무슨 뜻인가? 이름과 형상이 바로 암탕나귀다. 형상이란 네 다리와 뒤에 붙어 있는 꼬리를 의미한다. 이름과 형상이라는 이 암탕나귀에게서 눈길을 돌려라. 23시간 55분 동안 그대를 걷어차고 있는 이 암탕나귀에게서 그대의 얼굴을 돌리면 무슨 일이 일어나겠는가?

저는 자유로워집니다.

훌륭하다. 그대는 '방법'에 대하여 물었다. 이것이 방법이다. 자유를 발견하기 위하여 그대는 무엇을 했는가? 그대는 자유에 대하여 생각했는가?

아닙니다. 저는 아무런 의심 없이 저 자신을 경험했습니다.

왜 여기에 머물지 않는가? 그대는 그것을 늘 즐기지 않는가? 항상 여기에 머무는 것이 합리적이지 않은가?

의심의 여지없이 매우 합리적입니다.

그대의 모든 여생을 왜 이 일로 보내지 않는가? "나는 참의식이다. 나는 참희열이다. 나는 참존재다." 그렇게 말하라. 그것에 대하여 생각하라. 그것에 흥미를 느끼는 진지한 친구들을 만나면, 그들에게 그것에 대하여 여기로부터 말하라. 그대의 카르마가 지속되는 한, 그대의 모든 여생을 이 일로 보내라.
카르마란 지금 결실을 맺고 있는 공덕이나 오래된 경향성을 의미한다. 업이 그대에게 이 몸을 주었다. 그리고 그것은 그것

의 시간을 지속시켜야만 한다. 그것은 지속되어야 한다. 그러
므로 이 시간을 그대 자신의 참나에 대한 사랑으로 보내도록
하라.

제10장

이 세상에 존재하는 방법

 이 세상에 존재하는 방법

나는 이 평화의 메시지에 매우 관심이 많다.

그것은 침묵 속에서 주어져야 한다.

어느 누구와도 부딪치지 말라.

조용히 앉아라, 그대의 집에 있을 때에도

이것은 세상의 수상들이 발표하는 성명서들보다

더 효과가 있을 것이다.

가슴에서 나오는 평화의 메시지를

침묵 속에서 이 세상의 모든 존재들에게 보내라.

이 현재의 시간을 가장 잘 사용하라. 잘 분별하라. 그리고 이해하라.

나는 그대에게 동굴로 가라고 권하지 않는다. 나는 그대에게 공동체나 아쉬람이나 사원으로 가라고 말하지 않는다. 행복하게 살고, 가족과 함께 살아라. 직업을 갖고 선하게 일하라. 그러면 세상은 그대로 인해 고통받지 않을 것이다. 삶의 모든 단계들은 가장의 단계에 의존하고 있다. 학생, 승려, 노인, 산야신, 이 모두는 가장의 소득에 의존하고 있다. 그대 스스로 걸인이 되는 것보다는 이 사람들을 돕는 것이 좋지 않겠는가?

수도원이나 공동체라는 이 아이디어는 새로운 개념이 아니다. 그것은 불교의 개념인데, 별로 효과가 없었다. 사원은 깨달음을 낳는 데 그다지 성공적이지 못했다. 그 동안 시도해 보았지만, 그곳에는 지름길이 없다.

전통적으로 여기 인도에는 삶의 단계들이 있다. 처음 25년은 배우는 학생의 삶, 다음 25년은 가정생활의 삶이다. 그 다음 25년 동안 그대의 자식들이 성인이 되면 그대는 깨달음을 얻기 위해 숲 속으로 떠난다. 넷째 단계인 그 다음 25년에는 그대가 좋아하는 것을 무엇이든 할 수 있다. 삶에서 달아나는 것은 누구에게도 유익하지 않았다.

저는 의사입니다. 제가 누구에게 봉사해야 합니까? 누가 가장 절실한 도움을 필요로 합니까?

환자들이다.

가난한 환자들 말입니까?

환자들은 의사가 필요하다.

어떤 환자라도 말입니까?

어떤 환자라도.

누가 오더라도 말입니까?

누가 오더라도 그렇게 하여라. 그대가 깨달음을 얻는 데에는 이것으로 충분하다. 신은 환자의 모습으로 그대에게 나타날 수 있다. 환자를 보기 전에 지갑의 무게를 보지 말라. 환자는 그냥 환자다. 그러나 의사들은 그와 같이 행동하지 않는다. 좋은 의사가 되는 것은 좋은 일이다. 아이들이 고통받고 있다. 세상이 고통받고 있다. 왜 도와주지 않는가? 다 포기하고 승려가 되기보다는 도와주는 편이 더 낫다.

그것이 그렇게 간단할 수 있는지 여전히 의심이 갑니다. 저는 굉장한 체험과 희열이 있을 것이라 생각하고 있고, 또 그 일이……

힘들고 어려울 것이라고……

예, 그렇게 생각합니다.

그렇다면 히말라야로 가서 두 발로 매달려 있어라. (웃음) 온갖 종류의 수련들이 여전히 행해지고 있다. 왜냐하면 수행하는 것이 고요히 앉아 있는 것보다 더 쉽기 때문이다.

그대는 한 시간 동안 물구나무서기로 있을 수도 있고, 몇 시간 동안 만트라를 암송하거나 노래할 수도 있다. 이 모든 것을 할 수 있다. 마음은 그대를 속이고 있다. 마음은 고요히 있는 것을 좋아하지 않는다. 마음을 패배시킬 수 있는 유일한 방법은 한 생각도 일으키지 않는 것이다. 한 생각도 시작하지 말라. 매우 단순하다. 마음은 활동이나 수행에 종사하기를 좋아한다. 마음이 활동하지 않을 때, 이것이 평화다.

그대의 직장과 사회로 되돌아갈 때, 삶에서 달아나지 말라고 한 나의 말을 기억하라. 아무런 문제가 없다. 그대는 모든 것을 받아들일 것이다. '나와 다른 것'은 전혀 없다. 그대는 여러 색조를 만들어 내는 안경을 끼고 있었다. 이 안경을 벗어야 한다. 그대가 보는 데 사용하는 눈이 바뀌어야 한다. 강들, 산들, 친구들은 바뀌지 않을 것이다. 그러나 이제 그대는 지혜의 안경을 끼고서 '나와 다른 것'이 없음을 본다. 타인은 없다. 모두가 그대 자신의 참나다.

온 세상이 그대 자신의 참나다. 그러므로 누가 선하고 누가 악한가? 그것은 어떤 책이나 어떤 사람이 말하는 내용이 아니라 그대의 직접 경험에 좌우될 것이다. 그러니 지금 당장 뛰어들어 경험하라. 그 뒤에 스스로 판단하라.

직접 경험이 없는 가르침만으로는 아무런 의미가 없다. 경험은 멀리 있지 않다. 그대는 먼저 무엇이 그대에게 유익한지를 결정해야 한다. 그 뒤에는 즉시 행동하라. 그리고 결과를 보라.

몸을 잘 돌보라. 왜냐하면 이것은 자연이 그대에게 줄 수 있는 가장 귀한 선물이기 때문이다. 그 선물이 인간 탄생이다. 몸을 잘 돌보라. 몸은 신의 사원이기 때문이다. 신은 그대의 가슴 안에 계신다. 이 몸은 그대가 더 높은 지식을 얻는 데 유용할 것이다. 그러므로 이 몸을 존중하라. 몸을 무시하지 말라. 몸을 잘 돌보라. 온 여생 동안 건강을 유지하라.

저는 아내도 가족도 없습니다. 저는 세상에서 할 일을 다 마쳤습니다. 제가 여기에 머물면서 스승님을 모셔도 되겠습니까?

그대가 자기 자신을 알지 못한다면, 다른 사람에게 무슨 도움을 줄 수 있겠는가? 장님이 장님을 안내하는 셈이 될 것이다. 그대가 자기 자신을 안다면, 그대는 세상을 도울 것이다. 그대가 다른 사람에게 줄 수 있는 유일한 도움은 이것이다. 먼저 그대 자신을 알아라. 그리고 평화와 행복을 얻어라. 그 뒤에 다른 사람들에게 평화와 행복을 얻는 방법을 알려 주어라. 그대가 직접 얻기 전에는 남에게 알려 줄 수 없다. 먼저 그대 자신을, 보물을 발견한 뒤에 남에게 나누어주라. 그것은 무한한 보물이다. 나누어줄수록 더욱더 불어날 것이다.

옛날에 어느 왕이 있었다. 그는 날마다 기도를 한 뒤, 첫 번째로 본 사람에게 원하는 것을 주곤 했다. 어느 날 왕이 기도하는 동안 한 탁발승이 기다리고 있었다. 왕이 기도를 끝냈을 때, 그 탁발승은 말했다. "나는 당신에게 구걸하러 왔습니다. 그러나 이제 당신도 거지임을 알았습니다. 당신은 신에게 구걸하고 있습니다. 따라서 나는 거지에게 구걸하지 않을 것입니다. 나는 당신이 구걸하는 그분에게 구걸하겠습니다."

모든 사람이 구걸하고 있다. 거지 아닌 사람이 누구인가? 그대가 아무것도 요구하지 않는다면, 그대에게 모든 것이 주어질 것이다. 그대가 아무것도 요구하지 않는다면, 신이 그대를 뒤따를 것이다. 모든 것이 그대에게 더해질 것이다. 그러므로 그대는 구걸할 필요가 없다.

어떻게 하면 더 자비롭지 못하게 막는 것들로부터 자유로워질 수 있습니까? 어떻게 하면 더 자비롭지 못하게 막는 한계들로부터 자유로워질 수 있습니까?

다른 사람들에 대해 자비로워지기를 바라는가? 다른 사람들에게 주어 그들을 행복하게 하기를 원하는 그대의 귀중한 선물

272

은 무엇인가? 인류의 절반이 굶주리고 있다. 그대는 그들에게 충분한 음식을 줄 수 있는가? 한 번이라도? 점심 혹은 저녁이라도? 그대는 굶주리고 있는 세상 사람들에게 한 끼의 음식이라도 줄 수 있는가?

없습니다.

없다. 그렇다면 그들에게 무엇을 주기를 원하는가? 그들은 음식이 가장 필요하고, 다음에는 옷, 그 다음에는 집일 것이다. 그렇지 않은가? 그런데 그대는 아무것도 줄 수 없다. 그러니 만일 그대가 줄 수 있는 것이 있다면, 그것은 아마도 마음의 평화일 것이다.

세상은 여전히 그들을 배불리 먹이지 못하고 있다. 가장 부유한 나라들이 그렇게 하기 위해 애를 썼지만, 심지어 자기 나라 사람들에게조차 음식과 옷과 집을 충분히 제공할 수 없다. 그러니 그대는 어떻게 하겠는가? 그대는 마음의 평화를 줄 수 있는가? 그대에게 마음의 평화가 있는가?

아닙니다.

그러면 어떻게 다른 사람들을 도울 수 있는가? 나가서 다른 사람을 돕겠다는 것은 선교의 개념이다. 우리는 그 동안 저개발 국가들에 온 선교사들을 보아 왔다.

나는 자비롭게 보이는 자세들을 훈련받은 선교사들을 보았다. 그들은 손을 맞잡는 법과 눈시울을 적시는 법을 배웠다. 내가 본 어느 선교 드라마에서는 이 모든 것을 하나의 의식으로 가르치고 있었다. 배워서 행하는 자비는 남의 이목을 끌려는 정치적 행위이며 종교적 거짓이다. 자비는 가슴에서 나와야 한다.

어떻게 하면 그런 자비를 얻을 수 있습니까?

평화를 원하는 자를 찾아내라. 누가 자비로워지기를 원하는가? 그대 자신을 자비심 그 자체인 그것(That)에게 소개하라. 그대를 그것에게 소개하라. 그것이 어디에 있든지. 그대의 마음을 그것에게 향하게 하고 나에게 말해 보라. 그것은 아무 데도 없을 것이다. 말해 보라.

깨어난 뒤에는 무슨 책임이 있습니까?

우선, 이것은 좋은 질문이 아니다. 깨어나면 그대는 모든 것을 아주 선명하게 볼 것이다. 그 전에는 그것에 대하여 알지 못한다.

깨달음을 얻은 후에는 자아와 행위자 의식이 없어진다. 그대는 다른 차원에 머물 것이다. 우선 자유를 얻어야 한다. 그러면 그것(It)은 그것 자신을 돌볼 것이다.

이 질문은 행위의 규범에 따라 무엇인가를 하려는 행위자로부터 나온 것이다. 깨어난 사람은 상황에 자연스럽게 반응한다. 그래서 기억 속에 아무런 흔적을 남기지 않는다. 이것은 아무런 흔적을 남기지 않고 하늘을 나는 새와 꼭 같다.

깨달음을 얻기 전에는 깨달음 후의 문제를 물을 수 없다. 먼저 깨달음을 얻어라. 그런 다음 그대가 이 질문을 할 수 있는지 보라. 해야 할 것이 없고, 하지 말아야 할 것도 없다. 상황에 따른 자연스러움만이 있을 것이다. 마음이 죽으면, 행위의 개념들이 있을 수 없다.

행하는 것은 마음이 아니라 참나다. 마음과 자아는 잘못을 저지를 수 있지만, 참나는 그렇지 않다. 그대는 자유를 얻고 참나 속으로 들어간다. 이것은 모든 문제와 행위, 도덕의 종말이다. 그 상황은 설명할 수도, 상상할 수도, 만져 볼 수도 없다.

스승님께서는 자유 속에는 개념들이 없다고 말씀하십니다. 그러나 스승님께서 병원에서 일을 하신다면 무슨 일이 일어날까요? 병원은 개념들로 가득 차 있습니다. 스승님은 이 둘을 어떻게 조화시키겠습니까?

자아가 "나는 이것을 하고 있다. 나는 저것을 하고 있다. 나는 이것을 원한다. 나는 저것을 원한다."라는 생각을 지니고 거기에 있으면, 그때 사고가 일어나고 실수들이 생기기 마련이다.

그대가 자기 자신을 알게 되면 모든 속성들이 사라진다. 강물이 바다로 흘러 들어가면, 더 이상 강이 남지 않듯이 말이다. 바다는 한계가 없다. 그대가 자유로울 때 그대에게는 더 이상 과거의 습관들이 없다. 그대는 기능하지 않는다. 왜냐하면 행위자가 없기 때문이다. 마음이 없기 때문이다.

어떤 마음도 작용하고 있지 않다면, 그때 존재하는 자는 누구인가? 내면의 신이 다른 사람들에게 선을 베풀기 위하여 그 사람을 통하여 일하고 있다. 그렇지 않다면 마음은 아무런 소용이 없다.

깨닫고 나면 그대의 일은 끝난다. 그대가 자유로울 때는 자유가 그대를 떠맡는다. 자아를 대신하여, 행위자를 대신하여 다른 무엇이 일어날 것이다. "내가 하고 있다."라는 개념은 더 이상 존재하지 않는다.

프라즈나(prajna)라 불리는 다른 힘, 초월적 기능이 그대를 떠맡을 것이다. 그것은 그대의 모든 신경 속으로 들어가고, 그대 몸의 모든 원자들이 변할 것이다. 그대는 더 이상 이전의 사람이 아닐 것이다.

그대는 아무런 노력도 할 필요가 없다. 오직 그대의 가슴속에 자리 잡고 있는 신에게 복종하라. 그러면 이 삶이 얼마나 아름다운지를 알게 될 것이다. 사람들과의 만남과 관계가 얼마나 아름답게 바뀌는지를 알게 될 것이다.

행위는 자아가 아니라 지고의 푸루샤로부터 올 것이다. 그것이 떠맡을 것이다. 그대가 말할 때마다 지고의 푸루샤가 말할 것이다. 그대가 무엇을 볼 때마다 그것이 보고 있다. 그대의 눈

276

이 바뀔 것이다. 미움이 없을 것이다. 그대의 눈은 모든 곳에서 신을 볼 것이다.

그대가 복종하면 이 같은 변화가 갑자기 일어날 것이다. 그대가 가슴의 텅 빔 안에 자리 잡고 있는 신만을 보고 흠모한다면, 모든 것이 이루어질 것이다.

그대가 수상을 직접 만나기를 원한다면, 그대는 그를 만날 수 없을 것이다. 그대가 수상을 만나려면 수없이 많은 추천을 받고 여러 장관들을 거쳐야 한다. 그들은 수상이 매우 바쁘다고 말할 것이다. 그대는 심지어 문을 지키는 경비원들에게까지 인사해야 할 것이다. 그들은 수상을 만나기 위한 접견실 입장을 허락하지 않을 것이다.

그러나 만일 그대가 수상과 친하다면, 그는 그대를 마중하러 자신이 직접 공항에 나올 것이다. 그러니 그대는 경비원이 아니라 이 우주의 신과 친해져야 한다!

이 비결을 놓치지 말라. 그러면 위대한 떠남의 때가 오더라도 그대는 고통받지 않을 것이다. 창조주조차도 이 떠남을 직면해야 한다. 모든 사람은 이 떠남의 때, 붙들고 있던 모든 것을 포기해야 하고 친구들을 떠나야 하고 모든 현상계를 뒤로하여야 하는 이 떠남의 때를 직면하고 비참해진다.

죽음의 신인 야마가 그대 앞에 있다. 누구나 그것을 직면해야 한다. 그대는 수백만 번이나 야마를 만났다. 그래서 그대는 죽음을 두려워한다. 전에 수많은 죽음을 경험하였기 때문이다. 그러나 그대가 할 일을 다 마치고 죽기 전에 이 죽음 없음을 얻으면, 죽음의 신이 올 때 그대는 그를 알아보고 껴안을 것이다. 그대는 죽음이 그대의 오랜 친구임을 알아보고 그에게 입맞춤을 할 것이다.

고통이 마음속에서 일어날 때는 그저 질문하라. "누가 고통을 받고 있는가?" 그것이 전부다. 이 질문을 하면 왜 고통이 떠나는가? 그대가 자기 자신을 그 상황에서 분리시켰기 때문이다. 질문하라. "누가 묶여 있는가?" 그러면 그대는 어떤 굴레나 족쇄도 없음을 발견하게 될 것이다.

제가 아무것도 하지 않는데, 어떻게 일이 이루어질 수 있겠습니까?

어떤 일을 다루기 위해 노력할 때는 힘이 필요하다. 심지어 마음을 일으키는 데에도 힘이 필요하다. 노력은 신체로나 마음으로 한다.

무엇이 그대로 하여금 노력할 수 있도록 하는가? 그대는 "나는 이곳에서 저곳으로 가고 싶다!"고 말한다. 걸어가려면 노력이 필요하다. 발이 있다. 마음이 있다. 마음속에 목적지가 있고, 가야할 길이 있다. 그대는 한 발을 들어 올리는 데 필요한 힘을 어디에서 얻는가? 무엇이 발을 걷게 하고 마음을 작용하게 하는가?

모르겠습니다.

그대는 알려진 것만 알고 있다. 그대는 이 알려진 것을 알게 해 주는 미지의 존재를 모르고 있다. 그대가 "모르겠습니다."라고 말할 때, 그대는 어디로 가는가?

저는 마음에게 물었습니다.

"모르겠습니다."라고 말한 것은 마음이지 발이 아니다. 생각할 수 있는 힘을 어디에서 얻는지 마음에게 물어보라.

욕망입니다.

욕망과 마음은 동일한 것이다. 욕망은 어디에서 일어나 욕망이 되는가?

모르겠습니다.

그 힘은 무(無)로부터 온다. 그대의 노력은 무로부터 일어난다. 그대가 걸을 때, 그 힘은 무로부터 온다.

(오랜 침묵)

자유는 시간 밖에 있습니다!

그렇다. 또 다른 것은?

여행해야 할 거리가 없습니다.

그렇다…… 계속해 보라.

왜 제가 이 점을 일찍 알지 못했는지 이해가 되지 않습니다. 저의 삶은 경이로 가득 차 있습니다. 이제 아무런 분리가 없습니다. (웃음) 저는 정말 행복합니다.

나는 그 행복 앞에 엎드려 절한다.

제게는 다섯 살 난 아들이 있습니다. 다섯 살의 마음을 어떻게 다루어야 합니까?

그대는 생각하기를 멈추어야 한다. 아이들이 바르게 행동하지 않는 까닭은 부모들이 바르게 행동하지 않기 때문이다. 어머니가 지혜롭고 생각이 비어 있다면 자녀에게서 신을 볼 것이다. 어머니는 아이를 신 그 자체로 경배할 것이다. 어머니는 아이 속에서 자신의 얼굴을, 다른 모습 속에 있는 자신의 참나를 볼 것이다. 그대가 깨닫는다면, 그대는 참된 어머니가 될 것이다.

ॐ

저는 치유자입니다. 그리고⋯⋯

치유자라고? (웃음)

제가 살던 곳으로 되돌아가게 되면 어떻게 될지 궁금합니다.

그대는 더 나은 치유자가 될 것이며 많은 사람을 도울 것이다. 그때 그대는 지금 얘기하는 내용을 확실히 알게 될 것이다. 이것은 자비다. 그대가 접촉하고 바라보기만 해도 치유가 일어날 것이다. 그대는 다른 치유 방법을 알게 될 것이다. 그대는 자비를 가짐으로써 더욱 효과적으로 일할 것이다.

전에는 그것이 직업이었다. 이제 그것은 자비가 될 것이다. 그대는 어디를 가든 행운을 얻을 것이다. 어디에 있든, 그대는 여기에 있다. 어디에 있든, 그대는 여기에 있을 것이다. 어디든 원하는 곳으로 가라. 이곳은 모두 그대의 영역이다. 어디에 있든, 그대는 의식 안에 있을 것이다. 의식이 그대의 거처다. 의식이 행복이며 평화다.

그러므로 행복과 평화 속에서 일하라. 그대의 모든 친구들에게 행복해지는 법을 가르쳐 주어라. 그대가 행복을 받았으니, 그들에게 행복해지는 이 간단한 비밀을 전해 주어라.

무엇이든 원하는 것을 하라. 그것은 그것 안에서 스스로 일할 것이다. 자만이나 자아는 더 이상 없을 것이다. 이제는 전혀 다른 방식으로 일이 이루어질 것이다. 이제는 마음이나 자아의 지시 없이 일이 이루어질 것이다. 다른 사람들과 더불어 매우 자연스럽게 일하게 될 것이다. 대단히 자연스럽게, 참나에서 나와 참나로 갈 것이다. 그대는 이 변화를 스스로 경험할 것이다. 그대에게 행운이 있기를 빈다.

어떤 사람이 그것을 잃어버릴 수도 있는지 물었습니다. 스승님께서는 그것을 결코 잃어버릴 수 없음을 저는 압니다.

그대는 그것을 결코 잃어버릴 수 없다고 말한다. 나는 말한다. "이제 조심하라."
나의 경험을 그대에게 말해 주겠다. 1947년에 나는 라드바르(Lardbar)에 가기 위해 우체국 앞을 걷고 있었다. 안전한 왼쪽 편으로 걷고 있었다. 발판이 달린 포드 자동차가 뒤에서 나를 들이받았다.
사람들이 몰려들어 나에게 말했다. "무슨 일이 일어났는지 보시오. 우리는 차의 번호를 알고 있소. 당신은 틀림없이 다쳤을 것이오."
그래서 나는 바지를 걷어 보았다. 바지는 물론 찢겨져 있었지만, 몸에는 작은 상처밖에 없었다. 조금 긁혔을 뿐이었다. 내 옆에는 발판이 떨어져 있었다. 사람들은 말했다. "경찰서로 갑시다." 나는 아무 말도 하지 않았다. 흥미가 없었다.

내가 말하는 이 조심은 무엇인가?

매우 깨어 있어야 한다고 나는 강조한다. 이것은 신체에 관한 조심이 아니다! 누가 이 몸을 보호하였는가?

또 다른 사건이 있었다. 나는 남부 망갈로르에서 방갈로르까지 차를 타고 600마일을 갔다. 그곳에서 로테르담으로 가는 배에 철광석을 선적하였다. 선적을 마친 뒤에는 선장에게서 송장을 받았다.

이때쯤 되자 나는 몹시 피곤하였다. 선적하지 못한 짐이 바닷가에 있었다. 그래서 나는 바닷가로 가서 서류 일이 끝날 때까지 8시간 동안을 선장과 함께 시간을 보내야 했다.

날씨는 더웠고 나는 몹시 피로했다. 그래도 망갈로르로 돌아가야 했다. 그래서 나는 지프에 올랐다. 일곱 개의 험난한 굽이들을 거쳐 해발 오천 미터 높이까지 가야 했다.

나는 몹시 졸렸다. 차를 길가에 세우고 쉬어야 한다고 생각했지만, 곧 이런 생각이 들었다. "자, 8마일만 더 가면 건너편에 도착할 테니, 그곳에서 커피를 한잔 마시며 잠시 휴식을 취하자. 여기에서 쉬면 야생 코끼리들이 나타나서 지프를 계곡으로 굴려 떨어뜨릴지도 모른다. 30분만 더 가자."

나는 잠에 떨어졌다. 핸들 위에 머리를 대고 잠을 자 버렸다. 건너편에 도착했을 때, 나는 1킬로미터 깊이의 낭떠러지 위로 나 있는 매우 위험하고 좁은 일차선 도로를 지났음을 알게 되었다. 산은 1킬로미터 위에 있었다.

건너편에 이르렀을 때 나는 매우 상쾌했다. 그때까지 나는 깊이 잠들어 있었고 핸들 위에 머리를 댄 채 눈을 떴는데, 차는 길을 따라 계속 내려가고 있었다. 이제 기운이 났다. 그래서 그 후 남은 500킬로미터를 계속 운전하였다.

질문은 이것이다. "내가 잠자고 있었다면, 누가 운전을 하고 있었는가?" 나는 그 답을 찾을 수 없다. 그러나 그대는 지금 여기에 있고 그것을 경험하고 있다. 그대는 이 점을 이해해야 한다.

나는 조심에 대하여 말하고 있었다. 조심하고 있는 사람은 거의 없다. 조심이란 인위적인 조작이 아니다. 조심이란 말이 하나의 말이 되어 가고 있는 곳에 대한 관심이다.

제가 차를 운전하고 있었을 때의 경험을 말씀드리고 싶습니다.

아니다, 아니야. 그대는 이해하지 못하고 있다. (웃음)

옛날에 마음이 완전히 비어 있는 사람이 나무 아래에서 잠시 낮잠을 잤다. 잠에서 깨어난 그는 자리에서 일어나 소지품과 발우를 집어 들었다. 그는 주위에 많은 존재들이 앉아 있는 것을 보았다. 그들은 모두 일어나서 "삿상에 감사를 드립니다."라고 말했다.

"하지만 나는 여러분에게 한 마디 말도 하지 않았습니다. 나는 자고 있었습니다."라고 그는 말했다.

"예, 스승님. 천국에서는 이와 같은 삿상을 가질 수 없습니다. 우리는 모두 여러 천국의 신들입니다. 우리는 스승님의 삿상에 참석하기 위해 여기로 와야 했습니다. 이와 같은 삿상은 천국에서도 일어나지 않습니다."

"우리는 매우 바쁘고 또 온종일 얘기합니다. 그곳에는 많은 즐거움이 있습니다. 아주 즐겁습니다. 인간들은 상상할 수도 없는 즐거움입니다. 우리는 즐기는 데 너무 바빴습니다. 우리는 얼마간 평화를 원하였습니다. 마음의 평화를 얻을 수 있는 곳을 찾기 위해 우리는 주위를 둘러보았습니다."

천국의 신들은 주위를 둘러보았다. 그들은 지구에서 잠을 자고 있는 이 사람을 발견하였다. 마음에 아무런 생각이 없는 사람은 평화와 사랑의 빛을 내뿜는다. 모든 사람은 마음에 아무런 개념이 없는 사람에게 끌린다.

"여기가 사랑과 평화의 장소이기 때문에 우리는 여기로 왔습니다. 이 삿상에 대해 감사드립니다."

그들은 거처로 돌아가면서 이 사람 위에 꽃송이들을 뿌렸다. 나무들도 활짝 꽃을 피운 뒤 이 사람 위에 꽃송이들을 뿌렸다.

그저 침묵을 지키며 무슨 일이 일어나는지 지켜보라. 온 천지 만물이 그대를 사랑할 것이다. 그대를 낳아 주고 이 온갖 어려움에 처하게 한 그대의 어머니보다 그대를 더 잘 돌보아 줄 것이다.

그러나 다른 어머니인 이 의식이 그대의 원래 어머니라는 점을 안다면, 그녀는 그대를 돌보아 주며 그대에게 평화와 행복과 죽음 없음 또한 줄 것이다. 다른 어머니는 누구도 그대에게 이 것을 줄 수 없다. 영원 속의 죽음 없음. 우리는 이 어머니를 알 아보지 못하고 있다. 그래서 고통에 휘말린다.

그대가 사랑할 때, 그대는 모든 존재를 사랑한다. 그대가 먹 을 때, 모든 몸이 그대의 그릇에서 음식을 먹는다. 이미 죽은 존 재들과 아직 태어나지 않은 존재들조차도. 그대가 볼 때, 모든 눈들이 함께 모여 이 망막을 통하여 보고 있다.

삶의 목적이 무엇입니까?

사회에 대한 책임이다. 먼저 그대 자신의 참나를 알아라. 그 뒤에 모든 존재들을 그대 자신의 참나로 섬겨라.

그것이 제 안에서 자연스럽게 일어날까요?

아니다. 그대는 그것에 관여하고 있지 않다. 그대는 전혀 모 르고 있다. 행위자가 있으면, 그것은 자아다. 행위자가 지고의 힘에게 복종할 때, 그것은 끝난다. 그때 지고의 힘이 일어나 몸 안에서 작용할 것이다.

286

그대는 "먼저 그대 자신의 참나를 알라, 그리고 그 힘에게 복종하라."는 이 말을 알게 될 것이다. 그러면 직관이 그대를 떠맡을 것이다. 그것이 그대의 마음과 두뇌를 통하여 기능할 것이다. 그때 그대는 개인적 자아로 일할 때보다 백만 배나 더 잘 기능할 수 있을 것이다. 그러면 흔히 말하는 '사람의 힘'이 아니라 신의 힘이 일할 것이다.

제가 스승님을 위해 할 수 있는 일이 있습니까?

그렇다. 왜 없겠는가?

무엇입니까?

다른 사람들을 도와주어라. 그러나 나를 위해서나 그대 자신을 위해서, 또는 그 누구를 위해서 돕지는 말라. 오는 사람은 누구나 도와라.

나는 이 평화의 메시지에 매우 관심이 많다. 그것은 침묵 속에서 주어져야 한다. 어느 누구와도 부딪치지 말라. 조용히 앉아라, 그대의 집에 있을 때에도. 이것은 세상의 수상들이 발표하는 성명서들보다 더 효과가 있을 것이다. 가슴에서 나오는 평화의 메시지를 침묵 속에서 이 세상의 모든 존재들에게 보내라.

내가 바라는 것은 이것뿐이며, 그 이상은 없다. 나는 어떤 아쉬람에도 관심이 없다. 내가 아직 아쉬람을 만들지 않았다면, 내 나이 이제 여든 둘이니 앞으로도 시작하지 않을 것이다. 사람들은 섬들을 구입하여 내게 제공하기도 했다. 나는 결코 탐하지 않았다. 몇 년 전부터 몸에 문제가 있어 여기를 떠나지 못했지만, 그 전에는 내가 그대들을 찾아다녔다. 나는 그대들에게 여기까지 오도록 수고를 끼쳤다. 귀찮게 여기지 말길 바란다.

진리가 있는 곳마다 악마의 연기(煙氣)도 있게 마련이다. 그러므로 깨어 있어라. 왜냐하면 리쉬들의 자가나(jagna)들조차 악마들에게 훼손되었기 때문이다. 태초부터 이런 일이 계속되어 왔다. 걱정할 필요는 없다. 이제는 진리가 우리의 파수꾼이다. 그대는 진리에게 책임을 맡겼다.

장애물들이 있다. 진리를 말할 때마다 세상은 그대의 적이 된다. 그리스도에게 무슨 잘못이 있었는가? 그는 진리를 말했을 뿐이다. 그것이 그의 죄였다. 그래서 그는 십자가에 못 박혔다.

진리를 말하면 그대는 교수형을 당하고, 화형을 당하고, 십자가에 못 박힌다. 그래도 그대는 행복하다. 소크라테스를 보라. 이 그리스인은 아름다운 삶을 살았다. 그런데도 그에게 독이 든 잔이 주어졌다. 플라톤을 비롯한 다른 이들이 그를 구하려 애를 썼다. "스승님, 우리가 간수들을 매수하였습니다. 밤에 우리와 함께 빠져나갑시다."

소크라테스는 말했다. "아니다. 사랑하는 자들아, 나는 그러지 않겠다. 나는 평생을 두고 진리를 말해 왔다. 나는 그릇된 방식으로 사느니 차라리 죽음을 택하겠다."

이것을 진리라 한다. 허위가 얼마나 버틸 수 있겠는가? 진리를 지켜라. 그러면 마침내 진리가 그대를 도울 것이다. 그대는 얼마 동안 고통을 받을 수도 있다. 그리스도는 십자가에 못 박혔다. 그러나 얼마나 많은 사람들이 도움을 받고 있는가?

그대는 칠십 년 혹은 팔십 년을 살 수도 있다. 왜 어리석은 삶을 살려 하는가? 백 년 동안 어리석고 바보 같고 사악한 삶을 사는 대신, 왜 몇 년간의 지혜로운 삶을 살지 않는가? 평화의 언어는 '모우남'(mounam)이다. 그 의미는 침묵이다. 그대가 평화와 행복, 사랑 안에 있을 때 그대가 말할 수 있는 언어는 하나밖에 없다. 그것은 침묵이다.

제11장

사랑의 로맨스 : 숨겨진 비밀

사랑의 로맨스 : 숨겨진 비밀

진정한 로맨스에는 사랑을 하는 이도, 사랑을 받는 이도 없다.

오직 로맨스만 있을 뿐이다.

주체도 없고, 대상도 없다.

그저 사랑뿐.

오직 사랑만 있다.

이것이 진정한 로맨스다.

그들은 그것을 평화라 부른다. 그들은 그것을 행복이라 부른다. 그들은 그것을 사랑이라 부른다. 그들은 그것을 아름다움이라 부른다. 그러나 그것은 접촉되지 않는다. 그것은 이보다 훨씬 더 이상이다. 여기로 간 사람은 누구나 그것과 하나가 되어 버렸다. 아무런 의사소통이 없다. 아무런 마음이 없다. 아무런 지성이 없다. 아무런 감각들이 없다. 이것이 행복이다. 이러한 것들이 그칠 때, 오직 그때에야 그대는 행복의 얼굴을 보게 될 것이다.

오쇼는 사랑이 신이라고 제게 말했습니다. 하지만 '나'라는 것이 사라질 때에만 사랑이 여기에 있을 것이기에 저는 당황스럽습니다.

그래! 바로 그렇다! 정말로 그렇다. (웃음)

그대가 사라지면, 사랑이 여기에 있다. 그렇지 않으면 거기에 있는 것은 사랑의 신이 아니라 바사나의 신, 욕망의 신, 갈망의 신이다.

마음과 지성이 사라지면, 영원한 사랑이 있을 것이다. 사랑을 받는 자도, 사랑하는 자도 없을 것이다. 오직 사랑만이 있을 것이다. 이것이 샨티 즉 평화요, 존재요, 자각이다. 이것을 사랑, 아름다움, 희열이라 부른다.

그것 자체(Itself)에게는 이보다 더 나은 즐거움이 없다. 즐기는 자도, 즐거움을 주는 대상도 없다. 이것은 아무런 이유가 없는 즐거움이다.

1초 동안 사라진 뒤, 무슨 일이 일어나는지 보라. 1초 동안만 사라져 보라. 1초 동안 그냥 사라진 뒤, 그것이 무엇인지 보라.

그때 그대는 3,500만 년 만에 처음으로 그대 자신의 참나와 사랑에 빠질 것이다.

자연 속에 있을 때나 마음이 맞는 사람들과 더불어 있을 때는 좋습니다. 그러나 여기를 떠나면 마음의 옛 습관들로 되돌아가지 않을까 두렵습니다.

그대의 주의를 가슴의 중심에 항상 집중해야 한다. 그러면 그대의 일상적인 활동은 그대의 내면 탐구에 영향을 미치지 못할 것이다. 결핵을 앓고 있는 사람과 같다. 그는 영화를 보러 갈 수도 있고 친구와 점심을 먹을 수도 있다. 그러나 그가 자신이 결핵 환자라는 사실을 잊는가? 그대의 마음을 자유로 채워라. 이것은 평생 그대가 할 유일한 일이어야 한다. 한 시간 동안만 앉아서 명상하지는 말라. 나머지 23시간은 어떻게 할 것인가? 24시간 동안 지속되어야 한다. 자각하고 있어야 한다. 걷거나 먹거나 잘 때도 그렇게 해야 한다. 이것이 그대 자신의 참나와의 로맨스다.

저는 그 로맨스를 느낍니다.

그대의 연인을 결코 배신하지 말라. 그러면 그것은 진정한 로맨스가 아니다.

모든 곳에서 자신의 연인을 본 왕자가 있었다. 그는 나무들과 개에게 입을 맞추었고, 새들과 사람들을 사랑하였다. 그러다가 마침내 그는 연인을 망각하고 그 자신이 연인이 되어 버렸다. 그것이 로맨스다. 진정한 로맨스에는 사랑을 하는 이도, 사랑을 받는 이도 없다. 오직 로맨스만 있을 뿐이다. 주체도 없고, 대상도 없다. 그저 사랑뿐. 오직 사랑만 있다. 이것이 진정한 로맨스다.

저는 의식의 바다에 빠져들고 싶은 갈망이 있습니다.

이 말은 물고기가 바다에서 "나는 목말라요."라며 애타게 울부짖는 것과 꼭 같다. 그대가 그것을 한 번이라도 맛보게 되면, 한 번이라도 보게 되면, 그대는 이미 그것 안에 있다. 그러면 이 의식은 놀이터가 된다. 모든 나타난 세상과 그 너머의 것이 놀이터가 된다. 수백만의 별들이 그대의 놀이터다. 의식의 바다에 잠기고 싶은 이 욕망은 이 별에서 저 별로의 춤이다. 이 욕망을 지속시켜라. 나는 개의치 않는다. 그대도 알다시피, 그것은 춤이다. 그대는 결코 발을 헛디딜 수 없다.

그대가 의식에 대하여 말하는 그 즉시, 그대는 그것 안에 있다. 아무런 분리가 없다. 그때 이 욕망은 영원한 춤이 된다. 의식의 심연 속으로 더 깊이 탐구하고픈 이 탐욕은 욕망이 아니다. 그것은 다른 무엇이다. 그것은 한계가 없기 때문에, 그대가 욕망을 하면 할수록, 그것이 더욱더 있을 것이다!

이것은 대상들에 대한 욕망의 범주에 들지 않는다. 이것은 아주, 아주 친밀하다. 두 절친한 친구들 간의 관계이다. 두 연인 간의 관계다. 어느 누구도 그것을 맛볼 수 없다. 어느 누구도 의식과 의식의 연인 사이에 일어나고 있는 것을 상상할 수 없다. 이것은 우주적 춤이다.

이 욕망을 계속 지녀라. 그렇게 해도 그것은 아무런 문제가 되지 않는다. 이것은 그대와 그녀 사이의 것이다. 결코 끝이 없는 욕망이다. 모든 다른 영역들에서는, 한 욕망을 채우면 그대는 다른 것에게로 나아간다. 이것은 그렇지 않다. 이것은 다른 편에서 온 욕망일 것이다. 그래서 그대는 그 매력에 응하여 이

296

끌리고 있다.

ॐ

저는 몹시 뜨거운 열을 느낍니다. 강렬하게 타는 불길입니다. 이것이 무엇입니까?

그대가 매우 신중하게 또 큰 관심을 갖고서 수집하여 모아 놓은 그 모든 저장고…… 그대는 거기에 불을 질러 태우고 있다. 이제 즐겨라.

이것은 모든 카르마를 태우는 불길이다. 이제 그대는 이 고통 가운데 다시 나타나지 않을 것이다. 그대는 그대 자신이 화장되는 것을 보아 왔다. 모든 카르마들이 끝났다. 이 불길은 참지식의 불길이다. 자아, 마음, 감각들, 쾌락들이 다 타서 없어졌다. 모든 것이 끝났다. 이것을 불이라 한다.

살아 있는 동안에 자신이 화장되는 것을 보는 사람은 매우 운이 좋은 사람이다. 그는 시체가 완전히 타 버릴 때까지 불 속으로 기름을 계속 붓고 있다. 그 뒤에 그는 춤을 출 것이다! 이것이 쉬바의 춤이다. 그는 이겼다. 모든 것이 끝났다. 이제 아무런 개념도, 생각도, 갈망도 없다. 모든 것이 이 불 속에서 끝난다. 그러면 행복이 올 것이다. 그대는 영원한 춤을 출 것이다.

ॐ

그대는 사랑을 벗어날 수 없다. 일단 그대가 그것에 닿으면, 그대는 사라진다. 다시 나올 수 있는 것은 아무것도 없다. 모든 것이 그것 속으로 들어가서 그것 그 자체가 되어 버린다. 강물이 바다로 흘러 들어가면 다시 돌아오지 않는다.

바다로 들어가는 강이 "내가 늘 이러할까?"라고 묻는다면, 이것은 정말 웃을 일이다.

파도는 "나는 늘 파도로 남고 싶다."며 두려워한다. 파도의 마음속에 있는 공포는 "나는 사라질 것이다!"라는 것이다. 그것이 어디로 가겠는가? 설사 그것이 없어진다 해도, 그것이 어디로 갈 수 있으며 또 무엇이 되겠는가?

파도의 모습이 없어질 때, 파도는 그것의 근원으로 돌아간다. 파도는 바다였고, 파도는 바다이며, 파도는 바다일 것이다. 거기에는 시간 개념이 전혀 없다. 시간은 무지한 사람의 마음속에만 존재한다. 빛과 지혜 속에는 "나는 분리되어 있다."와 같은 개념이 없다. 모든 것이 하나요, 사랑이요, 아름다움이다. 벗어날 길이 없다. 무지는 사라졌다. 이것이 영원한 삶이다. 이것이 감로다.

비록 그대가 그것 그 자체이지만, 여전히 어떤 저류(底流)가 작용하며…… 더욱더…… 참사랑 그 자체에게 더 가까이 다가가고 있다. 그것을 경험하지 않은 사람에게는 설명할 길이 없지만, 거기에 끝이 없다는 데에는 동의할 수 있다. 그것이 깊이를 알 수 없는 것이라면, 이 사랑의 과정 또한 깊이를 알 수 없는 것이다. 그것은 결코 끝이 없다. 그것은 저류처럼 계속 증가할 것이다. 바다로 흘러 들어가는 강물처럼 그러할 것이다.

어떤 사람은 "모든 것이 끝났다. 그대는 더 이상 할 필요가 없다. 더 이상의 경험은 없다."라고 말한다.

그러나 나는 여전히 움직임을 느낀다. 왜냐하면 그것은 깊이를 알 수 없는, 헤아릴 수 없는 것이기 때문이다.

그 왕국으로 들어간 사람은 아무도 돌아오지 않았으며 팩스도 보내지 않았다. 아무런 되돌아옴이 없다. 아무런 정보도 없다. 아무런 설명도 없다. 그대는 용해된다. 그때 그대는 이 왕국을 얻는다. 영원한 사랑, 영원한 존재, 자각, 희열. 누가 이것에 관하여 무엇이라고 말할 수 있는가?

존재란 그대가 이 왕국에 대하여 가졌던 모든 개념과 관념 작용의 용해를 의미한다. 그대가 이 왕국에 대하여 가졌던 그 어떤 의도도 용해된다. 그대의 왕국은 그러하며, 거기에서는 되돌아옴이 없다.

어떤 태양도 여태 거기를 비춘 적이 없다. 어떤 달도, 어떤 별도, 어떤 불도……. 그 왕국은 그러하다. 그곳은 그러하다. 그곳은 모든 사람의 목적지다. 그곳은 지금 여기에 있다.

ॐ

자유를 향한 욕망을 일으키는 것 자체가 그대의 땅에, 그대의 나라에, 그대의 가정에 축복이다. 나머지는 그대가 그대 자신의 참나를 축복하는 것이다. 이것은 즉시 행해질 수 있다. 어떤 두려움도 초대하지 말라. 오직 고요히 앉아서 침묵을 지켜라. 이 침묵이 그대의 본성이다. 그것은 그대를 집으로 데려다 줄 것이다. 그냥 침묵을 지켜라. 침묵을 지키기가 얼마나 어려운가? 그대는 어느 것에 대한 어떤 욕망도 일으키지 않아야 한다.

스승은 그대가 소화할 수 있을 만큼의 가르침만을 줄 것이다. 그러고 나서 그대를 떠나보낸 뒤 무슨 일이 일어나는지를 본다. 몸, 마음, 자아, 감각, 지성을 버리고, "나는 존재요, 의식이요, 희열이다."라는 굳은 확신을 가져라. 이것을 이해하려 하지 말라. 그대는 전에 이미 노력해 보았다. 그러나 성공하지 못했음을 알고 있다.

존재 속으로 잠겨 하나가 되어야 한다. 그 뒤에 의식 속으로 뛰어들어 의식과 하나가 되어라. 그리고 희열 속으로 뛰어들어라.

스승이 가르칠 수 있는 것은 여기까지다. 여기에 이른 사람들은 모두가 만족한다. 그러나 그 이상이 있다. 너무나 신성하고, 너무나 비밀스럽고, 너무나 신성하게 비밀스러운 가르침의 또 다른 부분이 있다. 이 비밀의 열쇠는 누구에게 있는가? 아무도 모른다.

300

그러나 아직 다른 비밀이 있다고 나는 분명히 말할 수 있다. 어느 누구도 물어보지 않았다. 저 너머로 건너가서 나에게 질문을 던진 사람이 아무도 없었다.

여기서 일이 끝난다. 실제로는 아무런 끝이 없다. 그것은 깊이를 잴 수 없는 것이다. 아무도 그 깊이를 재어 보지 못했다. 바다의 깊이는 재어졌다. 하늘의 높이도, 별의 깊이도, 태양계의 폭도 재어졌다. 그러나 이것은 아직 재어지지 않았다.

더 나아갈수록 더 알고 싶어진다.

사람들은 이 초월적 경험을 묘사할 수 없다고 말한다. 그러나 나는 듣고 싶다. 건너편 해안에서 말하는 얘기를, 묘사할 수 없는 것을 묘사하는 얘기를……. 침묵으로부터, 나는 여태 전해진 적이 없는 어떤 말을 듣고 싶다.

사람들은 그것이 언어의 영역 너머에 있다고 얘기한다. 그러나 여전히 나는 이 묘사를 사랑한다. 지금까지 나는 만족스럽게 묘사하지 못했다. 그러나 그대는 젊다. 그대는 나를 도울 수 있다.

옮긴이의 말

　시장에서 오이와 딸기를 팔면서도 시집을 옆에 두고 있으니 행복했다. 노을이 물들 때는 팔 물건들이 사라지는 시간이다. 그럴 때면 기분이 좋아진다. 나머지는 가난한 사람들에게 파는 둥 마는 둥 넘기고는 가벼운 발걸음으로 집으로 돌아오곤 하였다. 이렇게 비롯된 직업의 여정은 열 번 이상을 거쳤고, 결국 나는 서울역 앞에 있는 엘지의 회사원이 되었다. 그 일자리는 내가 살던 작은 도시에서 선망하던 곳이었다. 인간미 넘치는 매력적인 직장이었다. 5년 넘게 회사 생활을 하던 어느 날 문득, 매일 반복되는 이 생활을 평생 동안 해야 하는가라는 생각이 들었다. 더 의미 있는 직업은 혹은 삶은 없는가? 내가 여기에서 내면을 보살피지 않고 이렇게 생을 보내서는 안 된다는 생각에 이르렀다. 이런 물음이 어린 시절부터 가슴에 메아리치고 있었다.

나는 항상 사람들과 떨어져 있는 시간을 좋아하였다. 세상을 비켜서 보고 있었던 것이다. 그러나 어떻게 하다 보니 여기까지 오게 되었다. 이제 다시 그 물음이 올라오고 있었다. 그 물음에 대한 답보다 더 중요한 것은 없었다.

서른이 조금 넘은 나이에 남에게 설명할 수 없는 이유로 나는 사표를 던졌다. 이렇게 사는 것이 아니라는 결론 하나뿐이었다. 이 결론이 나에게 웃음을 가져왔다. 윗분은 내가 대단한 곳으로 스카웃되어 가는 것으로 생각하셨다. 이제 보니 그것은 대단한 스카웃이었다. 우선은 이 도시를 떠나 조용한 곳으로 가야 한다. 무수한 사람들이 물밀듯이 밀려드는 도시를 뒤로 하고 반대편으로 걸어가고 있었다. 그 첫걸음에서부터 자유로움을 느꼈다.

1980년 여름, 조용한 곳을 찾다가 수덕사 근처로 가게 되었다. 인적이 드문 한적한 산간이었다. 아무런 할 일이 없었다. 아무것도 하는 일 없이 그냥 지냈다. 얼마나 오랜만에 찾은 여유, 자유, 한가함인가? 이 얼마나 멋진 삶인가? 조용한 수덕사, 정혜사, 사찰 뒤에 보일 듯 말 듯 들어서 있는 암자들, 넓은 들판, 안개가 피어오르는 호수, 하늘로 빨리듯 올라가는 굴뚝 연기, 온천, 시골 신부님……. 신부님은 여러 날을 두고 나를 살피시더니 심각하게 신학교에 들어가지 않겠느냐고 제안해 왔다. 간신히 빠져 나온 굴레가 아닌가. 또 다른 굴레를 거부하고 나는 자유를 택했다. 사람들이 나를 알아 가고 행락객이 늘어나자 그 곳을 떠나야 했다.

강원도의 동해안을 거쳐 가며 지낼 곳을 찾았으나 안온한 곳을 찾지 못하고 계속 남쪽으로 내려가게 되었다.

그 해 늦가을 제주도에 이르러 한라산을 넘어가니 서귀포가 나타났다. 그 평화롭고 안온해 보이는 포구는 처음부터 나를 사로잡았다. 지낼 곳은 이곳이라는 확신이 들었다. 서귀포 항이 바로 내려다보이는 이층집의 방을 얻었다. 가을 포구, 노을 속으로 사라지는 어선들, 해녀들, 어부들, 소라, 은빛을 번쩍이면서 끌려 나오는 갈치들, 검은 바위들, 시인들, 화가, 바다로 떨어지는 비, 밤바다에 쏟아 부어지는 달과 별빛들, 바다 표면을 흐르는 묘한 기운들…… 자연이 이렇게 아름다운 줄은 몰랐다. 땅과 바다와 하늘과 무수한 별들의 잔치를 한눈에 볼 수 있는 멋진 곳이었다. 세상은 저 멀리에 있고 나의 마음은 순수로 물들어 가고 있었다. 마치 따스한 봄기운 마냥. 잃어버린 천진한 마음을 나는 천천히 되찾아 가고 있었다. 어려운 생활 중에도 나의 마음은 치유되어 가고 있었다.

너무나 좋은 환경이라 시를 쓰고 싶었다. 그래서 시를 쓰기 시작했다. 시인들이 찾아오기 시작하였다. 어부들이 찾아오기 시작하였다. 본격적으로 써 보고 싶었다. 모든 여건은 갖추어져 있는데도 깊은 지식이 없음을, 지혜가 없음을 처음으로 뼈저리게 느꼈다. 나는 지식이, 지혜가 없었던 것이었다. 그때 처음으로 지혜라는 화두가 나에게 다가왔다. 이처럼 아름다운 환경 아래에서도 나의 내면의 깊이에는 찬란한 노을이 오지 않았다. 아름다울 수도 있을 미래가 뿌연 안개로 뒤덮이기 시작했다. 그러나 지혜를 이곳에서 다듬을 수도 있지 않겠는가? 그래서 50여권이나 되는 사상 전집을 구하여 독파하여 나가기 시작하였다. 매일 책만 읽어 나갔다. 더욱 마음을 집중하려고 서귀포에서의 1년의 삶을 청산하고 제주시로 옮겨 시원한 바다가 창을 통해 보이는 탑동에 방을 얻었다. 이제 아무도 나를 아는 사람이 없다. 장소를 옮겨가며 책을 읽어 나갔다. 책을 읽어 나가다 보니 대부분의 사상가들은 깊은 지혜의 사람, 평화로운 사람은 아니었다. 이제 그들의 글을 더 읽어야 할 이유가 사라져 버렸다. 그러는 동안에 마음은 한층 맑아졌다. 지혜란 쉽게 오는 것이 아니라는 것을 알고 이번 생애는 그냥 살아가야겠다고 결론지었다.

화려하게 웃으며 출발했던 2년 남짓 방랑을 하는 동안 나는 나 자신을 다소나마 알게 되었다. 여정을 접고 세상의 삶으로 돌아가야 했다. 이제 난 무엇을 하며 생계를 꾸려 나가야 할 것인가? 서귀포의 화가는 나보고 택시 기사를 하면서 제주도에서 살라고 한다. 그것도 훌륭할 듯하였다. 산과 바다와 폭포와 더불어 살아갈 수 있는 직업이기도 하였다. 강원도나 동해안의 어떤 곳, 5일장 장터에서 일해야겠다는 생각이 들었다. 그것이 낭만적일 것 같아서였다. 즐비한 물건들, 오고가는 순박한 사람들, 평화로운 시골길, 산, 들판, 시냇물과 가까이 할 수 있는 직업일 것 같았다. 그러다 소박한 절에도 가서 스님의 말씀도 듣고……. 탑동의 바닷가로 난 창을 통해 폭풍이 몰아치고 있는데도 배 한척이 바다를 가로질러 수평선 쪽으로 향하고 있었다. 파도가 높은 때는 배는 물속으로 들어가 보이지 않았다. 그러나 다시 시야에 들어오기를 반복하며 계속 나아가고 있었다. 세상의 삶이 만만치 않으리라는 예감이 들었다.

그래서 나는 해안가를 거닐며 뭍으로, 강원도로 가서 소박한 삶을 살기 위해 숨을 고르고 있었다. 한편으로는 신이 날 것도 같았다. 그런데 신은 나를 그냥 내버려두지 않았다. 1982년 2월 옆방의 사람과 이야기를 하고 있는데 귀에 익은 목소리가 들렸다. 아니 이 친구가 왜 여기에……. 졸업 후 연락이 끊겼던 친구였다. "야, 가자!" 너무나 놀랐다. 아니, 나의 주소는 어떻게 알았단 말인가? 예비군 때문에 주거지로 주소를 계속 옮기고 있었다. 이 친구는 그러한 점을 알고서 나를 찾아내 버렸다. 대학 은사님은 나를 늘 눈여겨보고 계셨던 것이다. 이제 고생을 할 만큼 했다고 판단하셨는가 보다. 은사님은 나를 부산의 한 대학 강단에 서게 하셨다. 구덕산 자락에 있는 아름다운 학교였다. 학생들은 너무나 소박하였다. 그때의 나의 마음은 아마 제주도 해안의 바닷물처럼 투명하였던가 보다. 왜냐하면 모든 것이 아름답게 보였기 때문이다. 바람이 불어도 아름답고, 은행잎이 떨어져도 아름답고, 학생들의 모습을 보아도 아름답고……. 학교에서 가르친다는 것이 너무나 행복했다. 마치 천국에 있는 것 같았다. 그러다가 더 운이 좋아 창원에 교수직을 얻게 되었다. 아, 얼마나 깊은 배려이신가? 그분이. 이 은총 뒤에 누구께서 숨어 계신단 말인가.

가르치다가 교재 속에서 명상과 요가라는 주제가 눈에 들어왔다. 자연히 시선이 거기로 가게 되었다. 수행, 행복, 희열, 사마디, 평화 같은 말을 접하고서 눈이 번쩍 뜨였다. 접어 두었던 내면의 영혼이 다시 꿈틀거리기 시작했다. 예수에 대해서는 고등학교와 대학교 때 충분히 접했다. 붓다에 대해서는 그렇게 잘 알지는 못하였다. 그래서 방학 때마다 절을 찾아 그곳에 머물면서 붓다의 주머니를 뒤졌다. 그러나 그렇게 쉽지는 않았다. 몇 년 동안 절과 스님들을 구경만 하고 있다가 이렇게 해서는 안 되겠다는 생각이 들었다.

그분은 인도 분이 아닌가? 그분의 향기가 오롯이 남아 있을 것 같은 인도로 가야 했다. 인도 대사관에 요가 혹은 명상하는 곳을 문의했더니, 인도 전역에 빽빽이 점들이 박힌 지도를 한 장 보내 주었다. 그 많은 점들을 보고서 나는 너무나 놀랐다. 그곳들로 편지를 보내니 하루가 멀다 하고 신비로운 내용이 담긴 답장들이 왔다. 박사가 있다는 뉴델리의 국제 요가 연구소를 택했다.

너무나 다행스럽게도, 학교로부터 해외 파견의 기회를 얻었다. 그러나 가족이 문제였다. 마흔을 두 해나 넘겨 결혼하지 않았던가. 귀여운 딸은 아직 첫돌을 반년이나 남겨 두고 있었다. 조심스럽게 집사람에게 나는 인도로 가야 한다고 말을 건넸다. 신기하게도 허락을 해 주었다. 일이 헝클어지지 않도록 기도를 하면서 하루하루를 보냈다.

1988년 12월 1일, 매캐한 냄새를 풍기는 인도 공항에 서류 가방 하나만을 들고 도착했다. 이곳은 예사로운 곳이 아니라는 느낌은 공항에서부터 왔다. 뉴델리의 라자파트 나가르에 있는 국제 요가 연구소를 찾아갔다. 국제 연구소인데 연구생은 나 혼자였다. 정말 재미있는 곳이라는 생각이 들었다. 그러나 안내를 받은 숙소를 보고는 놀랐다. 이런 허술한 방에, 먼지로 뒤덮인 방에 내가 기거해야 한다는 말인가? 이러한 곳에 머물면서 행복, 희열, 평화에 대해서 배워야 한다는 말인가? 속아도 한참 속았다는 생각이 들었다. 가방을 열지 않은 채 침대에 걸터앉아 몇 시간을 보냈다. 당장 돌아갈 수도 없고, 달리 아는 곳도⋯⋯.

박사 부부는 새벽에 일어나 목욕하고 각종 정화 의식을 치른 뒤 기도실에 들어가서 신께 경건한 기도를 드리고 명상을 한 뒤 일과를 시작한다. 그 하루의 시작 모습을 보고 무엇이 중요한지에 대한 자각이 일어나기 시작하였다. 나무가 다소 우거진 연구소의 한쪽 정원에는 아침이면 일찍 동네 분들이 모여들어 일련의 하타 요가를 하였다. 그들은 마지막으로 사자 소리를 내고는 흩어져 명상을 하였다. 그들이 가고 나면 정적은 더욱 깊어진다. 무엇인가 삶의 기준이 다른 사람들이다. 깊이가 다른 사람들이라는 자각이 일어났다. 그들이 떠나고 난 자리에는 묘한 기운이 감돌았다. 도대체 이 사람들은 무엇을 가슴에 품고 있는 것일까?

박사님과의 일대일 강의가 오전 오후로 나뉘어 시작되었다. 인도의 정신 내지 영성에 대한 공부라고 할 수 있는 것이었다. 사모님은 다과 시간이 되면 어김없이 차이(인도식 차)와 쿠키를 내오셨다. 집안일을 마치시면 그분은 양지 바른 곳에 앉아 까맣게 절은 손으로 기도문을 넘기셨다. 내가 읽을 수 없는 저 작은 책에는 무슨 말이 기록되어 있을까? 사리를 걸치고 마당을 쓰는 하녀도 여유 그 자체였다. 그녀는 비로 땅을 쓸면서 무슨 생각을 하고 있기에 주인보다 더 여유가 있을 수 있다는 말인가? 우편 발송 일만 하는 하인도 그 나름의 위엄과 직업의식을 갖고 있었다. 가끔 마당 안으로 들어오는 소들도 그 나름의 대접을 주인으로부터 받고 있었다. 이곳은 무엇인가 다른 세상이었다.

수업의 진도는 베다 시대로부터 시작하여 중세를 거치고 이제 근세로 넘어오게 되었다. 그 긴 흐름들에서도 깨달음을 얻은 이들의 명맥이 강물의 흐름처럼 이어져 오고 있는 것을 보고 나는 흥분하기 시작하였다. 드디어 근세 및 지금에까지, 아니 오늘날에까지도. 지금 이 시점에도 수많은 곳에 깨달은 이들이 존재하고 있다는 말인가? 박사님과 수업을 계속해 나갈 수 없었다. 밤잠을 설치기 시작하였다. 그분에게 한 가지 질문을 드리지 않을 수 없었다. 어느 날 아침 사모님이 여느 때와 같이 쿠키와 차를 내왔다. 차를 마시다가 박사님에게 "사마디를 경험하셨습니까? 깨달음을 가지셨습니까?"라고 물었다. 사마디와 깨달음은 역사 속에 묻혀 있는, 전설적인 성자들, 예수나 붓다의 전유물이 아니라, 모든 사람에게 물어야 하는 질문이라는 것을 알게 된 나는 감히 스승님에게 물었다.

"사마디 가까이는 갔다. 그러나 경험했다고는 말할 수 없다."

"박사님, 저는 사마디를 경험한 사람들을 찾아 나서겠습니다. 허락해 주십시오."라고 말했다.

그분은 나의 진지한 태도에 감명을 받았는지 허락해 주셨다. 나는 희망을 품은 새처럼 인도의 방방곡곡을 날아다니기 시작하였다. 성자들을 만나기 위한 필사적인 여정이 시작되었던 것이다. 나는 위대한 영혼들을 찾아내야만 한다. 나는 깨달음을 얻은 성자들을 만나야만 한다. 그래서 그들이 지니고 있는 비밀의 말씀을 들어야 한다.

뉴델리의 슈리 오로빈도 아쉬람은 커다란 나무와 아쉬람 건물이 너무나 잘 조화를 이루고 있었다. 그 공간에 들어가는 것 자체만으로도 명상이, 고요가 일어나는 곳이었다. 그래서 나는 자주 그곳을 찾았다. 그날은 지는 해와 보랏빛 노을이 유난히도 아름다운 저녁 무렵이었다. 여느 때와 같이 정원의 돌 의자 위에 앉아서 저녁 식사를 하고 있었다. 그러는 중에 은발의 긴 머리에 하얀 숄을 늘어뜨리며 평화로워 보이는 분이 눈에 들어왔다. 저분은 분명 나에게 무엇인가를 말해 줄 수 있는 분이라는 예감이 들었다. 쇠붙이가 지남철에 다가가듯 나는 그분에게로 이끌렸다.

"제가 어디로 가면 좋습니까?"

그분은 인도 분을 불러 진지하게 대화를 나누더니 결론을 지은 듯 빛나는 눈길로 말했다. "알란디로 가라, 알란디로. 거기에서 은총을 받은 사람이 있다. 알란디로 가라." 기차를 타고 푸나에 도착하여 다시 버스를 타고 20km 떨어진 시골 마을 알란디에 도착하였다. 이곳은 시인이자 성자인 갸나데바가 1275년에 태어난 곳이었다. 갸나데바가 바로 크리슈나의 화신이라고 그곳 사람들은 믿고 있었다. 온 마을이 사원인 듯하였다. 세상에 이런 마을이 있단 말인가? 갸나데바는 열다섯 나이에 마라티 어로 너무나 아름다운, 『바가바드 기타』의 주석서인 『갸네쉬바리 기타』를 남겼으며 이 세상에서 할 일을 다 했다고 생각한 그는 22세 나이에 명상 자세로 산 채로 영원히 사마디에 들었다 한다. 사원의 방을 통해 너무나 고요하고 평화로운 인드리야니 강을 내려다보고 있자니 성스러움과 평화의 물결이 휘몰아쳤다. 그날 밤은 그곳이 주는 감미로움으로 시간의 흐름을 잊었다. 다음 날 사원 안내인은 서고의 깊은 곳으로 나를 안내하더니 『갸네쉬바리 기타』를 보여 주었다. 크리슈나를 찾아가는 나의 여정은 이렇게 시작되었다.

뭄바이의 한 호텔 웨이터에게 어디로 가면 좋겠느냐고 물었다. 그는 나에게 주후에 있는 이스콘으로 가라고 한다. 박티 요가의 사원이었다. 온 사원을 공명하며 울려 퍼지는 크리슈나 찬가에 온몸이 진동했다. 같이 간 외국인은 며칠을 견디다 고개를 흔들며 떠나 버렸다. "하레 크리슈나 하레 크리슈나 크리슈나 크리슈나 하레 하레, 하레 라마 하레 라마 라마 라마 하레 하레." 이 지상에 신의 이름을 이처럼 열렬히 부르는 곳이 또 있을까. 새벽에 주후 해변을 오르내리며 이 만트라를 암송하기 시작하였다. 그곳의 책임자인 만다파 다스 스와미가 새벽 아라티 때 크리슈나께 바친 화환을 목에 걸어 주었다. 그 젖어 드는 감미로움이란……. 그곳에 있는 비슈누 타트바 다스라는 젊은 스와미는 나의 여정을 멈추어 버리게 할 만큼 날카로웠다.

"당신의 본성은 아트만이지 않습니까?"

그것은 맞는 말이다.

"당신은 어디로 가야 합니까?"

아, 나는 갈 곳이 없다. 가고 오고 하는 것은 진정한 영혼과는 아무런 관련이 없다.

나는 할 말을 잃었다. 그는 나를 그곳의 높은 분에게로 데리고 갔다.

"우리는 신이 아니라 신의 하인이다. 이 사원에 머물러라. 일을 하나 주겠다."

나는 그의 말에 걸리지 않아야 한다. 수도승의 말에 걸리지 않아야 한다. 어떤 조건에도 걸리지 않아야 한다. 그런 생각이 불현듯 일어났다. 또 나에게는 돌아가야 할 고국과 가족, 직장이 있지 않은가? 완곡하게 거절하고 그곳을 뒤로 하였다.

우리에게 너무나 잘 알려져 있는 오쇼 라즈니쉬를 찾아갔다. 그분의 아쉬람은 녹음이 짙은 인도의 오아시스였다. 많은 사람들을 쉬게 하며 아름다운 그 무엇을 보도록 하고 있었다. 산야신들과 그들의 자연스러움을 보는 것은 다소 충격적이었다. 우리는 우리의 삶의 모습을 달리할 수 있는 자유가 있다. 저녁마다 고타마 붓다 홀에서 열리는 라즈니쉬의 명강의를 들었다. 그분은 화려한 용모, 현란한 수사와 매력적인 목소리로 사람들을 자신에게로 끌어당겨 취하게 만들고 있었다. 그분은 약간은 허스키한 목소리로 "그대는 순수한 금이다. 그대는 순수한 금이다. 그대는 붓다다. 그대는 붓다다."라고 속삭이고 있었다. 얼마나 매혹적인 말인가? 각자가 순수한 깨끗함인 붓다라는 메시지. 매혹적인 환경과 깨달은 영혼 라즈니쉬가 있었지만 나의 영혼은 거기에 머물기를 허락하지 않았다.

이가타푸리에 있는 국제 비파사나 아카데미의 초보자 과정에 들어갔다. 비파사나는 인도의 가장 오래된 명상 기법들 중 하나라고 한다. 인류에게 알려지지 않고 있다가 고타마 붓다에 의해 다시 발견되었다고 한다. 비파사나는 사물들을 있는 그대로 보는 방법이라고 한다. 고엥카 님의 지도를 받으며 비파사나 명상을 했다. 명상 기법보다는 그곳의 환경과 그분의 인품에 감동을 받았다. 그분의 자애로운 말씀으로 충분한 곳이었다. 그곳의 성스러움은 나의 영혼을 고양시키는 것 같았다. 하루 대부분의 시간을 명상을 하면서 보냈다. 이렇게 집중적으로 앉아서 명상할 수 있는 기회를 얻기는 처음이었다. 7일째 오후에 몸에 대한 의식이 사라지고 마음의 끄나풀들이 하나하나씩 나에게서 떨어져 나가기 시작하였다. 마침내 마지막 남은 것까지 사라지는 것을 보았다. 그것들이 떨어져 나가자 나는 투명한 그 무엇으로 있었다. 정말 이상한 경험이었다. 너무나 기분 좋은 야릇한 경험이어서 고엥카 님에게 그것이 무엇인지를 물어보았다. 사마디라 하셨다.

뭄바이 소재 산타크루즈 요가 연구소의 요가 오리엔테이션 캠프에 참여했다. 소박한 요가 연구소였다. 왜 그곳에 참석해야 했던가? 별로 이름이 있는 곳은 아니었다. 그러나 나는 그곳을 가야만 하였다. 그곳 문을 들어서자 성자의 어머님은 왜 쓸데없는 곳을 다니느냐면서 라즈니쉬 아쉬람에 머물렀던 것을 질책하셨다. 인위적인 그 무엇을 버리라는 말씀이셨다. 요가 프로그

램은 젊은이들이 주로 진행하였다. 이십대 초반의 그들은 나이 든 이들 앞에 삶의 지혜를 떨리지도 않으면서 입으로 내뱉는다. 왜 나이가 필요한가? 중요한 것은 지니고 있는 지식, 지혜다. 선입견들이 하나하나씩 걷혀져 가고 있었다. 프로그램 마지막 날 저녁은 성자에게 질문을 내놓는 자리였다. 성자 요겐드라지는 너무나 소박한 모습으로 우리들 앞에 앉으셨다. 나는 나에게 절박한 질문을 던졌다. 도대체 마음이란 인간에게, 아니 나에게 어떤 것인지를 꼭 물어보고 싶었다. 저마다 간절한 질문들을 적고 있었지만 나는 이 질문을 쪽지에 적고 성자 앞에 내놓았다.

"마음이 무엇입니까?"

"쓸데없는 것."

그분께서는 이 한마디 말로 일축해 버리고는 다른 이의 질문으로 넘어가 버렸다. 머리에 번갯불이 번쩍이는 것 같았다. 그 대답이 주는 충격과 부끄러움으로 나는 그날 밤 잠을 이루지 못했다. 나의 학문적 토대가 와르르 무너져 내리는 밤이었다. 여기까지 오면서 마음 너머로 가라는 말을 듣기는 하였지만, 이렇게 직접적으로 나의 가슴에 찌르는 경험으로 다가오기는 처음이었다. 나의 의식은 또렷또렷해지고 있었다. 이곳의 공식적인 과정이 끝나자 연구소에 글을 적는 시간이 주어졌다. 히피 차림의 외국인은 여기에 남겠다고 적었다. 나에게 여기에 남으라는 느낌이 전해 오고 있었다. 그러나 나는 여기에 남겠다고 글을 쓸 수 없었다.

이런 묻기 행로에서 라마나 마하리쉬 님이 서서히 뿌리를 내리기 시작했다. 이 연구소에 머물고 있을 때, 그곳의 연구원인 젊은 유럽인에게 물어 보았다. "가장 성스러운 곳이 어디인가? 어디로 가면 좋은가?" 그는 망설임 없이 아루나찰라 산이 있는 티루반나말라이, 바가반 슈리 라마나 마하리쉬의 아쉬람인 라마나스라맘이 있는 티루반나말라이라 하였다. 그러고는 라마나 님의 작은 책자 『나는 누구인가? *Who Am I?*』를 주었다. 그 책 표지에는 깨달음을 얻은 청년 라마나의 눈부신 사진이 있었다. 그 청년의 강렬한 눈길은 또 하나의 차원을 지시하는 것 같았다. 다음 날에는 『라마나 마하리쉬와의 대화 *Talks With Sri Ramana Maharshi*』라는 두툼한 책을 선물로 주었다. 거기에는 간결한 대화로 사람들을 진리로 안내하는 글들이 있었다. 나는 또 한 번 열병에 사로잡혔다. 나는 그곳으로 가야만 했다.

뉴델리로 돌아와 잠시 휴식을 취한 후에 나는 먼 남인도로 출발하였다. 이틀 밤을 기차에서 보내면서, 첸나이에 도착하였다. 그곳에서 내륙의 방향으로 대여섯 시간 걸리는 거리를 버스를 타고 갔다. 이 여행이 나의 여정의 종말과 관련이 있을 줄은 꿈에도 몰랐다. 평화로운 곳으로 들어가는 듯, 영혼의 고향에 들어가는 듯 난 취하기 시작했다. 마을이 보이기 전부터 평화로움과 희열이 일어나기 시작하였다. 확성기에서 나오는 소리조차도 축하의 노래처럼 들렸다.

이곳 인도에서 다른 차원으로 도약하기 위한 엄청난 노력들을 보았다. 그것들에 통달하려면 아마 수많은 생들이 필요할 것이다. 나는 그러한 체계들에 다소 주눅이 든 상태였다. 그래서 수행을 다소 포기하고 있었다. 수행은 많은 시간을 갖고 체계적으로 배워야 할 어떤 것으로 알게 되었다. 그래서 나는 포기를 해야만 하였다. 첫 느낌이 너무나 좋았다. 나에게 너무나 익숙한 느낌이 들었다. 아니 시골에 있는 나의 고향 같았다. 이러한 느낌을 가진 채 아쉬람에 발을 들여놓았다. 그 장소가 주는 정적과 감미로움은 말로 표현할 수 없을 정도였다. 아무런 수행이 없다. 모든 시끄러움이 가라앉아 버린 정적 그 자체였다. 원숭이들은 한가롭게 놀고 있었고, 공작새들은 땅이나 지붕에서 아름다운 자태를 뽐내고 있었다. 아쉬람의 사두는 나에게 3호실 방을 주었다. 식사 시간과 오후 네 시에 있는 티타임을 알려주는 것 이외에는 아무런 말이 없다. 아무런 수행도, 수행 스케줄도 주지 않았다. 나는 갑자기 모든 수행들이 주는 강박관념에서 놓여나게 되었다. 30대 초반에 직장을 그만두고 시골에 내려갔던 그때가 떠올랐다. 갑자기 할 일이 없다. 갑자기 아무런 수행이 없다. 마하리쉬는 나에게 무엇도 하라고 하지 않았다. 이 평화로운 곳에서 바라보니, 진리를 찾기 위한 모든 노력이 덤불처럼 보였다.

마하리쉬 님의 빛나는 눈길로, 아루나찰라 산으로 그냥 족한 곳이었다. 나는 그분의 눈길과 평화로움에 사로잡혀 그곳을 떠날 수 없었다. 나에게 그분은 친근하고 인자하고 자상하며 현명한 할아버지였다. 며칠만 머문다는 게 어느새 40일이 지나 버렸다.

마하리쉬 님이 오랫동안 머무셨다는 비루팍샤 동굴도 마음을 끌었다. 그 당시에는 깡마른 남인도 분이 그곳을 지키고 계셨다. 그분에게 며칠을 기거하고 싶다고 했더니, "당신이라면 오케이."라고 하였다. 아쉬람에서 식사를 하고는 산을 올라 비루 팍샤 동굴로 향하였다. 그분은 저녁마다 손수 만든 악기로 헌가를 불렀다. 옴 형상을 하고 있는 동굴은 헌신의 물결로 진동했다. 그분과 밤 늦도록 이야기를 나누고 찬팅을 하고는 명상을 하다가 밤이 늦으면 나는 동굴 안 성자의 사마디가 있는 곳에서 잠을 잤다. 아침이 오면 찬란한 햇살을 받으며 아루나찰라 산을 내려오곤 하였다.

　모든 것이 좋았다. 이러한 곳이라면 나에게 어울린다. 나는 할 수 있다. 아니, 아무것도 할 필요가 없는 곳이었다. 그러나 하나 아쉬운 것이 있었다. 마하리쉬와 직접 만나서 대화를 나눌 수 없다는 것이었다. 나는 너무 늦게 이곳에 온 것이 아닌가? 살아 계실 때 찾아오는 것이었는데……. 이 고매하고 평화의 덩어리인 할아버지 성자와의 직접적인 교감이 그리웠던 것이다. 그 때 성자 나나가루께서 3호실 나의 숙소로 가는 길목에 잠시 머물고 계셨다. 나나가루는 고다바리 강 유역의 안드라 프라데시 주의 농부였다. 그런데 어느 날, 한 성자가 그의 방에 들어오더니 그의 뺨에 입을 맞추었다고 한다. 그는 그분이 누구인지 몰랐다. 그 신비로운 체험을 한 뒤, 우연히 신문을 보다가 책 광고문을 보았다. 그 광고가 그의 눈길을 사로잡았다. 책을 주문하여 받아 펼쳐 보니, 그의 뺨에 입을 맞춘 성자의 사진이 실려 있었다. 그분의 이름은 라마나 마하리쉬였다. 전에는 마하리쉬에 대해서 들어본 적이 없었다.

그는 아루나찰라 산 기슭에 있는 라마나스라맘으로 몇 년 동안 순례를 다녔다. 이미 라마나 님은 15년 전에 돌아가셨는데도 말이다. 라마나의 가르침이 그의 전 존재를 사로잡기 시작했다. 그는 라마나의 가르침을 이웃 사람들에게 전하기 시작했다. 몇 년 뒤 라마나스라맘에 머물고 있을 때였다. 어느 날 아침, 잠자는 상태와 깨어 있는 상태 사이에서 그의 마음은 처음이자 마지막으로 가슴속으로 떨어졌다. 그 체험을 한 뒤 그는 전적으로 변했다. 그의 성격이 멈추고 다른 어떤 힘이 그 자신 속에 움직이는 것 같았다. 사람들은 이제 그를 구루로 보기 시작했다.

그는 남인도를 여행하면서 깊은 주의 집중으로 사람들의 말을 듣고 그들을 축복하는 삶을 살고 있었다. 그러한 분이 마침 그곳에 계셨다. 나는 그분이 그러한 분인지는 결코 몰랐다. 어느 날, 옷을 잘 차려 입은 인도 헌신자들 앞에 놓인 의자에 그분이 앉아 있었다. 그들 모두가 주의 깊은 눈길로 나나가루를 바라보고 있었다. 그분은 헌신자의 눈을 몇 분 동안 계속 바라보고 있다가 오른손을 들어 축복을 주고 있었다. 그 뒤 그분의 눈은 다른 사람으로 천천히 옮겨지고 있었다.

나는 이 이상한 모습에 매료되었다. 그래서 헌신자들의 뒤편에 서 있었는데, 그분은 나를 앞으로 나오라고 하더니 그분의 의자 옆에 앉으라고 했다. 그분이 그 깊은 부드러운 눈길로 나의 눈동자를 바라보자 온갖 곳으로 달려 나가던 모든 생각들이 순간 사라졌다. 그분의 눈길은 사랑하는 이가 연인에게 보내는 가장 부드러운 자비 같은 것이었다. 그냥 천진한 빈 사랑의 눈길이었다.

　이분에게는 분명히 무엇인가가 있다. 그래서 밤새 고민하다 그분의 방문을 두드렸다. 나는 바닥에 앉았고, 그분에게 당신을 따라가겠다고 청을 드렸다. "내가 사는 곳은 시골이다. 사람들을 편하게 맞이할 수 있는 곳이 아니다. 고생이 될 것이다. 잘 생각해 보고 다시 결정하라."는 말씀을 주셨다. 그 다음날 또 찾아가서 청했다. 그러자 그분은 허락하셨다.

　헌신자들과 함께 새벽 일찍 버스에 동승하여 첸나이까지 갔다. 그곳에서 기차로 갈아 탈 계획이었다. 출발 시각까지 몇 시간 여유가 있어서 무거워진 짐을 부치러 우체국으로 갔다가 돌아오면서 곰곰이 생각해 보았다. 과연 나 자신을 맡길 수 있는 분인가. 그분이 누구인지도 모르고, 그분의 이름조차 모르고 있지 않은가. 내가 제 정신으로 결정을 한 것인가. 이런 의구심이 마음 한쪽 구석에서 자라고 있었다. 실수한다면 평화를, 진리를 찾겠다는 금쪽같은 시간을 낭비하는 꼴이 되지 않겠는가. 여기까지 생각이 미치자 발걸음이 뒤로 향하고 있었다. 지금은 그분에게 정말로 죄송하게 생각한다. 나중에 나의 잘못을 용서해 달라는 편지를 보냈다. 그래서 다시 시끄러운 여행을 이어가게 되었다.

　폰디체리의 오로빈도 아쉬람을 거쳐 북쪽으로 향하다가 캘커타를 거치게 되었다. 유난히도 방이 큰 YMCA 게스트 하우스에 머물렀다. 무엇인가가 튀어나올 것 같은 으스스한 분위기에 전기는 수시로 끊기는 곳이었다. 그런 곳에도 나의 스승은 한 분

계셨다. 마더 테레사 님을 그냥 지나칠 수는 없었다. 수녀원 베란다에서 다른 사람들과 함께 기다리다가 모두 떠나 버린 그 자리에 혼자 남았다. 성자가 지나가는 모습을 보는 것으로 만족해야 하는 곳이었다. 그러나 나는 그분을 직접 만나 뵙고 싶어 다른 수녀에게 뵙기를 청했다. 탁 트인 공간을 그분은 걸어 나오셨다. 간단히 소개를 드리면서 은총을 주시기를 부탁드렸다. 작고, 너무나 소박하고, 위대하며, 깊은 눈매를 하고, 믿음으로 가득 찬 그분은 하늘을 배경으로 하고 서서 그 주름 깊은 사랑의 두 손을 나의 머리 위에 얹은 채 긴 기도와 함께 축복을 내려 주셨다.

타고르의 철학과 명상의 삶이 배어 있는 아름다운 마을 샨티니케탄을 거쳐 바라나시로 갔다. 너무나 성스럽고 고풍스러운 이 도시는 나의 두개골의 뚜껑을 여는 듯 했다. 세상에 이런 도시가 존재할 수 있는가. 도대체 신이란 무엇인가. 인간이란 무엇인가. 헌신이란 무엇인가. 이곳에서 화장을 하면 그 사람의 영혼이 천상으로 간다고 한다. 그래서 죽음을 눈앞에 둔 많은 사람들이 이곳으로 몰린다고 한다. 나는 그날 시체가 태워지는 것을 두 구나 보았다. 한 구는 노인이었고, 다른 한 구는 젊은 여자였다. 갠지스 강물에 축인 흰 천에 덮인 시신이 장작더미 위에 놓여지면 몇 마디 기도가 읊어지고 불이 지펴진다. 흰 천이 타 버리고 나면 빛나는 시신이 드러난다. 머리카락에 불이 붙고 살점에 불이 붙는다. 이제 시신은 오랫동안 타들어 가기 시작한다. 까마귀가 울고, 바람이 불고, 찬가가 멀리서 들리고, 고요와 더불어 그것들은 이 세상에서 소멸되기 시작한다. 건강한 육체의 주인은 어디로 갔는가. 이윽고 살점과 뼈가 뒤엉키면 긴 막대기로 휘저어 잘 타지 않은 덩어리를 돌리며 태운다. 이 검게 남은 덩어리를 찍어 강에 던져 버리자 첨벙, 소리를 내면서 갠지스 강물 속으로 들어간다. 그러자 개들이 물을 튀기며 달려 들어가고 물고기들도 세찬 소리를 내면서 모여든다. 그 강 위로 순례자들이 노를 저으며 신을 찬송하거나 정화의 예식을 하고 있었다. 그날 나는 오래 기억에 남을 명상다운 명상을 했다.

부다가야에 도착하여 미얀마 사원에 여장을 풀었다. 이곳은 붓다가 깨달음을 얻은 성지다. 그곳의 바람은 특이하다. 밤에는 바람 한 점 없다가 아침이 되면 불기 시작하여 낮에는 종려나무 잎들에서 금속성의 소리가 날 정도로 분다. 온 대지를 휩쓸며 모랫바람이 불어 마치 온 천지가 광분하는 듯했다. 해 질 무렵에는 바람이 감쪽같이 사라지고 평화롭고도 깊은 정적이 흐른다. 그 대조는 천상과 지상을, 자유와 굴레를 드러내는 것 같았다. 대부분의 시간을 명상으로 보냈다. 부다가야 대사원의 보리수나무 아래에 앉아 명상을 하기도 했다. 많은 인도의 장소들이 그러하지만 이곳은 정적의, 명상의 분위기 그 자체였다. 니란자라 강을 지나 수자타가 살았다는 마을에도 가 보았다.

그럴 때에도 라마나 님은 사랑의 눈길을 거두시지 않았다. 오, 구루 중의 구루시여! 그곳에서는 미얀마 사원에 머물렀다. 이곳에서는 밤낮으로 명상만 하였다. 이 고요한 평화로운 마을에서 명상을 한다는 것은 얼마나 감미로운 것인지. 붓다의 깨달음의 향기가 묻어 있는 성스러운 곳이 아닌가. 그곳에 머물고 있던 파란 눈의 구도자에게 나의 만트라인 "당신은 구루가 있습니까? 그는 누구입니까? 내가 만나 볼 수 있습니까?"라고 물었다. 물론 있다고 말하였다. 그는 몹시 뽐내는 말투로 자신의 구루는 푼자라고 하였다. 그분은 자신의 모든 문제들에 대하여 선명한 답을 주신다면서 행복해했다. 부러웠다. 그러나 그의 스승의 이름에서는 그 당시에는 아무런 성스러운 느낌을 받을 수 없었다. 성스러움을 나타내기 위한 단어인 슈리나, 더 심하게 말한다면 슈리를 세 번이나 반복한다거나, 바가반이나 마하트마 같은 그런 수식어가 없었다. 그러나 나는 성자들이라는 분들의 이름을 적고 있었다. 그가 그곳을 떠날 때 나는 그에게 그의 스승을 만날 수 있는 기회를 달라고 하였다. 그의 스승님이 허락하신다면 편지를 주겠다고 하였다. 그가 머물렀던 아늑한 방으로 자리를 옮기고는 명상하면서 답을 기다렸다. 엽서로 허락의 답이 왔고 더불어 주소도 있었다. 하리드와르, 나는 대수롭지 않게 생각하면서 그냥 적어 놓았다.

이제는 돌아오라는 전보나 편지가 고국에서 날아들고 있었다. 그것도 일종의 부름일 것이다. 진리에, 스승에 목말라 이곳저곳을 찾아다니느라 지치고, 쇠약해지고, 감기 몸살로 비틀거리는 몸을 이끌고서 고국으로 돌아가려고 뉴델리로 돌아왔다. 많은 것을 보고, 배웠고, 느꼈다. 무엇을 위해 노력해야 할지도 이제는 분명히 알 수 있었다. 그냥 조용히 돌아가서 이곳에서 경험한 것들을 녹이면서 조용히 명상의 생활을 하는 수밖에 없을 것 같았다. 제주도에서 다시 사회인의 길로 들어섰듯이, 이제 다시 고국으로 돌아가 학문하는 이로 들어서야 한다. 아, 그러나 이곳에서 그렇게도 목이 터져라 말하고 있는 영혼의 꽃인 깨달음, 자유, 평화를 직면하지 못하였다. 이 성스러운 바로 이곳에서, 무수한 성자들이 기거하고 있다는 이곳에서 만나지 못하고, 이루지 못하고 돌아가야 한다는 것이 너무나 가슴이 아팠다. 손에 잡힐 듯한 그 무엇이 있는 이곳을 떠나 고국으로 돌아간다는 것이 다시 감옥으로 들어가는 것 같았다. 과제를 다음 생으로 넘기고 떠난다는 것이 너무나 아쉬웠다.

열심히 달렸지만 아무런 소득이 없는 꼴과 같았다. 이제 수다를 떠는 한낱 인도 여행객으로 전락해야만 하는가? 이런 생각을 하면서 혹시나 하여 수첩을 뒤적였다. 그런데 아직 만나지 못한 분의 이름이 하나 남아 있었다. 푼자, 하리드와르. 뉴델리에서 그리 멀지 않은 곳이다. 이름에 영적 기운이 없는 것 같아서 버려두고 있었는지도 모른다. 감기가 심하게 들었고 몸이 지쳐서 쉬고 싶었지만 마지막 남은 실오라기 같은 희망을 버릴 수는 없었다. 수첩에 남아 있는 그분을 만나기 위하여 1989년 4월 22일, 아침 일찍 버스를 타고 하리드와르로 향하였다.

이곳은 처음 인도에 도착했을 때 리쉬케시로 가는 도중에 들른 갠지스 강가인 듯 했다. 그때 나는 물살이 다소 거센 강물로 들어가 머리까지 잠기게 하며 강가 여신에게 기도했다. 강에서 나온 뒤, 이 세상 사람이 아닌 듯한 모습의 사람에게 얼굴을 내맡겼다. 그는 흰색, 붉은 색으로 나의 얼굴을 성화시켜 주었다.

나는 작은 꽃배를 사서 행운의 기원을 담아 강 아래로 떠내려 보냈다.

　나중에 알고 보니 슈리 푼자 님의 집은 인도 중부의 럭나우였다. 그리고 그분은 온 인도를 방랑하고 계시는 분이었다. 그런데 내가 하리드와르의 주소를 들고 찾아가고 있었다. 그것도 약속 날짜도 받지 않고서……. 나는 이런 황당한 여행을 하고 있었다. 하리드와르에 도착하자 사이클릭샤 기사에게 '아쇼카 로드에 있는 아리야 니야스'라는 쪽지를 건넸다. 온몸이 때에 절어 있던 그 사람은 안장에 닿지도 않은 채 페달을 밟으며 달려 주소지에 나를 내려놓았다. 슈리 푼자 님과 만날 약속 날짜와 시간을 받아 놓은 것은 물론 아니었다. 그냥 주소만 받아 놓았을 뿐이다. 그곳은 그분의 집도 아니었다. 그러한 내막도 모른 채 주소만을 들고 무조건 그곳으로 그분을 찾아간 것이었다. 10시 30분경에 그곳에 도착했다. 마당에 들어서니 어떤 분이 웃으면서 맞아 주었다. 푼자 님을 만나러 왔다고 하니 이층으로 가라며 손가락으로 가리켰다. 이층으로 올라가자 방문은 이미 열려 있었고, 슈리 푼자 님은 마치 나를 기다리고 계셨다는 듯 침상에 앉아 계셨다. 나는 이 예상치 못한 맞닥뜨림에 깜짝 놀랐다. 아무도 없었다.

　"어디를 다녔느냐?"

　"여러 곳을 다녔지만 라마나스라맘에 오래 머물렀습니다." 북쪽에 와서 남쪽의 아쉬람을 이야기한다는 것이 어색한 것 같아서 머뭇거리며 말했다.

그 말에 눈길이 조금은 달라지는 것 같았다. 라마나스라맘을 이분도 알고 계실까 하는 생각이 들었다. 이곳은 남인도의 아루나찰라 산 기슭이 아니라 북인도의 갠지스 강가였으니까. 그것은 중요한 문제가 아니었다. 나는 더 절박한 물음을 던졌다.

"저는 쉬고 싶습니다."

"그렇다면 이 아래에 호텔이 있는데 거기로 가서 여장을 풀고 목욕하고 쉬어라."

"저는 몸이 피곤한 것이 아니라 마음이 피곤합니다."

슈리 푼자 님은 몸을 조금 앞으로 숙이시는 것 같았다. 이제 긴장이 감도는 대화가 일어날 찰나였다. 이러한 자세로, 이러한 시간에, 이러한 순간에 들어설 수 있는 순간을 아직까지 나는 발견하지 못하고 있었다. 긴장이 풀어진 한가한 대화가 아니라, 사변적인 대화가 아니라, 수많은 경전에서 스승의 발 아래에 제자가 무릎을 꿇고 질문할 수 있는 성스러운 기회를 나는 아직까지 얻지 못하고 있었다. 그 절묘한 시간이 나에게는 아직까지 오지 않고 있었다. 그러나 이번은 정말로 다르다. 나의 가슴에서 질문이 그냥 터져 나왔다.

"저는 누구입니까?"

그분은 빛나는 눈길로, 자애로운 아버지 같은 모습으로, 나를 내려다보면서 말씀하셨다.

"그대는 몸이 아니다. 그대는 마음이 아니다. 그대는 생각이 아니다. 그대는 느낌이 아니다. 그대는 그냥 순수 의식이다."

눈물이 핑 돌았다. 이런 말들을 읽고 듣기는 하였다. 그러나 그때는 죽은 말이었다. 이제는 살아 있는 성자의 입에서 나온 진리가 나의 가슴으로 바로 들어오지 않는가! 나는 마음이 아니다. 나는 티 없이 순수한 존재이다. 순수한 의식이다. 이 말은 지혜의 정수다. 나는 지금 진리를 깨달은 성자의 발 아래에 앉아 진리의 말을 듣고 있었다. 그분의 지혜가 나의 가슴에 내려와 버렸다. 그러자 단숨에 마음을 뛰어넘어 버렸다. 평화로운 의식이 얼굴의 미소로 피어났다.

"그렇다면 제가 왜 몸을 가지게 되었습니까?"

"그대가 욕망을 지녔기 때문이다. 그래서 몸을 가지고 있다. 아무런 갈망이 없으면 아무런 몸도 없다."

이제 모든 것이 선명해졌다. 지금 이름과 모습을 갖고 있는 형상으로 드러나 있는 나는 나의 갈망의 결과이다. 이 모든 것은 나의 갈망의 소산이며, 진정한 나는 이 갈망으로 만들어진 형상 너머의 존재이다. 이제 미소는 더욱 피어났다. 그러자 나의 가슴은 더욱 열렸다. 얼굴엔 미소가 번지기 시작했다. 이 말의 의미가 나의 온 존재에 퍼지자 희열의 웃음이 터져 나왔다.

푼자 님은 "바로 그것이다. 그 웃음을 머금은 얼굴이 깨달음의 얼굴이다."라고 말씀하시면서 나를 스승의 품속으로 당겨 주셨다. 아! 그 느낌이란……. 수많은 생의 짐들이 그분의 몇 마디 말씀으로 사라져 버렸다. 얼마 지나 정신을 차리고 지엽적인 질문을 드렸다.

"쿤달리니가 일깨워진 듯 저의 몸이, 특히 하복부가 뜨겁습니다."

"그것은 나의 방법이 아니다."

"명상이 무엇입니까?"

"그것은 나의 방법이 아니다. 나의 방법은 즉각적인 깨달음이다."

슈리 푼자 님은 즉각적인 깨달음을 주위 사람들에게 주는 분이셨다. 나는 그러한 분을 만난 것이다.

오후에는 몇몇 헌신자들과 더불어 시장 길을 통과하여 강가로 내려가고 있었다. 푼자 님은 신에게 드리는 공물로 넘쳐 나는 시장의 좁은 길을 걸어가시다가 물들인 쌀 과자 한 봉지를 사시더니 나의 두 손 가득히 그것을 부어 주셨다. 황홀에 취한 나는 그것을 입 안으로 넣으면서 스승님을 따라 갠지스 강가로 내려갔다. 거기에는 모든 물이 하나가 되어 아름답고도 힘차게 흘러가고 있었다. 영원의 물살에 취한 채 우리들은 강가에 오랫동안 서 있었다. 같이 거닐던 헌신자들은 나에게 무엇인가가 일어났다는 것을 눈치 챈 모양이었다. 그날 나는 너무나 기분이 좋아서 헌신자들에게 저녁을 샀다. 다음 날 아침에 스승님은 마지막 삿상을 주실 시간을 내게 허락한 상태였다. 그것을 안 헌신자들은 그 시간에 자기들도 같이 가기를 원했다. 그러자고 했다.

다음 날 아침, 방문을 두드리는 소리에 잠을 깼다. 지금 오라는 스승님의 전갈이었다. 그래서 나는 다시 홀로 스승님과 7시에 만나게 되었다. 마지막 삿상을 나에게 주고 계셨다.

"무(無)의 의미가 무엇입니까?"

"의문이 머무는 그 너머의 상태이다. 의식, 희열. 아무런 형상도 이름도 없는 것이다. 그렇지만 모든 것들이 일어날 수 있는 빈 공간이다. 무는 모든 것을 포함하고 있다. 과거에 대한 기억도 없고, 미래에 대한 계획도 없다. 그냥 깨어 있는, 주의를 놓치지 않고 있는, 경계를 늦추지 않고 있는 상태이다. 형상과 이름은 바깥에 두고, 아무런 형상이 없는 순수한 존재, 순수한 의식에 있어야 한다. 어느 때나 명상이 가능하다. 아니, 명상이 필요 없다."

"무엇이 아난다(희열)입니까?"

"자신이 무라는 것을 알 때 일어나는 것이 희열이다."

"우주적 의식은 진화의 상태에 있습니까?"

"아니다. 붓다의 의식과 나의 의식과 그대의 의식은 같다. 머리가 아닌 가슴으로, 의식으로 살라."

그곳을 떠날 때 푼자 님은 마치 멀리 떠나는 아들을 앞에 둔 아버지처럼 떠나는 나에게 가르침까지 적게 하셨다. 아닙니다. 스승님의 말씀은 저의 머리에, 아니 저의 가슴에 들어가 버렸습니다. 그대는 정확한 컴퓨터라고 말씀을 하시면서 우리는 한바탕 마음껏 웃었다.

그러고는 가져간 나의 수첩에 'H.W.L POONJA JEE, 522, NARHI, LUCKNOW, U.P. INDIA, 226001'이라는 주소를 친히 적어 주셨다. 그리고 또 그분의 인자하고 소박하며 위엄 있어 보이는 사진도 주셨다. 그러면서 모든 탐색을 그만두고 "당장 집으로 돌아가라. 당장."이라고 말씀하셨다. 나는 그 말씀을 따르지 않을 수 없었다. 방랑의 여정을 바로 그만두라는 말씀이셨다. 달라이 라마 님을 만날 계획이 있다는 말씀을 드리자 그분을 만나고 난 뒤에 곧바로 집으로 돌아가라는 말씀을 주셨다. 세상이 깨어나는 아침 길을 걸으면서 돌아오는 길은 온 천지를 얻은 듯 행복했다. 지식이 무릎에 떨어진 것이 아닌가. 그것으로 나의 존재와 세상이 밝아진 것이 아닌가.

4월 25일, 달라이 라마 님을 만나러 북쪽 다람살라로 갔다. 그분과의 만남이 예정되어 있는 것은 아니었다. 병풍 같은 설산을 뒤로한 산간 마을이었다. 전혀 낯설지가 않았다. 봄이었는데도 그곳은 겨울 날씨였다. 감기 몸살로 지친 몸으로 여장을 풀었다. 처마에 달린 고드름을 보니 여기가 히말라야 산 자락이라는 것이 실감났다. 달라이 라마 님을 만나기 위해 몇 달 동안 기다리고 있는 사람들도 있는 모양이다. 다행히도 도착했을 때 그분은 마침 그곳에 계셨다. 얼마나 행운인가. 그런데 그분은 지금 침묵 중이라 알현이 불가능하다고 했다. 내일은 뵐 수 있을지도 모른다는 실낱 같은 희망을 품고서 일찍 잠자리에 들었다.

아침 햇살이 밝아 올 무렵 반가운 소식이 왔다. 오늘 아침에 침묵을 푸셨단다. 아는 분을 통해 알현하고 싶다는 기별을 넣었다. 놀랍게도 공개적인 알현 후에 개인적인 만남을 허락하셨다. 헌신적인 주선을 해 주신 분에게 머리가 숙여졌다. 나는 일개 작은 나라, 작은 도시에서 가르치는 사람에 불과했다. 티베트를 위해 무엇을 한 것도, 티베트 불교에 대해 아는 것도 전무한 사람이었다. 왜 손수 만나겠다고 허락하신 것일까? 나는 가져간 흰옷을 입고서 떨리고 또 약간은 들뜬 마음으로 왕궁 안으로 들어갔다. 생사의 기로를 넘어온 티베트 사람들과 수백 명에 이르는 서구인들과 공개적인 짧은 만남을 가진 후에 그분은 우리를 만나러 들어오셨다. 너무나 소박하고 부드럽고 친근한 모습이었다. 그러자 나의 긴장은 눈 녹듯이 풀렸다.

근본적인 질문을 던졌다.

"저는 누구입니까?"

그분은 껄껄 웃으시면서 모른다고 하시며 즉각적인 답을 피하셨다. 이 질문에서 나는 물러설 수 없었다. 이 물음에 대해서는 우회해서라도 알아내야만 했다. 그래서 나는 같은 질문을 달리하여 던졌다.

"당신은 누구입니까?"

달라이 라마는 안경 너머의 초롱초롱한 눈빛으로 황금 같은 말씀을 토해 내놓으셨다.

"나는 외적으로 보았을 때는 한 나라의 행정을 떠맡고 있는 사람이다. 그와 동시에 나는 승려이다. 그러나 나의 내면으로 말하자면 나는 대나무 안의 빈 공간과 같은 존재이다. 겉으로는 딱딱한 무엇이 있지만 나의 내면은 비어 있다. 그러나 그 내면은 충만한 그 무엇이다."

나는 나의 존재의 형상 없음에 대한 확신이 더욱 강해졌다. 우주적 힘에 대한 관심이 아직은 남아 있어서 만트라가 무엇이냐는 질문을 드렸다.

"굉장한 힘을 갖고 있는 소리이다."

"만트라를 하나 주십시오."라고 요청했다. 그분은 놀랍게도

"그대가 원하는 것이 무엇인가?"라고 물으셨다. 그 말은 내가 원하는 것은 무엇이나 내려 주실 수 있다는 말씀이지 않은가.

세상에 누가 이런 말을 할 수 있다는 말인가. 그 동안 내가 방랑한 것은 무지 때문이 아니었던가. 이 절호의 기회를 놓칠 수는 없었다.

"저는 지혜를 원합니다."

그분은 종이쪽지 위에 정갈한 필체로 만트라 둘을 내려 주셨다. 이 둘 중에 마음에 드는 것 하나를 선택하라고 하셨다.

알현이 끝나자 달라이라마 님은 손수 목에 흰 카타를 걸어 주시고, 책도 서너 권 선물로 쥐어 주셨다. 고국에 돌아왔을 때는 붉은 가사를 입고 있는 그분의 사진에 친필이 들어간 사진을 보내 주셨다. 거기에는 나의 업장(業障) 소멸을 기원하는 만트라가 들어 있었다. 오, 얼마나 은혜로운 선물인가.

4월 28일, 귀국길에 올랐다. 쇠약한 모습이었지만 그래도 얼굴에는 웃음이 터져 나오기 시작했다. 나는 얻은 것이 아닌가. 이 말도 정확한 것이 아니다. 나는 안 것이 아닌가. 이미 지혜가 나의 내면에 존재하고 있다는 것을 안 것이 아닌가. 과거에도 있었고, 지금에도 있고, 미래에도 있을……

라마나 아쉬람에서 기원했던 것이 감쪽같이 이루어진 것이다. 그때까지도 나는 푼자 님이 라마나 마하리쉬의 도움으로 궁극의 깨달음을 얻은 분이라는 사실을 몰랐다. 고국으로 돌아온 뒤 푼자 님과의 관계는 로맨스와 같은 것이 되어 버렸다. 어떻게 나의 생각에서 그분이 사라질 수 있겠는가. 감사의 마음으로 선물을 보내면 선물 속에 담긴 편지를 읽고는 엄청난 기쁨에 빠지신다 한다. 옷을 보내면 스승님은 그 옷을 입고 삿상에 가신다 한다. 럭나우에 들러 푼자 님을 만나 뵈었던 한국 분이 김 교수를 아느냐는 푼자 님의 질문을 받고 당황했다는 말도 전해져 왔다. 그곳으로 여행간 낯선 분이 스승님의 선물을 들고 오기도 했다. 로맨스는 도를 더하여 한복도, 발우도, 신발도 드렸다. 푼자 님은 아내 강가지(Gangaji)가 깨달음을 얻은 사건을 알리는 남편 베어의 편지까지도 나에게 보내 주셨다.

1990년 6월 13일에는, "훌륭하다. 훌륭하다. 그대는 삼사라의 바다를 건너 다른 해안에 이르러 그 너머로 갔다. 그대의 마음 바탕에서 삼사라의 생각을 일으키지 말라. 나는 자유롭다는 생각이 그대에게 아무런 카르마를 남기지 않을 것이다. 참나로 있어라. 굴레도 깨달음도 없다는 것이 모든 가르침의 비법이다."라는 황홀한 말씀을 편지로 주셨다.

1990년 8월 24일의 또 다른 편지에서는, "지난밤에 비전을 보았다. 그 비전에서 나는 그대를 슈리 크리슈나다스라고 불렀다. 이것이 너의 이름이 되게 하라. 크리슈나는 아트마로서 모든 존재들의 가슴속에 거주하고 계신다. 그대는 크리슈나와 다르지 않다. 새로운 이름은 진리의 구도자에게 새롭고 신선한 생명을 주기 위한 것이다. 그러므로 그대는 자신의 몸에 대한 과거의 집착을 잃을 것이며 깨달음, 니르바나를 열망할 것이다. 그러므로 그대는 삼사라 혹은 탄생과 죽음의 윤회로 되돌아오지 않을 것이다."라는 떨리는 말씀을 주셨다. "나의 사랑하는 사람아, 그대는 즉시 깨달음을 얻게 될 것이다. 그대는 이 인간의 몸 안에서 해방을 얻을 행운의 사람이다. 그대에게 행운이 있기를. 그대 자신의 참나인 HWL Poonja가."라는 나를 전율케 하는 편지를 주셨다.

1991년 1월 1일에는 "나는 그대에게 1991년이 행복하고 평화롭고 밝은 새해가 되기를 기원한다. 나는 그대의 소포에 담긴 편지를 읽었다. 소포는 세관에서 열었다. 슈리 크리슈나다스로부터 어떤 글이라도 받을 때면 나는 항상 엄청난 기쁨을 느낀다. 슈리 크리슈나다스, 사랑의 화신 그 자체, 내가 어렸을 때부터 사랑했던 분. …… 그대는 『바가바드 기타』의 18장 66절을 가슴에 새겨라. '모든 다르마를 버리고 나에게로 오라. 내가 그대를 윤회의 사슬로부터 자유롭게 해 주리니. 내가 그렇게 할 터이니 그대는 걱정 말라.' 그대가 기타를 갖고 있다면 매일 한 연씩 읽도록 하여라. 그것은 그대에게 평화와 행복을 줄 것이다. 사랑을 듬뿍 보낸다. 그대의 아버지 H.W.L. Poonja가."라고 너무나 자상한 아버지가 되어 편지를 보내 주셨다. 이제 나는 진리에서, 평화에서, 크리슈나에 대한 사랑에서 떨어질 수가 없게 되었다. 과거의 습으로 떨어지려 하면 파파지 님은 엄청난 사랑으로 나를 휘감아 버렸다.

1997년 1월, 우리 가족은 파파지 님을 만나러 럭나우로 갔다. 럭나우에서의 스승님과의 만남은 이전의 로맨스의 연장이었다. 삿상 홀에서의 파파지 님은 깊이를 알 수 없는 침묵의 눈길 그 자체였다. 활동은 적고 사랑을 듬뿍 머금은 침묵 그 자체였다.

파파지 님의 청에 따라 우리 가족은 노래도 드렸다. 가져간 사발 도자기를 드리면서 공(空)의 소리를 내는 악기라고 설명을 드렸다. 그러자 스승님은 불어 보라 하셨다. 머뭇거리니 그것을 입술로 가져가 부셨다. 사실 우리 모두는 신이 부는 악기이지 않은가.

첫 삿상 때부터 파파지 님은 파파지 하우스의 식사 자리에 우리를 초대하셨다. 삿상이 끝나 파파지 하우스로 가는 차에 우리 가족을 동승하게 하셨다. 파파지 님은 운전석의 옆자리에 앉으시고 우리는 뒷좌석에 앉았다. 수많은 헌신자들의 인사를 받으면서 삿상 바완을 떠나자 스승님은 빨대가 꽂힌 코코넛을 몇 모금 들이키시다가 나에게 건네주셨다.

파파지 하우스는 이미 사람들로 넘쳐 나고 있었다. 스승님은 바닥에 앉은 수많은 헌신자들이 내려다보이는 스승님의 옆자리 의자에 우리 가족을 앉게 하셨다. 얼마나 가슴 떨리는 일인가? 그런 환대에 숨이 막히는 것 같았다. 무엇보다도 스승님의 침묵의 깊이는 내가 생각을 일으키도록 허락하지 않았다. 생각 없이 스승님의 옆자리에 앉아 스승님이 건네주시는 넥타 같은 음식을 줄곧 받아먹고 있었다.

그 다음 날부터 매번 스승님의 옆자리 식탁에 초대해 주셨다. 매번 나를 옆에 두시고 깊고도 깊은 침묵으로, 빛나는 의식으로 나를 내려 보시고 계셨다. 그러던 어느 날, 스승님은 나에게로 고개를 돌리시고는 "어디로 가려는가?"라고 물으셨다. '아! 나는 어디로 갈 수가 없다. 아! 나는 가는 나가 아니다. 아! 나는

334

늘 여기에 있었으며, 여기에 있으며, 여기에 있을 것이다.' 스승님은 말씀이 없으신 채 이것을 깨우치게 하고 계셨다. 난 그 진리를 말없음의 공간에서 들었다.

마지막 삿상 때 한 인도 헌신자가 드럼을 두 손으로 두드리면서 '강가에서'라는 의미인 'Mohe Panghat Pe'라는 노래를 파파지 님에게 드리고 있었다. 스승님은 그 노래를 매우 즐기신다고 한다. 스승님은 고개로 나를 찾아내고는 손가락으로 나를 가리키시면서 그 노래를 나에게 주셨다. 나는 파파지 하우스에서 노랫말도 받았다.

붉은 사리를 입은 처녀가
물을 긷기 위해
항아리를 옆에 끼고
강가로 가고 있었다.
그때 난다의 아들 크리슈나가
그녀에게로 다가가 소매를 잡았다.
그러나 그녀는
크리슈나의 손길을 뿌리치고
강가에 이르렀다.

물을 항아리에 담고 있는데
크리슈나가 그녀를 향해
조약돌을 던졌다.

그러자 돌은 파문을 일으키며
그녀에게로 다가갔다.
물이 튕기어 사리가 젖고
항아리도 깨졌다.
놀란 그녀는
돌을 던진 사람을 바라보았다.
크리슈나의 눈과 마주친 그녀는
황홀경에 젖어 들었다.
크리슈나를 한 번 보기만 하여도
그녀의 무지는 사라졌다.

이 얼마나 아름답고도 의미심장한 노래인가. 파파지 님의 눈길이 바로 크리슈나의 눈길이었다. 그분은 나를 그냥 바라보셨다. 그러자 나의 항아리는 깨졌다. 마지막 날에도 파파지 하우스의 식사에 초대를 받았다. 그날은 마지막으로 드릴 선물을 준비하느라 조금 늦게 그곳에 도착했다. 그래서 바닥에 앉았다. 식사가 끝나고 스승님이 방으로 들어가시려 할 때 나는 이것이 육신으로서 마지막 만남이라는 예감이 들었다. 그래서 그분의 발에 엎드려 절을 드렸다. 그렇게 하는 동안 우리 가족을 향하여 뚫어질 듯 깊고도 신비로운 시선을 주셨다. 그 해 9월, 파파지 님은 돌아가셨다. 파파지 님과의 신비롭고도 이상한 만남은 그 이후에도 계속 이어지고 있다.
    평범한 저를 인도로 불러 주시고, 모든 성지와 성자들을 두루

거치게 하시고는 아루나찰라로 불러 주시고, 나나가루를 저의 곁에 두시고, 북쪽에서 방랑하고 있던 나에게 하리드와르에서 슈리 푼자 님을 만나게 해 주신 자애로운 라마나 님, 슈리 푼자의 형상 속에 계시는 라마나 마하리쉬 님은 지극한 사랑의 손길로 나를 침묵 속에, 자유 속에, 진리 속에, 고요 속에, 크리슈나 속에 놓아 버렸다. 지금 나의 눈으로 보았을 때 모든 이가 크리슈나다. 모든 이가 절대 의식이다. 그분은 우리 모두가 결코 진리에서 벗어날 수 없다는 오묘한 진리를 던져 주고 계셨다.

이 스승과의 만남의 결과가 무슨 신비로 피어날지 나는 아직 모르고 있다. 나에게 일어난 것과 같은 신비로운 사랑의 손길이 이 책을 통하여 독자에게도 스며들 것이다.

이 감미로운 책이 한국에 나오도록 침묵으로 지켜봐 주신 슈리 푼자 님, 라마나 마하리쉬 님, 도와주신 많은 분들, 그 중에서도 진리와의 로맨스가 있도록 인내하고 기다려 주고 도움을 준 아내와 딸 예솔이, 끊임없이 교정과 필요한 도움을 준 많은 분들에게 이 자리를 빌려 감사의 말을 드린다.

2005년 3월 창원 북면,
슈리 크리슈나다스 아쉬람에서

용어 풀이

강가 Ganga 성자 바기라타(Bhagiratha)의 탄원과 고행의 힘으로 지상에 내려온 여신의 이름이자, 인도인들이 갠지스 강을 부르는 이름.

갸네쉬바르 Jnaneshvar (1271-1296) 갸나데바(Jnanadev)라고도 불림. 형이자 구루인 니브리타나스로부터 가르침을 받았으며 마하라쉬트라 주에 박티의 물결을 일으킨 성자이다. 『바가바드 기타』의 주석서인 유명한 『갸네쉬바리』를 마라티 어로 남기고 젊은 나이에 스스로 사마디에 들어갔다.

갸니 jnani 아는 자, 해방된 자 혹은 깨달은 자. 지식 그 자체인 자.

고피 gopi 브린다반에서 슈리 크리슈나와 더불어 유희하고 춤추었던 소치기 여인들. 사랑으로 물든 헌신의 전형. 일반적으로는 크리슈나의 여성 헌신자를 일컫는 말이다.

구루 guru 글자 뜻 그대로는 '어둠을 물리치는 자'. 스승.

니르바나 nirvana 모든 갈망들이 소멸됨으로 오는 깨달음의 상태를 가리키는 불교 용어.

니르비칼파 사마디 nirvikalpa samadhi 아무런 차별도 일어나거나 지각되지 않는 사마디 상태. 지고의 초월의식 상태. 브라만과의 합일에서 오는 희열의 사마디.

다르마 dharma 글자 뜻 그대로는 '견디는, 지지하는'. 올바른 행위에 관한 영원한 원리. 덕. 신성한 법. 종교적 전통.

달샨 darshan '봄'을 의미함. 특히 성자나 신을 보는 것.

도비 dobi   세탁부

두르가 Durga   힌두 여신의 이름. 글자 뜻 그대로는 '알기 어려운'. 주로 아삼, 벵갈 등지에서 숭배된다.

데바 deva   천상에 거주하는 존재들. 신성한 존재. 여성형은 데비(devi)임.

디야나 dhyana   명상

라다 Radha   크리슈나가 사랑한 여인들 중 하나이며 여신 락슈미의 화신으로 여겨짐.

라마나 마하리쉬 Ramana Maharshi   (1879-1950) 파파지의 구루. 현대인들에게 강렬한 영향을 끼친 20세기 인도의 위대한 성자. 생애의 대부분을 티루반나말라이에서 보냈으며, 주로 침묵을 통하여 가르침을 주었음.

라마나스라맘 Ramanasramam   1922년에 세워진, 남인도 티루반나말라이에 있는 슈리 라마나 마하리쉬의 아쉬람. 슈리 라마나는 그의 삶의 마지막 28년을 여기에서 보냈다.

라마야나 Ramayana   라마의 일대기를 그린 인도의 위대한 서사시. 원본은 발미키가 산스크리트로 지었으며, 이것을 툴시다스가 힌디 어로 개작하였음. 인도에서 가장 유명한 경전들 중의 하나.

락슈만 Lakshman   다사라타 왕의 아들. 라마의 일대기를 그린 『라마야나』에 나오는 위대한 왕자로서 라마의 배다른 형제이자 동료. 람과 시타가 숲으로 유배를 갈 때 함께 동행을 했다. 늘 라마의 왼편에 서 있다고 묘사되고 있으며 충성을 상징한다. 락슈마나로도 불린다.

라마 Rama   비슈누 신의 일곱 번째 화신. 인도의 위대한 서사시 『라마야나』에 나오는 영웅. 람으로도 불린다.

라마야나 Ramayana 라마의 영웅적인 일대기를 그린 서사시.

리쉬 rishi 글자 뜻 그대로는 '보는 자'. 내적 비전으로 그 자신에 대한 진리를 보는 자.

릴라 leela 글자 뜻 그대로는 '놀이' 혹은 '유희'. 물질적 우주의 창조 뒤에 있는 영적 목적.

마야 maya 신들의 신비한 힘, 지혜 혹은 기술. 그러므로 기만이나 환영의 힘이 된다. 베단타에서 이 말은 무지와 동의어로 사용되며, 절대 존재인 브라만을 가리고 있는 우주적 환영을 의미하기도 한다.

마하 사마디 maha samadhi 깨달음을 얻은 존재가 육체를 떠나는 것.

마하트마 mahatma 글자 뜻 그대로는 '위대한 영혼'. 깨달음을 얻은 성자.

마헤쉬 Mahesh 파괴의 신 쉬바의 다른 이름.

만트라 mantra 구루가 제자에게 주는 신성한 말이나 음절. 만트라를 반복하는 것은 가장 보편적인 수행법 가운데 하나이다.

바가바드 기타 Bhagavad Gita 글자 뜻 그대로는 '신의 노래' 혹은 '천상의 노래'. 기원전 2세기경 지어진 것으로 추정되며, 힌두교의 3대 경전 가운데 하나로 여겨진다. 마하바라타 전투에서 신 크리슈나가 왕자 아르주나에게 준 영적 가르침들이 담겨 있다.

바가바탐 Bhagavatam 바가바타 푸라나, 혹은 슈리마드 바가바탐이라고도 한다. 750년경 비야사가 정리한 크리슈나의 일대기.

바가반 Bhagavan 신. 비슈누와 쉬바의 다른 이름. 슈리 라마나 마하리쉬의 이름들 중 하나.

바기라타 Bhagiratha   자신의 숭배와 금욕 수행으로 천상에 거주하는 강가 여신을 지상에 내려오게 한 전설적인 성자.

바사나 vasana   미묘한 갈망. 행위를 하거나 행위를 즐김으로 사람 속에 형성된 경향성. 행동으로 다시 나타날 수 있는, 무의식의 마음 안에 저장되어 있는 행위의 미묘한 인상.

바이쿤타 vaikunta   비슈누의 거처.

바잔 bhajan   '사랑하는, 숭상하는. 숭배하는'이라는 뜻. 헌신의 노래 혹은 시.

박타 bhakta   신을 사랑하는 자. 헌신자. 박티의 길을 따르는 사람.

박티 bhakti   신에 대한 사랑이 담긴 헌신.

베단타 vedanta   글자 뜻 그대로는 '베다의 끝'. 『우파니샤드』, 『바가바드 기타』그리고 『브라마 수트라』 등에 기초한 인도인들의 사고 체계. 순수한 비이원론의 교리.

보디사트바 bodhisattva   모든 존재를 깨닫게 하기 위하여 자신의 니르바나를 미룬 존재.

브라마 Brahma   힌두 우주론에서 우주에 처음 나타난 의식의 마음. 창조의 신.

브라마 로카 Brahma Loka   브라마가 거주하는 곳.

브라만 Brahman   절대적 실재. 궁극의 진리. 존재-의식-희열의 상태. 형상이 없는 비이원적인 절대적 존재.

비데하 묵티 videha mukti   절대 존재와 완전히 하나가 된 상태로서 모든 신체 의식을 잃음.

비슈누 Vishnu '걷는 자' 혹은 '퍼져 있는 자'라는 뜻. 보존의 신. 마야를 다스리고 다르마를 보호하는 자.

비차라 vichara 탐구.

빅샤 bhiksha 적선으로 받은 음식. 그러한 음식을 주는 것.

브린다반 Vrindavan 크리슈나가 유년 시절을 보낸 장소. 브란다(Vrinda)는 성스러운 나무 툴시(Tulsi)의 다른 이름이며, 반(van)은 숲 혹은 언덕을 의미함.

사다나 sadhana 글자 뜻 그대로는 '목표로 곧장 가는, 성공적인'. 성공을 가져오게 하는 깨어 있는 영적 수행.

사두 sadhu 고행을 하는 성자. 사다나를 하는 사람. 보통은 출가 승려를 가리킨다.

사라스와티 Saraswati 지식, 학문, 성스러운 언어와 음악의 여신.

사르바디카리 sarvadhikari 아쉬람의 살림을 책임지고 있는 사람.

사마디 samadhi 강렬한 희열 내지 초월의식의 상태. 주체와 객체의 구분이 초월된 인간 의식의 가장 높은 상태.

사트빅 sattvic 순수한, 깨끗한.

사하자 sahaja 글자 뜻 그대로는 '자연스러운'. 사하자 사마디는 자연스러운, 완전히 깨달은 상태를 말한다.

산야사 sannyasa 포기의 삶. 세상을 버리고 적선을 받아 살면서 해방을 삶의 유일한 목표로 함. 인도인들은 삶의 넷째 단계로 이것을 받아들이는 전통이 있음.

산야신 sannyasin 산야사를 받아들이기로 맹세한 사람.

삼사라 samsara   깨닫지 못한 마음에 주로 일어나는, 이름과 형상들로 이루어진 세상. 삶과 죽음의 지속적인 윤회.

삼스카라 samskara   이전의 삶의 결과로 남겨진 마음의 습관 혹은 경향성.

삿구루 satguru   진정한 깨달음에 이른 사람. 진정한 스승.

삿상 satsang   글자 뜻 그대로는 '진리와 함께 함'. 깨달은 성자와 대화를 하거나 함께 하는 것. 그러한 모임을 이루고 있는 제자들이나 구도자들의 무리. 사람을 진리로 향하여 나아가게 하는 대화. 정통 힌두교의 영적 삶에서 가장 성스럽고 필수적인 내용으로 받아들이고 있음.

삿상 바완 Satsang Bhavan   파파지가 삿상을 주었던 건물 이름. 럭나우에 있음.

샥티 shakti   신성한 에너지.

샨티 shanti   평화.

수트라 sutra   깨달음에 관한 경전.

스와미 swami   글자 뜻 그대로는 '자기 자신의', '자기 자신의 주인'. 원래는 참나를 깨달은 사람. 구루. 선배 수행자를 높여 부르는 말로도 쓰임.

시다 siddha   깨달은 존재. 많은 시디들을 통달한 사람.

시디 siddhi   글자 뜻 그대로는 '완성을 이룬, 성공한'. 요가 수행을 통하여 얻는 초인간적인 힘.

시타 Sita   비데하의 왕 자나카의 딸. 비슈누의 일곱 번째 화신인 라마의 아내. 그들의 이야기가 『라마야나』에 나와 있음. 정숙한 여인으로 알려져 있음.

아난다 ananda   희열.

아다르마 adharma 다르마가 아닌 것.

아드바이타 advaita 글자 뜻 그대로는 '둘이 아닌'. 비이원론. 절대적 유일성. 베단타의 한 학파.

아드바이틴 advaitin 아드바이타의 가르침을 따르는 사람.

아루나찰라 Arunachala 글자 뜻 그대로는 '붉은 산'. 남인도 타밀나두 주의 티루반나말라이에 있는 성스러운 산. 쉬바 신이 이 산의 모습으로 나타났다고 함.

아바두타 avadhuta 글자 뜻 그대로는 '벗어버린' 혹은 '떨쳐 버린'. 자신의 깨달음이 너무나 강하여 모든 사회 종교적 관습들과 모든 외적 구분들을 던져 버린 깨달은 존재.

아쉬람 ashram 현자, 요기 그리고 그들의 제자들이 거주하는 숲 속 은거처.

아트만 atman 모든 존재들 내에 있는 불멸의 진정한 참나. 브라만과 하나임. '아트마'라고도 함.

야주르 베다 Yajur Veda 네 베다들 중의 하나. 신성한 의식들에 따라 찬송되는 희생 공식들로 되어 있음.

옴 om 모든 창조들이 일어나게 하는 최초의 소리.

요기 yogi 요가를 수행하는 사람. 신과 하나 되기 위하여 열렬히 노력하는 사람.

우파니샤드 Upanishad 글자 뜻 그대로는 '가까이 앉는'. 베다의 의미를 상세하게 설명해 놓은 신비서. 108개가 있음.

자파 japa 입문 시 스승으로부터 신의 이름이나 신성한 음절로 된 만트라를 받고 이것을 반복함. 은총이나 신의 비전 혹은 참나 지식을 얻기 위하여 반복함.

쟈가나스 jagnas　금욕 생활을 하는 수행자들이 은총을 얻기 위하여 신들에게 기도 드렸던 장소. 악마가 불경스러운 행위를 함으로써 그 성스러운 기도 장소를 망쳐 놓을 수도 있다.

제이 시타람 Jai Sitaram　람과 람의 아내 시타를 기리는 만트라.

지바 jiva　환생하는 영혼

지반 묵티 jivan mukti　해방된 영혼. 살아 있으면서 해방을 얻은 자.

차크라 chakra　인간의 미세한 몸 안에 있는 에너지의 중심.

치트라쿠트 Chitrakoot　람과 시타가 14년의 유배 기간 중 11년을 보냈던 유배지.

칫다르만 chitdarman　소원을 이루어 주는 보석.

카르마 karma　글자 뜻 그대로는 '행위' 혹은 '일'. 인과응보의 법칙. 모든 행위에 수반되는 도덕적 힘.

칼파 kalpa　시간의 우주적 주기. 네 번의 오천 년이 한 칼파임.

크리슈나 Krishna　글자 뜻 그대로는 '검은 자' 혹은 '영혼을 끌어당기는 자'. 비슈누의 여덟 번째 화신. 그의 피리 연주와 유희하는 모습들이 많은 고피들을 매혹시켰음. 목동의 신이자 사랑의 신. 마하바라타 전쟁 중 아르주나에게 준 그의 가르침이 『바가바드 기타』임.

키르타 kirta　헌신 수행. 키르탄이라고도 함.

타파스 tapas　글자 뜻 그대로는 '열'. 요가 수행 중 하나. 힌두이즘에서는 어떤 형태의 억제 혹은 수행(심리적 열)이 변형을 위해서 필요하다고 받아들이고 있음.

티루반나말라이 Tiruvannamalai　남인도 타밀나두 주에 있다. 아루나찰라 산과 라마나 마하리쉬 아쉬람이 있는 곳.

파라 아트만 Para Atman 지고의 아트만. 브라만을 의미함. 개인 안에 있는 아트만과 우주적 아트만을 구분하여 지칭하고자 할 때 사용함.

파르바티 Parvati 쉬바 신의 아내.

파파지 Papaji 슈리 푼자의 제자들은 그를 파파지라 부름. 아버지의 존칭임.

판디트 pandit 힌두 학자. 신성한 힌두 경전들에 근거하여 글을 쓰거나 가르치는 사람.

푸나 Puna 남인도에 있는 지명 이름.

푸루샤 purusha 우주적 차원의 근본 존재. 샹키야 철학에서는 실재의 영적 원리를 의미함.

푸자 puja 만트라, 얀트라, 찬가 그리고 불, 물, 꽃, 백단향 가루, 음식, 선물 등을 신이나 성자에게 바침으로 이들을 공경하거나 장식하는 행위.

프라즈나 prajna 글자 뜻 그대로는 '너머의 지식'. 초월적 지식. 자유 속에 내재하고 있는 지식. 갸나(jnana)와 같은 뜻.

하누만 Hanuman 라마와 시타를 늘 동행하였던 신 이름. 원숭이 모양을 하고 있음. '강한 턱을 갖고 있는 자'라는 의미.

하리 Hari 글자 뜻 그대로는 '붙잡는 존재'. 비슈누의 다른 이름.

하리랄 Harilal 슈리 푼자의 다른 이름.

무엇이 깨달음인가

지은이 슈리 푼자

엮은이 엘리 잭슨 베어

옮긴이 김병채

초판 1쇄 발행일 2005년 4월 6일

　　　2쇄 발행일 2020년 5월 15일

펴낸이 황정선

출판등록 2003년 7월 7일 제62호

펴낸곳 슈리 크리슈나다스 아쉬람

주소 경남 창원시 의창구 북면 신리길 35번길 12-9

대표 전화 (055) 299-1399

팩시밀리 (055) 299-1373

홈페이지 www.krishnadass.com

전자우편 krishnadass@hanmail.net

값 10,000

ISBN 89-952705-3-5 03270

Printed in Korea

• 잘못 만들어진 책은 바꾸어 드립니다.